VISÃO PERIFÉRICA

George S. Day é professor de *marketing* e diretor do Mack Center for Technological Innovation da Wharton School, University of Pennsylvania. Suas pesquisas e ensino centralizam-se em *marketing*, gestão da inovação tecnológica, planejamento estratégico, mudança organizacional e estratégias competitivas nos mercados globais. O professor Day já lecionou na Stanford University, no IMD em Lausanne, Suíça, e na Universidade de Toronto, Canadá, e foi também diretor executivo do Marketing Science Institute, um consórcio de pesquisa e ensino patrocinado pela indústria. É autor de 15 livros, entre eles *Gestão de Tecnologias Emergentes*, com Paul Schoemaker, e *A Empresa Orientada para o Mercado*, ambos publicados no Brasil pela Bookman Editora.

Paul J. H. Schoemaker é fundador, presidente e CEO da Decision Strategies International (www.thinkdsi.com). Além disso, é diretor de pesquisas do Mack Center for Technological Innovation da Wharton, onde é professor de estratégia e processo decisório. Lecionou na Graduate School of Business da Universidade de Chicago e foi professor visitante do Cedep, na Insead, na França. Suas áreas de interesse são gestão estratégica, teoria da decisão, processo de decisão organizacional e tecnologias emergentes. Schoemaker é autor de diversos livros, entre os quais *Winning Decisions* (em co-autoria com J. Edward Russo) e *Profiting from Uncertainty*.

D273v George S. Day

Visão periférica : como perceber os indícios de sucesso (ou de fracasso) de sua empresa / George S. Day, Paul J.H. Schoemaker ; tradução Raul Rubenich. – Porto Alegre : Bookman, 2007.

232 p. ; 23 cm.

ISBN 978-85-60031-66-5 ou 85-60031-66-9

1. Marketing. 2. Administração – Empresa – Marketing. I. Schoemaker, Paul J.H. II. Título.

CDU 658.8

Catalogação na publicação: Júlia Angst Coelho – CRB 10/1712

GEORGE S. DAY
PAUL J. H. SCHOEMAKER

VISÃO PERIFÉRICA

Como perceber os indícios de sucesso (ou de fracasso) de sua empresa

Tradução:
Raul Rubenich

Consultoria, supervisão e revisão técnica desta edição:
Alziro Rodrigues
Docteur ès Sciences de Gestion – HEC (França)
Professor da PUCRS

Bookman®

2007

Obra originalmente publicada sob o título
Peripheral Vision: seven steps to seeing business opportunities sooner
ISBN 1-4221-0154-1

Publicado conforme acordo com a Harvard Business School Press

Capa: *Paola Manica*

Supervisão editorial: *Arysinha Jacques Affonso*

Editoração eletrônica: *Laser House*

ARTMED® EDITORA S.A.
(BOOKMAN® COMPANHIA EDITORA é uma divisão da ARTMED® EDITORA S. A.)
Av. Jerônimo de Ornelas, 670 – Santana
90040-340 – Porto Alegre RS
Fone: (51) 3027-7000 Fax: (51) 3027-7070

SÃO PAULO
Av. Angélica, 1.091 – Higienópolis
01227-100 – São Paulo – SP
Fone: (11) 3665-1100 Fax: (11) 3667-1333

SAC 0800 703-3444

IMPRESSO NO BRASIL
PRINTED IN BRAZIL

À minha família, que manteve o legado de Marilyn.
—George Day

À Joyce e a seu olhar aguçado para a periferia.
—Paul Schoemaker

Agradecimentos

Somos profundamente gratos a inúmeras pessoas que conosco colaboraram no desenvolvimento deste livro multidisciplinar – de alunos a colegas, passando por líderes empresariais e editores. Não é possível formalizar aqui o devido agradecimento a todos, mas existem algumas pessoas às quais não podemos deixar de registrar nominalmente nossa gratidão.

O ímpeto para este livro surgiu em uma conferência que organizamos em maio de 2003, sobre o tema visão periférica. Foi patrocinada pelo Mack Center for Tecnological Innovation, da Wharton School e reuniu um notável grupo de executivos e condutores de idéias. Entre os participantes figuraram acadêmicos do naipe de C. K. Prahalad (Universidade de Michigan) e Sidney Winter (da Wharton), bem como John Seely Brown (Xerox Parc), Richard Foster (McKinsey), Steve Haeckle (IBM), Larry Huston (Procter & Gamble) e Anil Menon (IBM), da comunidade empresarial.

Ao longo dessa conferência, fomos incentivados e convidados por Charles Baden-Fuller, editor-chefe da *Long Range Planning*, a organizar uma edição especial sobre o tema em pauta. Aceitamos, e o trabalho daí resultante levou nossa atenção ainda mais profundamente para as questões de gestão relativas à periferia, o que culminou na publicação da Special Issue on *Peripheral Vision*, *Long Range Planning*, editado por George S. Day e Paul J. H. Schoemaker (abril/2004).

Contamos com valioso material de apoio originário de esboços anteriores do livro pelos colegas de Paul na Decision Strategies International, principalmente Michael Mavaddat, Franck Schuurmans, Bernardo Sichel e Scott Snyder. Além disso, vários colegas acadêmicos generosamente propiciaram comentários, inclusive os participantes do Center for Decision Research, da University of Chicago, local em que Paul lançou o arcabouço conceitual. Não podemos deixar de fazer menção especial a Russ Ackoff, Liam Fahey, Reid Hasty, Josh Klayman, John Lord e Richard Shell.

Também aproveitamos o *feedback* proporcionado por inúmeros gestores e executivos, entre eles três excelentes anônimos revisores da Harvard Business School Press. Recebemos importantes comentários de Tom Graham (Kinecta) e Govi Rao (Philips Lighting) sobre o original, bem como informação crucial de base sobre vários estudos de casos de John Allison (Branch Banking and Trust Company), Dr. Robert Bailey (Wills Eye Center), John Carmon (Carmon Community Funeral Homes), Harvey Hartman (Hartman Group), Vince Melchiorre (Tasty Baking), Sally Osman (BBC) e John Ranieri (DuPont).

Somos especialmente gratos a Robert E. Gunther, que reescreveu incansavelmente todos os capítulos, inúmeras vezes, com ânimo e de mente aberta. Robert conseguiu fazer sua família atravessar o país, ida e volta, durante a elaboração do livro, encontrando, não sabemos como, o tempo e a dedicação necessários para levar o texto a um nível muito superior àquele que teríamos conseguido sem essa contribuição. Qualquer que seja o mérito do livro em prosa e estilo, grande parte se deve a Robert, que se tornou nosso amigo e companheiro de jornada intelectual à medida que abríamos caminho em meio aos inúmeros conceitos, modelos e exemplos. Robert nos forçou a clarear o pensamento e a torná-lo relevante para gestores, acrescentando ao mesmo tempo *insights* e exemplos por ele alinhavados.

Tivemos igualmente a assessoria de inestimável valor de Kirsten Sandbert, editora altamente respeitada e experiente da Harvard Business School Press, que é verdadeiramente magistral com as metáforas. Ela reconheceu o potencial do livro desde o começo e nos fez inclusive uma visita na Filadélfia para transmitir seu entusiasmo pelo trabalho. A contagiosa confiança e o profundo apoio de Kirsten foram os fatores que nos levaram a associar-nos à Harvard Business School Press, numa aliança que possibilitou a concretização do livro. Agradecemos a todos os envolvidos, inclusive Gardiner Morse, pelo aconselhamento indireto.

Queremos igualmente reconhecer o importante papel que o Mack Center for Technological Innovation (generosamente patrocinado por William e Phyllis Mack) desempenhou em nossa pesquisa e produção. Além disso, recebemos substancial apoio financeiro de nossos companheiros na indústria e obtivemos sábios conselhos dos nossos colegas do grupo central, principalmente Raffy Amit, Terry Fadem, Bill Hamilton, Harbir Singh, Jitendra Singh, Michael Tomczyk e Sid Winter. A gênese de nosso livro repousa no entusiasmado apoio e adoção desse grupo, quando da proposição da visão periférica como possível tópico para conferências em 2002.

Por fim, reconhecemos e exaltamos o vibrante clima intelectual imperante na Wharton School e na University of Pennsylvania, responsáveis por um estimulante clima para pesquisa e aprendizado. Fomos extremamente felizes ao colocar em teste e desenvolver nossas idéias ao longo de inúmeros *workshops* e reuniões de aperfeiçoamento de executivos na Wharton. Agradecemos a todos pelos *insights* e apoio e, ao mesmo tempo, assumimos plena responsabilidade por qualquer falha que este livro venha a apresentar.

Sumário

Introdução

Sete Etapas para Superar a Falha na Vigilância

VOCÊ SE MANTÉM O TEMPO TODO FOCADO, como é natural, na administração do seu negócio; ainda assim, não deixa de ser submetido a uma barragem intermitente de sinais de baixa intensidade que vem da periferia. Pode ser o gerente de vendas da região da Ásia-Pacífico que lhe transmite um boato desconcertante a respeito de um novo concorrente. Pode ser você mesmo lendo, na editoria de Economia do seu jornal preferido, que um punhado de pioneiros acaba de implantar tarjas de identificação por freqüência de rádio sob a pele para transmitir seus dados pessoais e de saúde em uma eventual situação de emergência. Ou, quem sabe, tomando conhecimento do surgimento, na Internet, do *blog* de um cliente seu que se sentiu lesado e está fazendo, por esse meio, um verdadeiro carnaval a respeito do fato. Teriam esses sinais aparentemente sem interligação alguma importância para a sua empresa? Qual, ou quais, desses intermitentes sinais que habitam o ambiente de seus negócios mereceria(m) uma atenção mais detalhada de sua parte? Há algum, ou alguns deles, que você pode ignorar, por absoluta irrelevância? Dadas a crescente complexidade e rapidez de todos os tipos de mudanças em andamento, a capacidade de visão periférica torna-se crucial para o sucesso – quando não para a própria sobrevivência – de uma empresa. A dificuldade maior reside na capacidade de identificar o que é ou não periférico, uma vez que seus elementos constituintes são quase sempre incertos e caprichosos. A chave da questão é saber detectar rapidamente os mais relevantes dentre esses sinais, explorá-los com o maior cuidado, distinguir entre os que não passam de mero ruído e aqueles que têm consistência, e explorar as oportunidades resultantes antes que a concorrência o faça; ou, pelo menos, reconhecer os primeiros sinais de complicações antes que se transformem em problemas de real importância. Estará sua organização capacitada para esta tarefa?

A maioria das organizações não conta com a indispensável visão periférica. Mais de 80% dos altos executivos que fizeram o *Exame do Olhar Estratégico* desenvolvido para este projeto admitiram que sua capacidade de visão periférica não supriria as necessidades das respectivas empresas. Esta deficiência se manifesta na condição de falha na vigilância. Quão vigilante é a sua organização? Especificamente, quantas vezes você admite ter sido surpreendido por episódios de alto impacto para seu negócio nos últimos cinco anos? Numa pesquisa realizada entre 140 estrategistas de corporações, dois terços deles admitiram que suas empresas foram afetadas por no mínimo *três* eventos de alto impacto na área da competitividade nos últimos cinco anos. E não só isso: para 97% dos entrevistados, suas empresas não tinham qualquer sistema de alerta precoce destinado a prevenir surpresas semelhantes no futuro.[1]

Embora os olhos das pessoas tenham um sistema altamente desenvolvido de visão periférica, as organizações são, em sua maior parte, projetadas para se concentrar rígida e estreitamente na tarefa central do momento. Esta forte concentração de atenções em geral favorece o desempenho a curto prazo, mas pode igualmente se mostrar prejudicial para a sobrevivência da organização a longo prazo, especialmente quando ocorrem fortes mudanças no cenário em que atua. Fracos sinais que deveriam ser considerados podem ser confundidos com ruídos irrelevantes. Quando uma pessoa situada num nível mais avançado de uma organização entende o significado de um sinal de advertência precoce, estarão os demais componentes desse grupo capacitados a receber o mesmo sinal ou a entender seu significado? Pense um pouco em qualquer das surpresas anteriores já enfrentadas; é provável que alguém na sua organização ou na rede de relacionamentos tenha percebido esse sinal. Mas você não ficou sabendo que esse alguém detinha tal conhecimento, e esse alguém não se deu conta de quão vital seria que tal informação chegasse a você. A boa visão periférica representa muito mais do que apenas sentir uma mudança em andamento; trata-se igualmente de saber os pontos aos quais é preciso prestar atenção, conhecer a melhor maneira de interpretar aqueles sinais aparentemente insignificantes, e ter a capacidade de agir adequadamente já na etapa em que tais sinais se mostram ambíguos.

Num mundo altamente conectado, indícios aparentemente indistinguíveis podem ter tremendas repercussões – como já aprenderam executivos da indústria farmacêutica surpreendidos pela crescente impopularidade do seu ramo, inúmeros donos de indústrias com impérios destruídos por rivais de baixos custos da China e da Índia e, ainda, incontáveis provedores de serviços na Internet que não souberam detectar o potencial dos sites de busca *online* até constatar que haviam sido deixados irremediavelmente para trás pelo Google. Aquilo que parece apenas uma pequena preocupação é também capaz de se transformar velozmente em uma preocupação fundamental. Casos como esses são cada dia mais corriqueiros. Suas conseqüências podem ser realmente trágicas, como as dos ataques terroristas do 11 de setembro de 2001 nos Estados Unidos, ou, no outro extremo, *insights* mais positivos, totalmente novos, como foi, no passado, a descoberta da penicilina por Fleming.

Nossa abordagem do desenvolvimento da visão periférica

Este livro começou com um desafio: de que maneira os administradores e suas organizações deverão estabelecer uma capacidade refinada de reconhecer e agir – antes que seja tarde demais – em função dos fracos sinais da periferia? Para começar, procuramos respostas como parte de nossa pesquisa sobre tecnologias emergentes no Mack Center for Technological Innovation (Centro Mack de Inovações Tecnológicas) da Wharton School. Em maio de 2003, reunimos um grupo de ilustres pensadores em uma conferência sobre Visão Periférica.[2] Essa conferência, e uma posterior edição especial de periódico *Long Range Planning*, refinaram nossas idéias e levantaram importantes novas questões sobre o assunto. Nessas aventuras exploratórias, constatamos ser a metáfora da visão periférica uma poderosa lente para entender a complexa e muitas vezes confusa zona existente nos limites mais avançados de uma organização.

Usando a metáfora da visão, este livro se alimenta em nossas pesquisas sobre melhores práticas, assim como nas "futuras melhores práticas" em visão periférica. Examinamos casos específicos de sucessos e fracassos relativos à observação de mudanças na periferia – desde a maneira pela qual a Tasty Baking conseguiu desvendar os sinais contraditórios sobre os alimentos de baixas calorias, a como as bonecas *Bratz* reconheceram o novo padrão de comportamento entre as meninas para destronar a boneca Barbie, até como diretores de agências funerárias responderam à demanda por serviços mais personalizados, aos desafios enfrentados pela indústria de iluminação em função da ascensão das lâmpadas LED (diodos de emissão de luz). Trabalhamos a partir de *insights* dos campos de estratégia, *marketing*, teoria organizacional, inovação e gestão de tecnologias emergentes, teorias de decisão comportamental e da ciência cognitiva, juntamente com áreas de aplicações como tecnologia de monitoramento, inteligência competitiva e pesquisa de *marketing*. Finalmente, incluímos nosso exame de diagnóstico a fim de que o leitor possa avaliar as necessidades de sua organização em matéria de visão periférica, bem como sua capacidade atual (ver o apêndice A) nesse campo.

Para ajudar a desenvolver a visão periférica, examinamos em especial processos e capacidades organizacionais fundamentais. Nossa abordagem se alimenta de modelos gerais de processamento de informação e aprendizado organizacional (ver o Apêndice B), sempre com um foco específico nos sinais confusos e incertos da periferia. Isso nos levou a um processo de sete etapas para o entendimento e o aperfeiçoamento da visão periférica, resumido na Figura I.1.

As primeiras cinco etapas concentram-se em melhorar diretamente o processo da recepção, interpretação e ação sobre os sinais incipientes procedentes da periferia. A primeira etapa, do escopo, diz respeito a até onde examinar e quais questões valorizar (Capítulo 2). Ver tudo é ver nada. Os gestores devem utilizar um elenco de questões orientadoras a fim de garantir que seu foco não seja nem amplo demais nem estreito demais e evitar que sejam sobrecarregados ou deixem passar em branco partes importantes do quadro que devem traçar. Depois de determinado o escopo

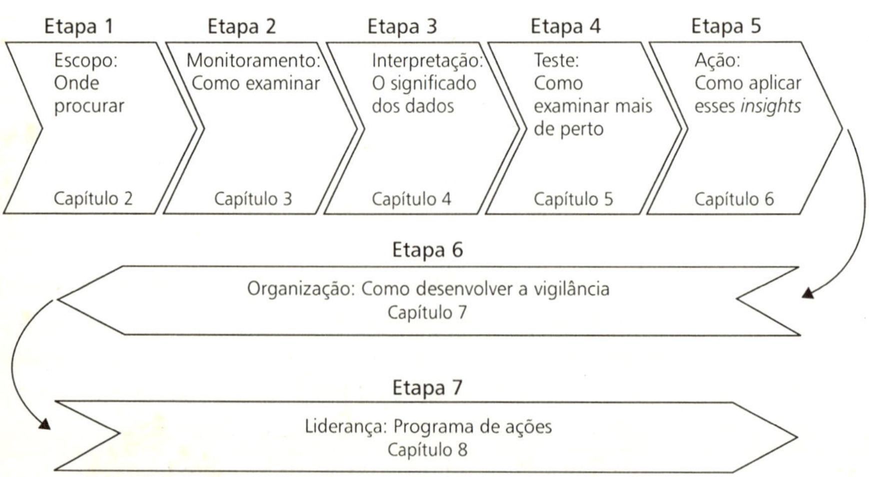

FIGURA I.1 Sete etapas para superar a falha da vigilância.

inicial, a etapa a seguir trata de como examinar no âmbito das áreas selecionadas (Capítulo 3). Esse exame deve focar principalmente a exploração de um domínio razoavelmente familiar ou a exploração do desconhecido? A fim de imergir em novas áreas periféricas, os gestores precisam empregar estratégias diferentes de monitoramento. O Capítulo 3 proporciona instrumentos e abordagens para detectar sinais nas diferentes partes da periferia, inclusive o interior da própria empresa, os clientes e concorrentes, tecnologias emergentes e influenciadores e formadores de opiniões. De que maneira deveriam os gestores proceder a esse exame no âmbito do escopo determinado?

Uma vez estando a organização empenhada em um monitoramento no âmbito de área promissora, a etapa seguinte é extrair algum significado daquilo que vai sendo constatado (Capítulo 4). Boa parte das informações é sempre ambígua e incompleta. Na visão humana, sinais na periferia carecem de cor ou definição. De que maneira irá então a organização ligar os pontos corretamente e interpretar os relances que reuniu a partir da periferia? Quais preconceitos cognitivos e organizacionais tendem a se colocar no caminho, como obstáculos? Entre outras estratégias, a interpretação dos sinais mais fracos pode ser fortalecida por meio de pontos de vista diversificados – algo similar ao processo da triangulação – a fim de acrescentar-lhes profundidade e perspectiva.

Com base nessa interpretação preliminar, a próxima etapa consiste em aprofundar a exploração a fim de conhecer mais profundamente a periferia e desenvolver uma melhor visão a respeito dela (Capítulo 5). Isso requer a formulação de sólidas hipóteses e o conhecimento da melhor maneira de testá-las no sentido de confirmar (ou não) sua validade. A seguir, a organização precisa decidir se e como agir a partir dos sinais emitidos pela periferia (Capítulo 6). Às vezes, a natureza da ameaça ou da oportunidade exige medidas decisivas, mesmo enfrentando-se altos índices de incerteza. Mas é igualmente freqüente que os sinais ambíguos da periferia exijam uma reação mais cautelosa e bem dimensionada a partir de uma perspectiva de opções práticas.

As etapas 1 a 5 estão centradas no aperfeiçoamento do processo da visão periférica; já o foco das duas etapas finais reside em construir capacidades organizacionais e lideranças mais amplas a fim de dar suporte à visão periférica. A sétima etapa torna o processo uma parte integral do tecido e da cultura da organização, ajudando a refinar sistematicamente as capacidades organizacionais indispensáveis a uma instituição verdadeiramente vigilante (Capítulo 7). Por fim, embora todos na organização possam desempenhar um papel na visão periférica, nossa pesquisa revelou com a maior clareza o papel fundamental reservado aos líderes. Como desenvolver liderança que incentive a curiosidade organizacional é o desafio da última etapa, tema este a ser abordado no Capítulo 8. São essas duas últimas etapas que informam e dão formatação a todas as demais.

ANTECIPAÇÃO E ALERTA

Os capítulos a seguir vão demonstrar, passo a passo, a melhor maneira de aplicar este e outros *insights* à melhoria da visão periférica de sua organização. Entre os mais importantes *insights* que obtivemos a partir de nossa investigação da periferia figuram:

- Você deve fazer as perguntas certas a fim de identificar aquilo que não conhece, de maneira a poder explorar todas as vantagens de um negócio.
- Equilibrar monitoramento ativo com visão casual (buscas não direcionadas) para avançar mais profundamente com essas questões de foco.
- Identificar novas fontes de informação ou novas formas de monitoramento capazes de desvendar partes importantes mas desconhecidas da periferia.
- Usar a "triangulação" com múltiplos métodos para ajudar a esclarecer sinais ambíguos e interpretar sinais difusos na periferia.
- Estimular e testar ativamente a fim de saber mais a respeito de sinais especialmente promissores e/ou ameaçadores.
- Embora você deva ocasionalmente assumir compromissos claros, pode igualmente precisar manter-se flexível com um amplo leque de opções estratégicas.
- Visão periférica é uma capacidade que qualquer organização pode desenvolver e fortalecer, assim como as pessoas.
- Uma visão periférica superior exige liderança dotada de presciência estratégica que estabeleça um exemplo a ser seguido e incentive o compartilhamento de *insights* e preocupações.

Embora o nosso processo de sete etapas reúna todos os elementos indispensáveis para formatar a visão periférica da empresa, é preciso ter sempre em mente que na periferia nada é nítido ou definitivo. A eficaz visão periférica *não é* o resultado de qualquer receita padronizada, linear. Ela exige prática, dedicação e conhecimentos amadurecidos. Entender a periferia não é questão de adotar determinada fórmula; é, isto sim, o resultado de formular as perguntas adequadas e refletir apropriadamente a respeito delas. Não se trata de previsão, mas, muito mais, de antecipação e alerta. O livro irá aprofundar o seu *insight* estratégico e motivá-lo a olhar mais além de seus atuais padrões de referência. Incentivará o leitor a espreitar para fora das suas próprias viseiras organizacionais. É um esforço que vale a pena fazer. A visão periférica superior pode ajudá-lo a antecipar riscos e a divisar oportunidades enquanto é tempo, com isso ganhando uma lucrativa vantagem em relação aos seus rivais de olhos vendados.

Capítulo Um

A Periferia

Porque é Importante

"Quando surge a primavera, a neve começa a derreter primeiro na periferia, pois é ali que está mais exposta."

—*Andy Grove, Intel*[1]

VINCE MELCHIORRE, vice-presidente sênior e diretor de *marketing* da empresa Tasty Baking, com sede na Filadélfia, Pennsylvannia, teve um *insight* nos corredores de um supermercado suburbano. Certo dia, ao fiscalizar a distribuição dos displays dos seus produtos nas gôndolas desse supermercado, foi interpelado por duas mulheres, uma com cerca de 60 anos de idade, e a mãe desta, já na casa dos 80. A mãe sofria de diabete e não podia mais consumir os doces da Tasty, pelas quais sempre fora fanática. "Elas quase gritaram comigo na loja", conta Melchiorre. "A mãe era consumidora dos Tastykakes desde criança. Ela ainda sabia cantar o *jingle* daquela época, mas não podia mais consumir nossos produtos. Elas me intimaram: 'Por que você não faz nada para mudar isso?' Aquilo realmente mexeu comigo."[2]

À época, começo de 2004, a revolução das dietas à base de baixo carboidrato, lançada pelo Dr. Robert Atkins, estava em pleno avanço. Cada indústria do ramo de alimentos tinha no mínimo uma estratégia de baixo carboidrato e milhares de novos produtos dessa linha eram lançados. Uma empresa como a Tasty Baking, que colocava no mercado diariamente mais de cinco milhões de unidades de bolos, tortas, biscoitos, *doughnuts* e outras doçuras da marca Tastykake, não poderia deixar de notar esse fato. Concorrentes como a Entenmann's criavam suas próprias linhas de baixo carboidrato. Mas, afinal de contas, o que realmente significava aquela tendência? Nosso negócio teria chegado ao fim, ou seriam as dietas apenas uma nuvem passageira? Como deveria a Tasty Baking reagir àquela realidade, e com que presteza?

Na ocasião do encontro de Melchiorre com as duas mulheres no corredor daquele supermercado, a Tasty Baking já havia começado a criar uma linha de produtos de baixo carboidrato, como parte de um projeto super-secreto que até codinome ostentava, "Greta" (uma contração de "Greta Carbo", trocadilho que pretendia relacionar Greta Garbo, a falecida atriz de cinema do começo do século XX, famosa por sua beleza – além de ser magérrima – e vida de reclusão com os carboidratos). O novo CEO da empresa, Charles Pizzi, pressionava pelo lançamento de uma linha inovadora de produtos como parte integral do esforço para impulsionar as vendas da empresa, que haviam estacionado depois de ter atingido o pico de US$ 166 milhões no ano de 2001. A equipe de produtos, liderada por Karen Schutz, diretora de Desenvolvimento de Novos Negócios, corria contra o relógio para lançar a nova linha de produtos com baixo índice de carboidrato em agosto de 2004, o que significaria reduzir à metade um processo que normalmente exige de 12 a 18 meses.

Depois daquele encontro com as mulheres no supermercado, contudo, Melchiorre surgiu com uma nova proposta para a equipe: trocar toda a linha de novos produtos com baixo teor de carboidrato por produtos sem açúcar (*sugar-free*). Não era, de maneira alguma, uma proposta simples. A equipe de desenvolvimento já havia conseguido chegar a muitas linhas experimentais de produtos de baixo carboidrato com possibilidades de continuar proporcionando a qualidade tradicional da marca. Mudar para produtos sem açúcar exigiria reformular os ingredientes e fazer novos testes – na verdade, começar tudo de novo. "Estávamos praticamente a meio caminho com a estratégia do baixo carboidrato", recorda Melchiorre. "Não foi o dia mais feliz da minha vida aquele em que enfrentei o pessoal do setor de desenvolvimento e *marketing* de novos produtos."

O quadro, porém, não poderia ser mais claro para Melchiorre. "Era eu que ouvia as pessoas nas lojas, tanto aquelas que abasteciam as prateleiras quanto os consumidores. E todos se queixavam para mim o tempo inteiro, dizendo que gostavam dos Tastykakes mas não podiam mais chegar perto deles, por causa da diabete. Mas não lembro de uma pessoa que tenha me procurado para queixar-se de não poder consumir nossos produtos por estar em dieta de baixo carboidrato. O açúcar é o ponto central dessa questão."

Tendo trabalhado anteriormente na Campbell Soup, como executivo, Melchiorre se deu conta de que há uma grande diferença entre o que as pessoas dizem e o que acabam fazendo. Na Campbell, ele estivera envolvido com um projeto de sopa livre de sódio que acabou fracassando por falta de consumidores. "As pessoas dizem que querem sopas sem sódio ou outros alimentos de baixas calorias. E aí saem da sala em que deram essas respostas diretamente para um McDonald's", afirma Melchiorre. "Trabalho no setor de alimentos industrializados há muito tempo. Vi muita coisa entrando e saindo de linha. E aprendi que as pessoas só se tornam realmente fanáticas sobre tendências e outras modas quando elas as afetam pessoalmente." A longa experiência dele nessa indústria matizava a maneira pela qual costumava interpretar as matérias jornalísticas e outras informações recebidas a respeito.

A Tasty Baking enfim concretizou sua linha de produtos *sugar-free*, batizada de Tastykake Sensables e lançada em agosto de 2004. Os produtos continham zero grama de açúcar e apenas de quatro a oito gramas líquidos de carboidratos por porção. A linha incluía *doughnuts* simples e de chocolate, bolos de laranja e deditos e barrinhas de chocolate. O sucesso ultrapassou as expectativas mais otimistas, com vendas que alcançaram o dobro das previsões. No segundo trimestre de 2005, as vendas líquidas da empresa já eram 8% superiores às do ano anterior, aumento esse devido em grande parte à linha dos *Sensables*.

Mas teria a Tasty Baking feito realmente a escolha adequada? Da maneira como tudo se desenvolveu, Melchiorre chegou a ter uma oportunidade de mudar de rota. Na mesma época em que ele estava lançando a linha *sugar-free*, a concorrente Entenmann's introduzia produtos com baixo índice de carboidrato. Enquanto Melchiorre percorria, cheio de nervosismo, incontáveis supermercados durante as primeiras semanas de vida das duas linhas de produtos, as lojas não faziam outra coisa a não ser repor os estoques dos produtos da Entenmann's, tal a rapidez com que se esgotavam. E o executivo da Tastykake não parava de pensar, diante de tão flagrantes evidências: teria mesmo adotado a decisão certa ao apostar tudo na linha *sugar-free*? Passados, porém, dois ou três meses, ele começou a se sentir coberto de razão. Os produtos com baixo índice de carboidrato da Entenmann's começaram a encalhar. A tal ponto que aquela linha foi retirada do mercado, e a Entenmann's lançou também produtos *sugar-free*. "Muitas empresas desativaram suas linhas de baixo carboidrato", diz Melchiorre. Em maio de 2005, o jornal *The New York Times* publicou um artigo destacando que a transformação de muitos produtos com baixo índice de carboidrato para *sugar-free* confirmava que o "sem-açúcar transformou-se no novo baixo carboidrato"[3] Nesse meio-tempo, incontáveis milhões de dólares foram ganhos ou perdidos.

Muito embora aquelas mulheres no supermercado tivessem proporcionado a Melchiorre um foco claro, não foram elas as suas únicas fontes de informação. Além de percorrer os corredores dos supermercados duas vezes por semana, Melchiorre lê de tudo um pouco e mantém contato com outros participantes da indústria. Faz também pesquisas ocasionais entre os 1.500 funcionários da empresa. "Nós triangulamos a partir de muitas fontes diferentes", diz ele. Uma vez tendo a empresa optado pela estratégia do *sugar-free*, Melchiorre também pediu ao seu pessoal de transporte e operações para servirem como "advogados-do-diabo", identificando tudo o que pudesse dar errado a fim de que a empresa tivesse condições de recomprar suas remessas onde quer que a nova linha de produtos fracassasse, evitando assim um irrecuperável excesso de produção.

Acima de tudo, assegura Melchiorre, ele procura manter sempre a mente aberta: "As pessoas bem-sucedidas abordam cada dia como uma nova experiência de aprendizado. Eu, em geral, deixo todas as minhas convicções de lado e começo cada novo dia como se não soubesse de nada. O que costuma ferir as pessoas com freqüência é o fato de acreditarem que conhecem todas as respostas, o que as leva a gastar a maior parte do seu tempo com a espera da confirmação de seus pontos de vista. Eu nunca me atrevo a pensar que tenho todas as respostas. Estou sempre procurando extrair idéias um tanto malucas das pessoas – por exemplo, que tal a gente passar a usar nossos caminhões-reboque para entregar tortilhas ou frutas? Se você ficar preso a um paradigma único, jamais terá uma boa visão periférica; passará, pelo contrário, a sofrer de visão de túnel. Todo mundo seguindo todo mundo, até despencar da plataforma."

O CUSTO DE UMA FRACA VISÃO PERIFÉRICA

Um dos motivos da importância da visão periférica é que as empresas quase sempre contam apenas com uma estreita janela para tirar proveito de um novo *insight* na periferia. O que é moda vai ligeiro demais dos desfiles de alta costura de Paris para os cabides de liquidação da rede Wal-Mart. Os celulares andam aceleradamente da condição de instrumento de negócios de alto preço para a de acessório no bolso de qualquer adolescente. Chegue cedo demais para a festa do consumo e não encontrará convidados; chegue tarde demais e você acabará tendo apenas o lixo para limpar. Enxergar o que está acontecendo e reagir efetivamente é uma capacidade fundamental para o sucesso.

Embora a Tasty Baking tenha realmente lucrado com sua visão periférica, a verdade é que outros segmentos da indústria também reagiram efetivamente, a seu modo, à revolução do baixo nível de carboidratos. À medida que a dieta de Atkins e outras se popularizaram nos EUA, fizeram emergir um significativo mercado para alimentos a elas adequados, com US$ 1,6 bilhão em vendas nos primeiros nove meses de 2004. Em 2003 e 2004, as empresas envolvidas nesse segmento lançaram um total de 3.737 produtos de baixo carboidrato (a maioria deles variações de alimentos já existentes) só nos EUA.[4] Os pioneiros que reconheceram essa mina de ouro em tempo e agiram com eficiência na sua exploração conseguiram gordos lucros com produtos para emagrecer. As vendas de alimentos de baixo carboidrato aumentaram a índices de três dígitos em 2003.

Mas essa tendência persistiu até bater num muro. Mesmo com a proliferação de novos produtos, a onda das dietas de baixo carboidrato perdeu força. A percentagem de norte-americanos seguindo dietas de Atkins e South Beach desabou de 9% em janeiro de 2004 para 4,6% nove meses mais tarde, ao mesmo tempo em que o número de produtos de baixo carboidrato dobrava, como mostra a Figura 1-1. As empresas que entraram nessa verdadeira festa sem a rapidez necessária, como a Coors, investiram em um mercado que se encolhia e já tinha excesso de itens (veja o quadro "Chegando ao bar depois que fechou"). Essas empresas perderam a janela da oportunidade.

Em retrospecto, houve muitos sinais tanto da emergência quanto do esgotamento da revolução do baixo carboidrato, alguns dos quais ilustrados na Figura 1-2. Teriam as empresas conseguido divisá-los? Reconheceram sua importância entre todos os outros sinais igualmente presentes? Por que não conseguiram reagir com eficiência a eles? O problema com os sinais da periferia é que são muitas vezes fracos e ambíguos. No caso dos alimentos de baixo carboidrato, o cenário ficou influenciado pelas complexidades e caprichos do comportamento dos consumidores. Os indivíduos muitas vezes desenvolviam definições próprias sobre o que seriam dietas de baixo carboidrato. Um estudo feito em 2004 pelo Hartman Group constatou que

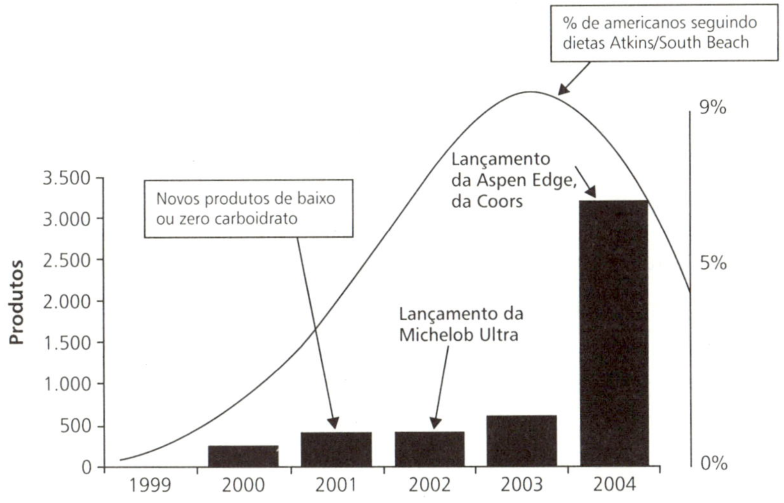

Fonte: ProdutScan, NPD

FIGURA 1.1 Risco e recompensa na periferia.

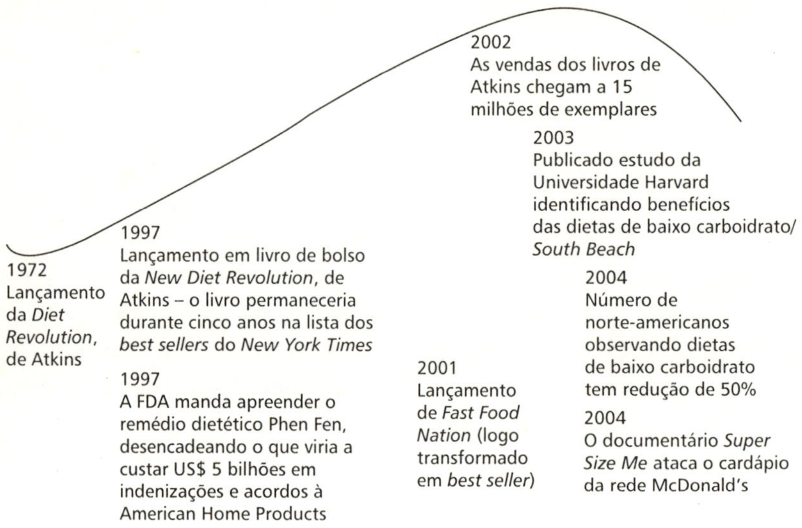

FIGURA 1.2 Alguns sinais da ascensão e queda das dietas de baixo carboidrato.

apenas 9% dos defensores das dietas de baixo carboidrato cumpriam plenamente o que elas determinavam. O estudo constatou igualmente que a percentagem de consumidores com dietas próprias era maior do que as percentagens referentes a qualquer outro plano formal de baixo carboidrato. Além disso, fazia-se sentir uma mudança muito acelerada. Dos 34% que haviam tentado alguma forma de dieta de baixo carboidrato, mais da metade a abandonaram antes de decorrido um ano, o que era um quadro semelhante ao de outros tipos de dietas. Para a maioria dos praticantes de tais dietas, o interesse focado num regime de baixo carboidrato não durou mais de três meses.[5]

A maneira pela qual essa onda de dietas acabou se transformando em comportamento de consumo foi ainda mais complicada. O Hartman Group constatou, por exemplo, que embora a dieta de baixo carboidrato demonizasse determinados alimentos (por exemplo, batata frita e massas), os consumidores não estavam reduzindo a utilização de suas marcas preferidas em benefício das novas marcas "sadias". O quadro era dúbio, qualquer que fosse o ângulo de observação, e ainda assim empresas como a Tasty Baking sentiram-se impelidas a agir com presteza. Tudo isso dito, qual é a melhor forma de as empresas desenvolverem sua visão periférica de maneira a se capacitar a detectar mais cedo e reagir com maior eficiência aos sinais surgidos em seu entorno?

Chegando ao bar depois que fechou

A Anheuser-Busch figurou entre os pioneiros na categoria de cervejas de baixas calorias, lançando a Michelob Ultra em setembro de 2002. Essa cerveja chegou rapidamente à liderança do segmento, com 5,7% do mercado das cervejas *light* em março de 2004. Esse foi o lançamento de maior sucesso da empresa desde a introdução da Bud Light em 1982.[a] A empresa embarcou cedo na onda e tirou todo o proveito da moda do baixo carboidrato enquanto ela durou. A Coors, ao contrário, decidiu primeiro esperar que a onda passasse. Só quando a Michelob Ultra começou a atingir a faixa de mercado da Coors Light a empresa lançou sua marca com baixo carboidrato, em março de 2004 – com 18 meses de atraso em relação à Anheuser-Busch. Aspen Edge, a nova marca da Coors, chegou tarde demais e sem força ao mercado, não obstante os 30 milhões de dólares investidos em publicidade. As vendas chegaram ao máximo de 0,4 % do mercado de cervejas em julho de 2004, e a partir daí começaram a regredir. (Uma pesquisa feita entre distribuidores de bebidas em setembro de 2004 constatou que 87% deles não acreditavam que a Aspen Edge pudesse chegar a ser um sucesso.) Tudo isso porque quando a Coors reconheceu a existência da moda do baixo carboidrato e resolveu tirar proveito dessa onda, a janela da oportunidade já estava se fechando.

[a] Anheuser-Busch, Relatório Anual 2003, 3.

A FALHA NA VIGILÂNCIA

A maioria das organizações não tem capacidade suficiente de visão periférica. Nossa pesquisa global junto a mais de 150 administradores seniores constatou que para mais de 80% deles a capacidade de visão periférica das respectivas empresas fica muito aquém das necessidades, o que produz uma significativa falha na vigilância.[6] A necessidade média esperada de visão periférica ficava acima de 5 numa escala de 7 pontos, mas a média real não passava de 4, como ilustrado na Figura 1-3. (De que maneira a sua organização se comporta nessa proporção? Para avaliar a lacuna entre necessidade e realidade em sua organização, leia o apêndice A, "Exame do Olhar Estratégico".)

De quanta visão periférica tem necessidade uma organização? Organismos e organizações precisam de sentidos que contrabalancem as exigências dos respectivos entornos. Por exemplo, as abelhas são capazes de detectar a luz ultravioleta, o que lhes permite então distinguir entre variedades de flores brancas, e algumas espécies de mariposas desenvolveram a capacidade de detectar o sonar dos morcegos.[7] Quando as

Nossa pesquisa com mais de 150 executivos seniores constatou que sua expectativa de visão periférica superava em muito a capacidade atual das respectivas organizações, criando com isso uma falha de vigilância.

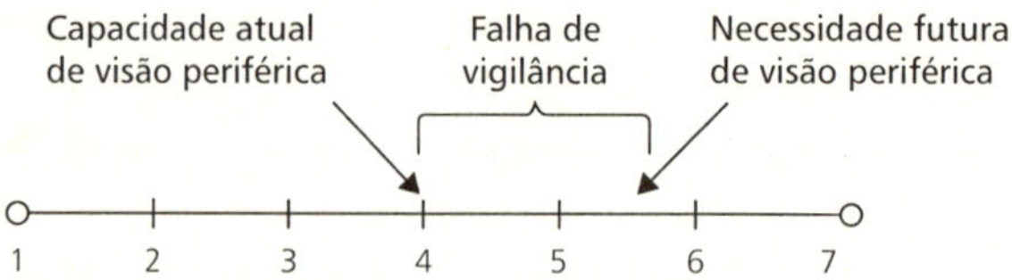

Fonte: Pesquisa Exame do Olhar Estratégico realizada entre executivos seniores nos Estados Unidos e na Europa, 2004.

FIGURA 1.3 A crescente necessidade de vigilância.

mariposas detectam esse sonar, isso desencadeia um vôo de fuga. Essas mariposas não conseguem ouvir qualquer outra coisa, mas desenvolveram uma capacidade especial para essa percepção altamente especializada. O perigo é quando o entorno muda – por exemplo, quando uma mariposa encontra a janela aberta de uma casa e a ameaça deixa de ser um morcego guiado por sonar, passsando a um ser humano de vassoura na mão. É aí que a velha capacidade de percepção desenvolvida pela mariposa deixa de ter utilidade.

Da mesma forma, a visão periférica de que uma organização necessita deve ser talhada de acordo com a sua estratégia, a dinâmica da indústria em que opera, e a volatilidade do seu ambiente. O aumento da rapidez e complexidade num determinado cenário em geral levam a uma necessidade maior de visão periférica.[8] Por exemplo, no passado, empresas da indústria da moda – valor total, US$ 150 bilhões – podiam quase que ditar por antecipação as tendências a serem transformadas em roupas de classe e então vendê-las em altos volumes. Hoje, no entanto, as mulheres criam estilos individuais próprios com uma abordagem de variar-e-adaptar o guarda-roupa. Isso faz parte de uma tendência mais ampla em direção à customização – que vai desde a edição de CDs musicais personalizados à divulgação de *blogs* e *podcasts online*. As grandes redes de varejo são forçadas a reformatar lojas padronizadas na tentativa de emprestar-lhes uma imagem de exclusividade e personalização. Os produtores de moda sentem-se obrigados a criar abordagens flexíveis como o sistema "consumo rápido" utilizado pela Zara para oferecer maior variedade e novidades constantes. Todas essas mudanças provocam grandes incertezas e ressaltam a importância da visão periférica como instrumento para detectar mudanças em mercados e canais de produtos antes que outros o façam.

Algumas empresas têm visão periférica suficiente para suprir as necessidades de seu ambiente, como mostra a Figura 1-4. A empresa focada, com visão concentrada

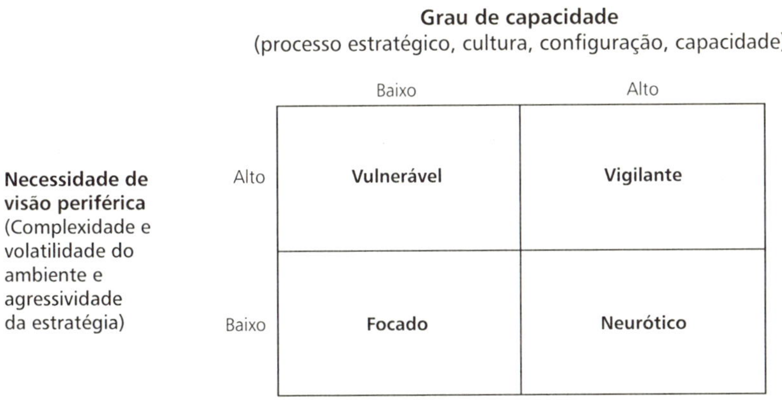

FIGURA 1.4 A visão periférica e o ambiente.

num cenário relativamente estável, lembra uma prova turfística, com os cavalos com viseiras galopando numa pista livre de obstáculos. A organização vigilante, com visão periférica altamente desenvolvida para trabalhar e adaptar-se em ambientes mais caóticos, tem igualmente uma visão periférica bem adaptada ao seu ambiente. Em contraste, algumas organizações têm mais visão periférica do que o necessário, o que em geral se traduz numa organização neurotizada que padece sob uma sobrecarga de percepções. Essas organizações acabam detectando tudo, mesmo quando situadas num cenário relativamente tranqüilo, o que resulta inevitavelmente em sobrecarga de informação e déficit de atenção – o equivalente organizacional das crianças que sofrem de convulsões quando assistem a animações rápidas demais na televisão. Tudo isso acaba tornando essas empresas menos competitivas que suas rivais mais focadas.[9]

O problema mais comum, no entanto, conforme nossos estudos, é o da organização vulnerável, que tem menos visão periférica do que o necessário para suprir demandas futuras. Essa organização tem baixa capacidade de visão periférica, mesmo operando em ambientes ou seguindo estratégias que exijam alta capacidade de divisar mais além das fronteiras dos respectivos setores. Elas tendem a ser míopes, concentrando-se no negócio mais próximo quando muitos fatores na periferia poderiam na verdade modificar por inteiro seu modelo de negócio ou setor de atuação. Esse desequilíbrio característico produz quase sempre perda de oportunidades e indefinições fatais, que acabam tendo impacto não apenas nas organizações mas igualmente sobre as carreiras de indivíduos (veja o quadro "Esses CEOs não viram nada"). As organizações nesse quadrante precisam aumentar em muito sua capacidade de visão periférica para conseguir se adequar aos desafios de sua estratégia e ambiente. Esse quadrante é o foco principal do nosso livro.

COMO FUNCIONA A VISÃO PERIFÉRICA

A metáfora da visão periférica ajuda a realçar os complexos mecanismos essenciais para a capacidade de uma organização enxergar o que está além da próxima esquina. Como ocorre com a visão humana e animal, a periferia é aquela zona indistinta fora da área do foco principal (veja o quadro "Visão central *versus* periférica"). A visão focal ajuda os seres humanos a se concentrarem em tarefas mais importantes, como ler ou desenvolver um projeto.[10] A visão periférica nos auxilia a divisar as ameaças que nos cercam disfarçadamente ou a reconhecer as oportunidades situadas no limite extremo do nosso campo de visão. No começo da evolução humana, foi a visão periférica que ajudou o homem a reconhecer o leão da montanha prestes a atacá-lo, ou o veado, que poderia ser o jantar do dia, esgueirando-se em meio à floresta. Nossa visão periférica continua a ser vital em atividades como dirigir um automóvel ou praticar esportes.

Para as organizações, tanto quanto para os indivíduos, o que emerge na periferia é mais difícil de ver e compreender e complicado de captar ou ignorar. Em essência, a visão periférica exige estratégias e capacidades diferentes daquelas da visão focal em áreas como escopo, monitoramento, interpretação, teste e ação. Ela significa muito mais do que simplesmente receber um sinal do ponto extremo da visão. Representa saber onde olhar, como olhar, o que significam os sinais, quando virar a cabeça e olhar em uma nova direção, e como agir em relação a todos esses sinais ambíguos.

Esses CEOs não viram nada

Qual é a importância da visão periférica para a sua carreira? Quando a empresa de treinamento 'Leadership IQ' perguntou a 1.087 diretores que haviam demitido CEOs qual fora o fator decisivo na aplicação desse "cartão vermelho", 31% responderam que os CEOs não souberam administrar transições, 28% disseram que eles não consideravam os clientes importantes, 27% indicaram que os demitidos haviam sido lenientes com pessoal de baixo desempenho, e 23% dos diretores admitiram ter decidido demitir CEOs por "negarem a realidade".[a] Em outras palavras, uma deficiente visão periférica contribuiu para a maioria dessas demissões.

[a]. Jessi Hempel, "Why the Boss Really Had to Say Goodbye", *Business Week*, ed. 04/07/2005, www.businessweek.com/magazine/content/05_27/c3941003_mz003.htm#ZZZTCY7OAAE.

Visão central *versus* visão periférica

Apenas uma pequena área focal do olho chamada fóvea (do tamanho aproximado de uma unha do polegar quando nossa mão está estendida) é usada para a visão central em alta resolução plenamente a cores. A periferia é varrida a uma resolução bem mais baixa. A fóvea oferece a visão mais estreita, mas também a mais aguçada, do mundo. A visão periférica proporciona uma visão mais ampla, mas crescentemente turva. Nas organizações, as atividades centrais internas e o monitoramento do ambiente externo, como os dados que são continuamente examinados pela administração ou relatados aos investidores, aparecem na fóvea (ou área focal). Quão estreita ou ampla deveria ser a área focal?

A visão envolve uma interação entre sentir e interpretar, de tal forma que aquilo que vemos é muitas vezes determinado pelo que estamos preparados para ver. Indivíduos e organizações podem estar de tal forma focados em determinada tarefa que acabe passando despercebida por eles uma mudança significativa no cenário por ocorrer fora do seu foco de atenção (veja o quadro "Eles não viram o gorila").

Bastonetes *versus* cones: concessões na periferia

Dado que os processos e capacidades da visão periférica são diferentes daqueles da visão focal, há sempre um custo inerente ao reforço da visão periférica. As empresas precisam alocar recursos e tempo da administração de alto nível ao desenvolvimento das indispensáveis capacidades e processos para melhorar a sensibilidade em relação aos sinais débeis da periferia. Isso leva a um desafio fundamental para a organização: qual é o equilíbrio adequado entre visão focal e visão periférica?

Se você costuma dirigir automóvel conferindo constantemente os espelhos retrovisores laterais e central, acaba inevitavelmente reduzindo a atenção que precisa dar à estrada a sua frente. Imagine, em termos de negócios, a maneira pela qual a corporação norte-americana AT&T se lançou a aventuras destruidoras na área dos computadores pessoais, e outras, antes de decidir abandonar esses investimentos considerados não-fundamentais. Às vezes, ver tudo é o mesmo que não ver nada.

O olho humano destina consideráveis recursos à visão periférica, na forma de sensores exclusivos. O olho contém dois tipos de células: bastonetes e cones. Os cones estão concentrados perto do centro e nos permitem enxergar cores e detalhes, quando a iluminação é boa. É nisso que a visão focal se concentra. As células de bastonetes, por outro lado, concentram-se em torno das extremidades da retina e são usadas

Eles não viram o gorila

Utilizamos, em nossos seminários, um vídeo de curta metragem para ilustrar os grandes desafios da visão periférica. No vídeo, jogadores de basquete passam a bola uns aos outros. Os gerentes são solicitados a contar quantas vezes os jogadores de uma equipe de camisas brancas passam a bola entre eles (eles nunca passam a bola para os de camisas negras); ao mesmo tempo, o time de camisas negras está fazendo passes com outra bola. À medida que os gerentes ficam absortos na contagem, alguém, usando uma fantasia de gorila, atravessa lentamente o cenário, sem fazer a mínima provocação aos jogadores que continuam trocando passes. O gorila pára no meio da quadra, bate no próprio peito, e lentamente sai de cena. É então que perguntamos: quantas vezes a bola foi passada? Cerca de 90 por cento dos gerentes fazem a conta certa. Em seguida perguntamos: vocês não notaram nada de diferente? Dificilmente algum dos gerentes lembra de ter visto um gorila. Mais tarde, muitos deles exigem uma repetição do vídeo. Quando vêem claramente o gorila, alguns chegam a suspeitar de que o vídeo foi alterado para o *replay*, enquanto outros demonstram seu espanto por não terem visto antes o animal. Os indivíduos podem ser vítimas da visão de túnel ao focar uma tarefa com tamanha intensidade que não conseguem sequer notar algo que está claramente à sua frente.[a]

[a]. Em uma experiência controlada com estudantes universitários, 42% dos participantes notaram o gorila. Ver Daniel J. Simons e Christopher F. Chabris, "Gorilas in Our Midst: Sustained-Inattention Blindness for Dynamic Events". *Perception* 28 (1999): 1059-1074.

em condições de pouca luz para ver objetos com o canto do olho – por exemplo, um automóvel que ultrapassa o seu na segunda pista de uma rodovia.

A retina do olho humano tem um número muito maior de células em bastonetes (para a visão periférica) que células em cones (para a visão focal) – cerca de 120 milhões de bastonetes em comparação com apenas seis milhões de cones. Essa proporção não faria sentido se estivéssemos projetando um robô para otimizar o desempenho na tarefa mais à mão – como seria o caso de uma máquina projetada para ler livros ou contar dinheiro. Mas o olho humano é também projetado para captar sinais incipientes relacionados com potenciais ataques ou oportunidades. Quantas organizações destinam recursos à visão periférica versus visão focal em qualquer proporção próxima de 20:1? Suspeitamos que a maioria das organizações tenham provavelmente uma proporção inversa, como ilustrado na Figura 1-5, o que leva potencialmente a efeitos como miopia e visão de túnel.

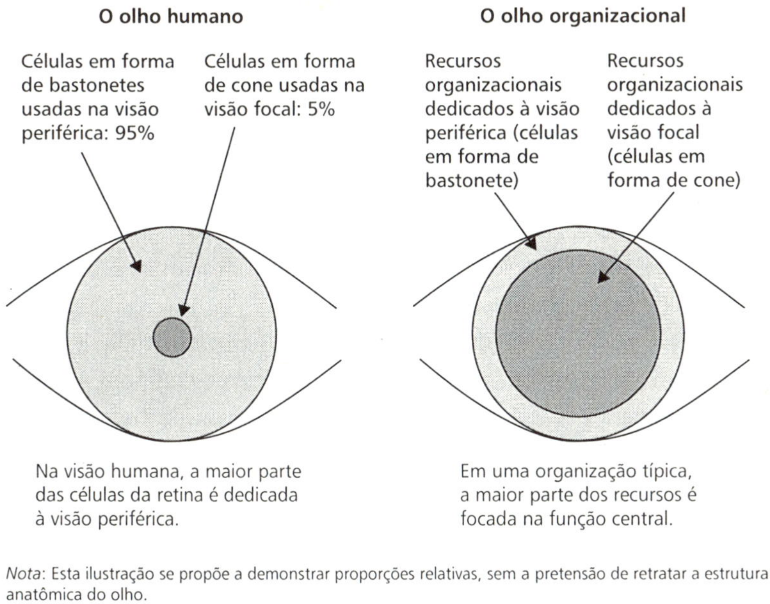

FIGURA 1-5 Qual é o equilíbrio adequado?

APERFEIÇOANDO A VISÃO PERIFÉRICA

O perfil da carreira do senador norte-americano Bill Bradley no basquete universitário, de autoria de John McPhee, descreve o fantástico sentido de percepção das ações dos demais atletas participantes de um jogo. Para elaborar seu artigo, McPhee levou Bradley a um oftalmologista, a fim de testar sua visão periférica. Constatou-se então que a visão periférica de Bradley era tão altamente desenvolvida que ultrapassava a escala de 180 graus do oftalmologista. Bradley tinha um alcance horizontal de 195 graus. Embora pudesse ser um dom natural, ele também cultivou essa visão periférica. Quando criança, gostava de caminhar calçada abaixo olhando diretamente para a frente, enquanto tentava identificar itens nas vitrinas das lojas à sua esquerda ou direita. Mais tarde, ele costumava postar-se em vários pontos da quadra de basquetebol de costas para a cesta, dar um giro rápido e tentar arremessar às cegas enquanto a rede aparecia em sua periferia. Bradley refinou assim o que McPhee descreveria como um soberbo "sentido de localização".[11]

Muitos outros atletas possuem essa capacidade altamente desenvolvida de prestar atenção à periferia, desde o "quarterback" que, no rúgbi, procura um receptor a quem lançar a bola ao mesmo tempo que vai evitando os empurrões dos adversários, a um tenista que observa os movimentos do oponente, no outro lado da quadra, e paralelamente mantém um olho na bola em movimento. Em meio a um complexo e rapidamente cambiante campo de jogo, eles têm um bom sentido do que acontece à sua volta e, com isso, sabem como (re)agir com rapidez. Existem organizações capazes de desenvolver uma capacidade semelhante de sentir e reagir a mudanças em andamento no seu entorno? Acreditamos que sim, e os próximos capítulos deste livro detalham os processos e capacidades organizacionais indispensáveis para fortalecer a visão periférica de uma organização.

No estudo que realizamos junto a executivos seniores, a atitude de liderança em relação à periferia foi destacada como um dos principais componentes da capacidade de visão periférica. Os líderes definem o que a organização enxerga e absorve. Eles igualmente determinam quais são as vozes ouvidas. A liderança em seus vários níveis ou abre a organização a sinais fracos procedentes de um ambiente diferente ou do próprio interior da empresa, ou fecha as portas para todos eles. Mesmo uma organização dotada dos mecanismos e processos individuais mais adequados para a visão periférica pode ficar limitada por um líder que despreze ou ignore todos os sinais incipientes, precursores, que vão surgindo. É só pensar no pobre coronel Johann Gottlieb Rall, em Trenton, durante a Revolução Americana, que morreu com um aviso antecipado da audaciosa ofensiva de George Washington em seu bolso. O sinal chegou a ele em tempo, mas o líder, em plena comemoração de um feriado, aparentemente não lhe deu a menor importância.

Nossa pesquisa conseguiu igualmente constatar que uma cultura que incentive o compartilhamento da informação é essencial para uma clara visão periférica. A Tabela 1-1 resume as dimensões organizacionais mais importantes de acordo com a análise estatística da nossa pesquisa.

Da mesma forma que atletas do tipo Bill Bradley, que se empenham em exercícios destinados a fortalecer sua capacidade de divisar a periferia, organizações de alto desempenho podem aperfeiçoar sistematicamente sua visão periférica. Elas têm tudo para se tornar menos vulneráveis e mais vigilantes. Os próximos capítulos examinam as maneiras pelas quais podem chegar a tanto.

TABELA 1.1 Organizações vulneráveis *versus* organizações vigilantes

	Vulneráveis	**Vigilantes**
Liderança	Focada estreitamente na performance e nos concorrentes atuais	Focada na periferia e no centro
Formação da estratégia	Rígida, investimentos estáticos	Inquisitiva, orientada por opções
Compartilhamento do conhecimento	Focada em acompanhar dados de negócios predeterminados	Focada em reunir e compartilhar sinais precoces
Configuração organizacional	Configurada a fim de olhar para dentro (visão do próprio umbigo)	Configurada a olhar para fora (visão das estrelas)
Cultura	Rígida e conformista	Flexível e curiosa

Capítulo Dois

Escopo

Onde Procurar

"Julgue um homem por suas perguntas, não por suas respostas."

—Voltaire

A PESQUISA DE DADOS MERCADOLÓGICOS contratada por um grande produtor de alimentos para animais domésticos sugeria que essa empresa mantinha sua posição dominante em um mercado que se apresentava estável. Uma boa notícia, se verdadeira. A empresa em questão, na verdade, vinha perdendo terreno em um mercado mais ampliado e que se expandia rapidamente. A emergência de fórmulas científicas de alimentos para animais domésticos vendidas em pontos não tradicionais do ramo e mesmo nas casas especializadas não estava refletida nos dados da pesquisa contratada pela empresa em questão. Embora os gerentes já estivessem vagamente conscientes dessa tendência, continuavam cuidando somente do seu mercado específico, de tal forma que a perda da participação total do mercado não aparecia nos seus relatórios de vendas. Na verdade, eles perdiam terreno e não se davam conta disso. Ao tentar posteriormente especificar o porquê de não terem captado os primeiros sinais da importância desse novo segmento, os gerentes admitiram como causas sua própria inércia e acomodação ao confiar exclusivamente em dados sobre vendas disponíveis nos canais tradicionais. Esse tipo de viseira foi o que bloqueou sua capacidade de enxergar o quadro em evolução. Em conseqüência disso tudo, a empresa caiu da liderança do mercado tradicional que ocupava, para a condição de aspirante atrasado e vacilante num novo segmento que, a essa altura, já se mostrava superpopulado.

Um dos primeiros desafios da visão periférica consiste em determinar a extensão do nosso exame do horizonte. Se o escopo for muito estreito, empresas como a de alimentos para animais domésticos citada anteriormente poderão ser atingidas por desagradáveis surpresas fora de seu campo de visão. Se, pelo contrário, esse mesmo alcance for exageradamente amplo, as empresas correrão o risco de sobrecarregarem-se com sinais sem importância. Como devem então as empresas se posicionar no sentido de definir um escopo apropriado de sua visão, capacitando-se com isso a divisar tudo aquilo que é realmente importante sem desperdiçar recursos?

Mais ainda, qual é o escopo adequado? Essa é uma daquelas perguntas que não levam diretamente a uma resposta – pelo contrário, provoca novas perguntas. Definir o escopo tem menos a ver com o conhecimento que com a curiosidade. É algo que depende menos de descobrir as respostas, e mais de definir as perguntas adequadas a revelar os limites de nosso conhecimento presente e então saber onde buscar as respostas. O produtor de alimentos para animais domésticos poderia ter perguntado: quais os novos canais ou modelos de negócios com potencial para afetar a indústria? Qual é o nosso percentual do mercado total representado pelos donos desses animais? Quanto faturamos do dinheiro gasto individualmente por esses clientes? Como os gerentes não souberam fazer essas perguntas, ficaram automaticamente incapacitados a detectar o que se passava em sua periferia – e quando o fizeram, o problema tornou-se ainda maior.

No presente capítulo, examinamos um conjunto de perguntas mediante as quais é possível ampliar um escopo limitado e constatar onde se deve buscar por respostas na periferia. Fazer essas perguntas e encontrar as respostas adequadas é algo que, sem dúvida, ajudará a concentrar as atenções dos gerentes nos setores da periferia dotados das maiores oportunidades de sucesso –ou, igualmente, a apresentar as maiores ameaças.

O DESAFIO DO ESCOPO

Com indústrias em que as fronteiras ficam cada vez mais difusas, estabelecer o escopo adequado é um desafio de proporções cada vez maiores. As empresas nos setores de telecomunicações e entretenimento, por exemplo, precisam enfrentar concorrentes diversificados, como *designers* de *videogames* e os sites de intercâmbio que facilitam o *download* ilegal desses novos produtos. As empresas farmacêuticas precisam concentrar suas atenções nas mudanças na regulamentação do sistema de saúde dos EUA, entre elas a ampliação do número de medicamentos de receita obrigatória do Medicare, além das descobertas da biotecnologia e das tecnologias automatizadas para a descoberta de promissores novos compostos. As empresas de produtos de consumo precisam observar com muito cuidado a crescente população hispânica dos EUA, com alimentos e sabores especialmente produzidos para este segmento em constante e permanente expansão.

São mudanças que muitas vezes surgem longe do ponto principal do foco das empresas e vão gradualmente se transformando em área de obrigatória atenção. A que altura costumam essas tendências emergentes aparecer no radar das empresas? De que maneira os gerentes definem as fronteiras do "mundo conhecido" e com elas os alcances de sua periferia? Da mesma forma que o olho tende a ver com maior clareza em sua área central de foco, inúmeras organizações têm uma visão muito clara do seu negócio principal, mas, em compensação, o quadro de tudo o mais é, para elas, completamente indistinto. Novas regulamentações, como a lei Sarbanes-Oxley para empresas de capital aberto, contribuem para dirigir ainda mais a atenção dos executivos ao monitoramento e controle do negócio principal. Quais as oportunidades que, em função disso, correm o risco de ser perdidas?

Os perigos de ver pouco ou demais

A incapacidade de reconhecer sinais incipientes na periferia da área principal de atenção tem provocado graves perdas para algumas organizações, criando, ao mesmo tempo, oportunidades para outras, como demonstrado na Tabela 2-1. Se os produtores de aditivos de alimentos geneticamente modificados (AGMs) tivessem indagado a tempo "qual seria o nível de risco tolerável pelos consumidores de alimentos e qual a opinião deles sobre essa questão?", certamente teriam se dado conta dos abundantes sinais indicando que os consumidores estavam no mínimo em dúvida quanto à confiança nos produtores de alimentos. Se os produtores de remédios nos EUA tivessem se preocupado em questionar "como reagirão os pacientes e os que pagam suas contas à crescente publicidade, às mudanças nos programas de saúde e aos altos custos dos produtos farmacêuticos?", certamente não teriam sido apanhados tão desprevenidos com as comprovações da grande queda da confiança do público em seu setor.

Por outro lado, com limitada atenção e outros recursos, empresas que ampliam seu escopo em demasia podem acabar exaurindo suas fontes de subsistência. Um estudo de executivos seniores, por exemplo, concluiu que o desempenho na verdade decaiu à medida que a exatidão do conhecimento aumentou. Conhecimento escasso pode ser um fator de alto risco, mas o conhecimento excessivo apresenta suas próprias

TABELA 2.1 Oportunidades presentes nos sinais incipientes

Domínio	Oportunidades na periferia	Quem as viu	Quem não as aproveitou
Tecnológico	Revolução digital	Apple e iPod	Indústria musical
	Luminárias LED	Empresas LED	Fabricantes de fluorescentes
	Software de fonte aberta	Linux, IBM	Microsoft, Sun Microsystems
	Enciclopédias em CD-ROM	Microsoft	Enciclopédia Britânica
	Rápida expansão do GSM (sistema global para comunicações móveis)	Nokia	Iridium
Econômico	Transporte de encomendas para entrega no dia seguinte	FedEx, UPS	Serviço Postal dos EUA, United Airlines
	Potencial dos sites de busca	Google	Microsoft
	Passagens aéreas mais baratas ponto-a-ponto	Southwest Airlines, Ryannair, Easy Jet	United Airlines, Delta, Lufthansa
Sociedade	Bebidas *new age* e para esportistas	Snapple, Gatorade	Coca-Cola, PepsiCo (no começo)
	Popularidade dos *reality shows*	Produtores dos *reality shows*	Produtores de *game-shows*
	Diminuição da idade e demanda de bonecas mais sofisticadas	MGA Entertainment (Bratz)	Mattel (Barbie)
Política	Remédios genéricos para AIDS na África	Empresas farmacêuticas da Índia	Grandes multinacionais do setor farmacêutico
	Descontentamento social na Venezuela	Hugo Chávez	Petróleos de Venezuela S.A.
	Influência dos subúrbios na mudança dos padrões de voto nos EUA	George Bush e Karl Rove	John Kerry
	Veículos aéreos sem piloto (como os "drones" usados no Iraque)	Northrup-Grunman (via uma aquisição)	Lockheed-Martin, Boeing

ameaças. A ambição dos executivos por estimativas sempre mais exatas dos mercados levou ao desperdício, ou até mesmo esbanjamento, de recursos em alguns casos.[1] O desafio é expandir o escopo para incluir todas as partes relevantes do respectivo entorno, mas não mais do que isso.

Determinar o escopo adequado

Além de ajustar-se às mudanças no ambiente em que atua, a empresa precisa ajustar seu escopo à visão estratégica da organização. Quando a Laboratórios Abbott reconheceu, no começo da década de 1960, que provavelmente jamais chegaria à condição de líder da indústria farmacêutica, expandiu seu escopo a fim de localizar oportunidades para crescimento na periferia. Essa transformação proporcionou à empresa inúmeros sucessos em matéria de produtos de diagnóstico, produtos de nutrição infantil e suprimentos hospitalares. Por outro lado, algumas empresas, até mesmo aquelas situadas em ambientes em rápida mutação, optam pela consolidação de posições e crescem mediante um cauteloso avanço a partir daquele ponto em que são fortes. Essas empresas não terão necessidade de uma visão periférica ampla em excesso – bastará que tenham o indispensável para estar sempre atualizadas a respeito do que ocorre nos mercados adjacentes. Por exemplo, a Dell Computers vem sustentando seu notável crescimento mediante a expansão do seu modelo de negócios de computadores "feitos por encomenda" para mercados similares, como os de impressoras e servidores de usuário final. Paralelamente, a Dell segue acompanhando com grande atenção as mudanças ocorridas nas imediações do seu foco, como a integração entre computação e entretenimento, que poderá representar um considerável impacto em seu negócio principal.

Fazendo as perguntas certas

A efetiva definição do melhor escopo depende da capacidade de fazer as perguntas certas, perguntas estas que são diferentes das relacionadas ao negócio central, que podem ser muito precisas e centralizadas. As questões focais muitas vezes tornam-se tão rotineiras que as respostas podem ser reunidas automaticamente e exibidas em quadros padronizados. Qual é a nossa fatia de mercado? Quais são os nossos lucros? O nosso volume de vendas tem aumentado? Qual é o índice de rotatividade de nosso pessoal? Quais os objetivos dos concorrentes? Os gerentes são normalmente muito eficientes (e chegam mesmo ao limite da neurose) na formulação e nas respostas a essas perguntas.

Na periferia, no entanto, as melhores perguntas são bem mais abrangentes. E as respostas, bem menos precisas. Quais são as partes do mundo que deixamos de lado? Que perguntas ficam sem resposta, por nunca serem formuladas? Sempre que as análises padronizadas são focadas em matéria consistente, o desafio da periferia é questionar a parte do quadro que está *ausente*. Algumas dessas perguntas sobre a periferia podem aparecer na forma de hipóteses, e muitas outras não chegam a ser articuladas de maneira discernível. A definição adequada do escopo exige que as questões sejam abordadas de mente aberta, tolerância à ambigüidade e a coragem de se aventurar em terreno não familiar. Na periferia, perguntas erradas podem sempre levar quem as faz a intermináveis perseguições de objetivos inatingíveis. Ao mesmo tempo, um elenco enxuto de perguntas adequadas muitas vezes ajuda a identificar oportunidades até então não divisadas. Devemos levar em consideração alguns desses estimuladores de pensamento; são, todos, organizados em torno de aprender com o passado, amplificar o presente e antecipar o futuro. Fazer essas perguntas e dar-lhes respostas pode ajudar a verificar se a organização tem verdadeiramente o escopo mais adequado à consecução de seus objetivos.

Aprendendo com o passado

O passado nem sempre se revela o melhor instrumento de previsão do futuro, mas quase sempre tem condições de ilustrar pontos cegos da empresa ou de uma indústria específicas. Pode, igualmente, oferecer lições aprendidas de outras indústrias e que vale a pena aplicar ao seu negócio.

Quais foram nossos pontos cegos no passado? Começando a partir de algumas décadas atrás, relacione sistematicamente todas as mudanças políticas, econômicas, sociais e tecnológicas ocorridas no centro e no entorno do setor industrial de sua empresa. Quais foram as mudanças não notadas pela administração e que tiveram severas conseqüências para a organização? Existem padrões a respeito? O objetivo dessa definição de um perfil é avaliar qual a propriedade com que sua organização reagiu às mudanças externas (ela ficou para trás, acompanhou ou se antecipou a essas mudanças?) e identificar os pontos cegos. Por exemplo, a empresa pode ter se mantido em perfeita sintonia com as mudanças políticas, mas, ao mesmo tempo, ter deixado de tirar proveito de importantes avanços tecnológicos.

Tomemos o exemplo da Royal Dutch/Shell, muito justificadamente exaltada por sua ação pioneira no planejamento de cenários futuros. A Shell mostrou-se mais efetiva que seus concorrentes na previsão das grandes mudanças experimentadas pelos preços do petróleo na década de 1970, da saturação da capacidade da indústria de navios petroleiros na década de 1980, e de várias recessões ocorridas no Extremo Oriente.[2] Ainda assim, esse conglomerado foi pesadamente prejudicado por diversos acontecimentos externos, um claro indício da existência de um ponto cego relacionado à sua percepção pelo público e pela mídia. O primeiro deles ocorreu em 1985, quando o conglomerado, com a aprovação do governo da Grã-Bretanha, pretendeu afundar a Brent Star, uma obsoleta plataforma de petróleo, no Mar do Norte, a centenas de quilômetros de distância de qualquer praia. Embora o plano constituísse uma solução de engenharia eficaz, a organização de defesa do meio ambiente Greenpeace transformou o episódio em uma causa célebre, que teve como resultado o boicote dos postos de combustíveis da Shell por toda a Europa e uma caríssima mudança de planos do conglomerado. Mais tarde, naquele mesmo ano de 1985, a Shell teve outro grande erro em matéria de sustentação de sua imagem na África em função do alegado apoio declarado a uma junta militar na Nigéria, que estava executando opositores políticos, depois de jogar na lata do lixo quase todas as promessas que havia feito às comunidades locais para conseguir se instalar no poder.

Apesar de todas as suas reconhecidas e invejadas capacidades em matéria de empresa de engenharia e de petróleo, esses dois episódios indicaram que a Shell era também racional demais, até mesmo míope, no que se referia à previsão das reações da sociedade às suas ações. Suas equipes de planejamento tinham mais engenheiros que cientistas sociais. É verdade que a empresa soube reagir a esses episódios, empenhando-se numa profunda pesquisa e verificação das causas maiores das catástrofes da Brent Star e da Nigéria, e, a partir das conclusões, aumentando radicalmente suas preocupações com as questões sociais e de mídia, mediante a realização de sistemáticas pesquisas sobre os interesses e preocupações de todos os públicos com os quais interagia. O grupo iniciou um grande projeto de *benchmarking*, lançando, entre outros pontos, um detalhado documentário anual de suas ações derivadas da responsabilidade social corporativa. Várias dessas ações se tornaram símbolos de pioneirismo. Ao identificar pontos cegos semelhantes, empresas como a Shell conseguem dedicar mais atenção e cuidado ao exame de segmentos da periferia geralmente ignorados.

Existem analogias válidas de outras indústrias? Às vezes, é possível aprender a partir das experiências de outras indústrias. Descubra uma indústria ou situação de mercado análogos em que as empresas tenham estado alienadas da periferia ou tenham explorado uma oportunidade emergente. Quais as lições a serem aprendidas daí? Vejamos a nanotecnologia, que possibilita a criação de fibras superfortes, remédios inteligentes guiados com precisão e um grande elenco de outras inovações mediante a manipulação precisa de materiais ao nível molecular. Essa tecnologia emergente tem enormes promessas – como ocorria com os AGMs (alimentos geneticamente modificados) na Europa, antes que os ativistas conseguissem insuflar os temores dos consumidores e os varejistas começassem a hesitar em vendê-los. Qual é, precisamente, a lição que os promotores da nanotecnologia podem aprender a partir do desastre dos AGMs?

As potenciais questões sociais, legislativas e éticas latentes na nanotecnologia têm semelhanças com as que amaldiçoaram os AGMs.[3] Estudos preliminares de toxidez, por exemplo, já causaram alarme em torno de eventuais problemas de saúde decorrentes das nanopartículas. Pior ainda, a potencial utilização de sensores e traçadores nanotecnológicos em rótulos de alimentos causou o surgimento de preocupações a respeito da privacidade. E os promotores da nanotecnologia são empresas multinacionais cujas motivações são quase sempre vistas com suspeitas – um fato capaz de ser explorado por ativistas interessados em atrair as atenções da mídia e/ou eventuais financiadores para seus grupos. Por fim, não existem regras uniformes sobre a liberação e controle de nanomateriais, algo que acaba se transformando em um convite a detalhados exames de motivações e inúmeras pretensões regulamentadoras.

Nenhuma dessas ameaças procede da periferia, mas vale a pena manter-se vigilante em relação a elas. Já existem sinais suficientes para preocupação. A resseguradora Swiss Re lançou um alerta contra os efeitos de uma eventual corrida à nanotecnologia, com base em riscos ainda desconhecidos.[4] Um estudo relatou a existência de dano cerebral em percas nadando em um aquário cheio de nanopartículas.

A oposição aos AGMs consolidou-se em grande parte porque o público podia facilmente imaginar os problemas potenciais de sua utilização, e não atinava com os benefícios decorrentes de sementes modificadas, como soja resistente aos herbicidas. Disso depreende-se que, se a indústria da nanotecnologia espera realmente que os consumidores aceitem seus riscos, precisa agir depressa para demonstrar benefícios tangíveis dela decorrentes. Existem analogias com a introdução de outras tecnologias controvertidas, como a energia nuclear, de que a nanotecnologia possa fazer bom uso? Há pontos de referência com tecnologias de grande sucesso, como as revoluções da biotecnologia e dos computadores pessoais? A busca de analogias compatíveis tem riscos e oportunidades ainda inexplorados. O que é possível aprender a partir delas?

A busca de analogias proporciona aos administradores a oportunidade de examinar suas situações particulares através de uma lente diferente, ajudando a ilustrar importantes áreas da periferia que, de outra forma, podem passar despercebidas. Por exemplo, a Mitsubishi Chemical, uma das pioneiras na manufatura nanotecnológica, especialmente das moléculas de carbono conhecidas como fulerones (ou bucketos), adotou as lições decorrentes da experiência dos AGMs. A Frontier Carbon, empresa da Mitsubishi, começou a pavimentar o caminho para a comercialização dos fulerones em 1993, uma década antes do lançamento comercial dessa novidade. Insistiu especialmente nas possibilidades levantadas pelas moléculas para a melhoria das questões de saúde e meio ambiente. Reconhecendo que as preocupações dos consumidores são aumentadas por não existir um sistema oficial de monitorar, testar e licenciar nanotecnologia, a Mitsubishi passou a pressionar pelo estabelecimento de normativas. Trabalhou com governos, líderes do mundo acadêmico e outros personagens principais da questão a fim de desenvolver regulamentos destinados a limitar a exposição de pessoas e animais aos nanomateriais. A Mitsubishi reconheceu que essa colaboração preventiva e a confiança do público são necessárias para que a indústria possa ter sucesso, e, também, para evitar a repetição do carnaval de reações pós-lançamento que inviabilizou os AGMs; a experiência com os AGMs alertou para a importância de levar em consideração a opinião pública.[5]

Quem, na sua indústria, tem história positiva em matéria de captar sinais ainda fracos e agir de acordo com eles antes da concorrência? Além de estudar impactos negativos registrados em sua empresa e setor industrial, é também vantajoso investigar quais empresas se mostraram eficientes e ativas na detecção de mudanças na periferia. Qual seria o segredo dessa ação? Em determinadas circunstâncias, um *insight* positivo pode ter sido pura sorte. Em se tratando, porém, de uma organização renomada por um bom desempenho em matéria de ver e ouvir a periferia antes dos concorrentes, claro que vale a pena emular algumas das práticas a ela inerentes.

Por exemplo, o Branch Bank and Trust Company (BB&T) vem se revelando um dos bancos de mais rápido crescimento no Sul dos EUA, com presença estabelecida desde o estado da Flórida até a região Nordeste do país. A empresa tem sabido identificar oportunidades de expansão, fazendo 159 aquisições de bancos, empresas de seguros e poupança, e outras, num período de 15 anos. Como é que eles conseguem? Neste caso, o líder dá o tom pelas perguntas que faz e as ações que adota em resposta. O BB&T é comandado por John Allison, renomado por uma ampla variedade de interesses. Os funcionários ficam pasmos com a quantidade de novos livros que ele lê todos os meses, como convida conferencistas alheios ao mundo dos bancos e como incentiva seus administradores a explorar novas oportunidades. Como presidente e CEO da empresa, ele se empenha em inculcar valores profundos, entre os quais não pode faltar um grande sentido de curiosidade. São esses valores que ajudam o CEO e outros da organização a detectar novas oportunidades de aquisição na indústria bancária, e também potenciais problemas de integração à medida que novos bancos são agregados à bandeira do BB&T. A empresa também faz uso de um processo extremamente rigoroso de identificação de potenciais alvos de aquisição, que inclui uma refinada análise de suas possibilidades a partir tanto de critérios objetivos quanto de fatores mais subjetivos, entre os quais a adequação à cultura do entorno em que atua.

Cada indústria tem suas histórias de sucesso de organizações que examinaram com profundidade a periferia. Fazer uma relação dessas organizações, avaliar as semelhanças eventualmente existentes entre elas e a sua empresa, e explorar quais as melhores práticas a adotar configuram os principais elementos de uma boa fórmula para começar a aperfeiçoar sua própria visão periférica. E medir seu próprio desempenho em relação ao dos outros é no mínimo um bom ponto de partida, uma maneira de detectar e começar a reduzir suas vulnerabilidades em relação a eventuais surpresas. O real benefício da periferia num sentido competitivo irá exigir mais do que simplesmente investigar e analisar o passado. É preciso também examinar o presente e o futuro, como veremos a seguir.

Examinando o presente

O conjunto de perguntas apresentado a seguir aborda aquilo que você pode estar ignorando, sem ter consciência disso, a respeito do seu ambiente de atuação. Quais são os sinais que podem estar bem a sua frente sem que você os divise? Como fazer para passar a vê-los? O que pode estar acontecendo nas áreas para as quais sua atenção não está voltada?

Que sinais importantes você está conscientemente ignorando? Quase todas as surpresas têm alguns antecedentes, como Max Bazerman e Michael Watkins destacam em seu livro *Predictable Surprises (Surpresas Previsíveis)*, usando os atentados de 11 de setembro de 2001 e o escândalo da Enron como casos exemplares.[6] As pessoas, no entanto, têm uma tendência muito forte a ignorar sinais de advertência e a fazer de conta que tudo está na mais perfeita ordem. Quanto mais inteligentes somos, maior a nossa capacidade de justificar e ignorar conscientemente sinais indicadores de desastre à vista. Quando esses sinais, até então fracos, emergem na condição de ameaça mais do que clara, muitas vezes é tarde demais. Por exemplo, a suposição de que o vazamento de líquido isolante não representava uma ameaça séria para o ônibus espacial – uma atitude que a Junta de Investigação do Acidente do Columbia chamou de "normalização do desvio" – infelizmente teve resultados catastróficos.[7] O problema fundamental para os gerentes é conseguir separar o que é realmente sinal do que não passa de ruído. Não é prático avaliar cada um dos sinais que emergem num determinado ambiente, daí a necessidade de uma experiência capacitada a separar o trigo do joio. Embora esta experiência possa depender em grande parte da intuição administrativa, uma cuidadosa reflexão sobre quais sinais podem estar sendo ignorados é fator que tende a despertar essa intuição.

A fim de enfrentar a realidade de peito aberto, os gestores/administradores deveriam convidar todos os integrantes da organização, bem como elementos externos (parceiros de canal, vendedores e especialistas na respectiva indústria), a oferecer perspectivas as mais francas possíveis. O foco deveria estar nos sinais ou progressos registrados fora da principal área de atividades da organização e potencialmente ameaçadores em relação ao seu objetivo central.

Mas, de que maneira agir para identificar sinais realmente importantes? Uma boa maneira, como descobrimos, é selecionar um sinal e acelerar o seu desenvolvimento usando planejamento de cenário (veja a Figura 2.1) ou outras técnicas de mapeamento do futuro capazes de estimular a imaginação gerencial. Outro modo de amplificar sinais e de explorar mudanças no ambiente é examinar o mundo através de lentes específicas. Por exemplo, a Cemex (maior produtora de cimento do México e uma das maiores do mundo) usa o que denomina "plataformas de inovação" para detectar opções criativas a partir das mudanças em seu cenário de atuação. Um tema por ela levado em alta consideração foi o do desenvolvimento econômico de regiões. Os gerentes perguntavam "quais as oportunidades existentes a partir do desenvolvimento econômico regional que poderíamos tratar de explorar?" A partir daí, exploravam e identificavam duas ou três sólidas oportunidades e passavam a tratar de sua concepção, refinamento e desenvolvimento. Como resultado disso, a empresa reconheceu que deveria reduzir o montante de tempo necessário para proporcionar habitação às famílias de renda média e baixa. Toda esta concepção traduziu-se num processo de "construção acelerada" de residências.

Prestar atenção a *insights* de clientes é outra via capaz de dar início a esse processo. Um cliente da Cemex comentou que a escassez de mão-de-obra especializada era um dos principais obstáculos à construção de novas habitações. Isso, por sua vez, condu-

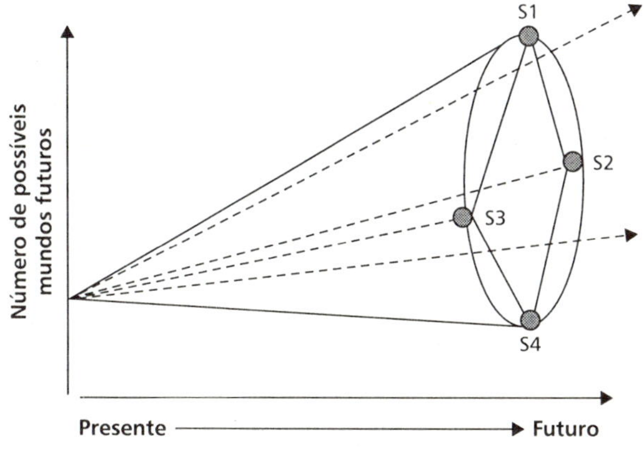

FIGURA 2.1 O cone da incerteza.

ziu à solução de fornecer moldes que os proprietários passaram a usar para fazer seus próprios blocos de concreto. O concreto podia ser derramado nos moldes de maneira semelhante ao que é feito em grandes fábricas, reduzindo assim a necessidade de operários especializados. Tudo isto se transformou num negócio que produziu cerca de US$ 30 milhões em valor para a empresa e reduziu o tempo de construção de pequenas casas de 24 para apenas três dias.[8] Ao utilizar um processo sistemático de pensar as implicações de mudanças ou tendências importantes em seu cenário de atuação, a Cemex conseguiu identificar novas oportunidades.

O que os seus dissidentes estão tentando dizer? Muitas organizações abrigam em seus quadros dissidentes com pontos de vistas radicais ou simplesmente divergentes a respeito da periferia, mas esses *insights* raramente são aproveitados. As organizações contam igualmente com conexões com dissidentes e outros descontentes externos, ou podem cultivar relações com esses indivíduos. A sua empresa deve esforçar-se para localizar indivíduos bem informados que não se satisfaçam com a sabedoria convencional e pensem de maneira diferente da sua a respeito dos negócios. Podem ser talentosos e não conformistas especialistas em desenvolvimento de tecnologias ou em vendas, com *insights* relativos a novos clientes e tecnologias que às vezes acabam resultando em respeitáveis idéias para novos negócios. Quais são os ventos mutantes por essas pessoas identificados enquanto o resto da organização não lhes dá a menor atenção? Como Andy Grove destaca em seu livro *Only the Paranoid Survive (Só o Paranóico Sobrevive)*, a maioria desses dissidentes enfrenta as maiores dificuldades para apresentar suas viscerais convicções aos administradores do topo da pirâmide da empresa, que são normalmente os últimos a saber.[9]

Além de consultar os dissidentes, prestar boa atenção às opiniões surgidas entre os quadros da empresa é outra importante maneira de identificar *insights* da periferia. A sabedoria nem sempre vai de cima para baixo e é por isso que ouvir aqueles sinais surgidos no âmbito da organização é importante. Líderes realmente eficientes possuem amplas redes de informação, tanto internas quanto externas. Alguns CEOs, por exemplo, agendam reuniões periódicas com empregados dos mais variados níveis hierárquicos da empresa, com o objetivo específico de captar sinais ainda incipientes.

A esse respeito, vale destacar a maneira pela qual a indústria farmacêutica Organon (parte do conglomerado Akzo Nobel, com sede na Holanda) acabou descobrindo o potencial de um novo medicamento antidepressivo. Os testes clínicos de um novo anti-histamínico desenvolvido pela empresa não chegaram a comprovar sua eficiência como tratamento da febre do feno e outras alergias. Foi uma secretária que participava da aplicação dos testes que acabou se dando conta de que alguns dos voluntários se mostravam especialmente alegres. Este sinal fraco ficaria, na maior parte das organizações, isolado na periferia. Mas, quando a secretária insistiu em transmitir essa impressão aos gerentes, graças a uma cultura empresarial que incentivava o diálogo, eles concordaram em explorar a questão mais a fundo. E foi assim que se descobriu que os pacientes no grupo de teste tendiam a apresentar melhor disposição que aqueles integrantes do grupo de controle. Por tentativa e erro, chegou-se à constatação de que esse novo remédio era, na verdade, um eficiente tratamento contra a depressão. A Organon desenvolveu e comercializou esse remédio, o Tolvon (cloridrato de mianserina). Há outros exemplos de descobertas acidentais na indústria farmacêutica, desde a penicilina de Fleming ao Viagra da Pfizer. (É interessante lembrar que Fleming descobriu a fórmula da penicilina em 1928, sem, contudo, identificar plenamente a importância do próprio feito. Foi só em 1938, quando o patologista Howard Florey, da Oxford University, deparou com o estudo de Fleming a respeito, que o verdadeiro valor da penicilina começou a ser reconhecido. Isso que foram necessários outros três anos para a equipe de Florey completar os testes humanos e assim desvendar o espantoso poder terapêutico da penicilina. O sinal incipiente detectado por Fleming permaneceu sem ser explorado durante mais de uma década.) Só uma organização vigilante consegue capitalizar sobre descobertas fortuitas como esta.

O que estão realmente pensando clientes e concorrentes da periferia? A maioria dos gerentes acredita, e nisso eles estão certos, dispor de um adequado entendimento das realidades dos seus mercados, mesmo que estejam normalmente focados na base presente de clientes e concorrentes, e não no horizonte mais amplo de todos os potenciais clientes e concorrentes. Naturalmente, as empresas precisam dar o melhor atendimento aos clientes que são responsáveis pela maior parte de seu faturamento, ou aos concorrentes que aparecem claramente no centro da tela dos seus radares. Mas as empresas podem igualmente aprender muita coisa a partir de queixosos e desertores, pois a maior parte delas sofre uma quebra que varia de 12 a 18 por cento de deserções anualmente. Relatórios sobre perdas em vendas e análises de contratos obtidos pelos concorrentes podem ser reveladores ao extremo, mas somente quando os encarregados da patologia se revelam dispostos a cortar fundo nos restos e a compartilhar o que com isso chegam a aprender.

As empresas podem igualmente detectar descontentamento dos clientes mediante o acompanhamento de *blogs*, salas de *chat* e sites da Web (por exemplo, o www.ihatemicrosoft.com) dedicados a bombardear um produto ou uma empresa inteira. Foi nas salas de *chat* da Internet que a Procter & Gamble descobriu, em dezembro de 1998, a existência de rumores de que seu desodorizador de tecidos

Febreze era prejudicial para cães e gatos domésticos. A empresa reagiu de imediato, conquistando o apoio da American Society for the Prevention of Cruelty to Animals (Sociedade Americana de Prevenção da Crueldade com Animais) e outras renomadas autoridades para desautorizar esse boato e com isso evitar uma perda de clientes em larga escala.

Analisar a "fatia da carteira" dos seus clientes do momento (a percentagem das compras de determinado cliente feitas em sua empresa *versus* aquela dedicada aos concorrentes) oferece uma visão inteiramente diferente da prática de apenas examinar a fatia de mercado (a divisão do mercado total). Para onde vai a maior parte dos gastos do consumidor? De que maneira a empresa conseguiria obter uma fatia maior desses gastos? Ouvir os queixosos e os desertores e monitorar *blogs* (assunto a ser discutido no próximo capítulo) são decisões capazes de proporcionar importantes subsídios para o tratamento dessas questões.

As empresas podem igualmente passar a levar em conta as necessidades de uma base mais ampla de consumidores. Por exemplo, a empresa de tecnologia ITC, da Índia, encontrou uma rica fonte de oportunidades ao trocar seu foco das áreas urbanas para as localidades rurais (veja o quadro "A hora da aldeia").[10] Quais consumidores estão sendo ignorados em função das suas atuais convicções em torno do seu negócio? De que maneira essas convicções podem ser desafiadas?

Assim como uma visão estreita dos consumidores acaba limitando oportunidades, um foco míope sobre concorrentes diretos pode levar a não distinguir ameaças competitivas procedentes de outras direções. Em inúmeros setores industriais, desde as empresas de aviação comercial até as indústrias químicas e as de servidores (computadores empresariais), as ameaças de longo prazo tendem a ser mais fortes quando procedentes do oferecimento de produtos mais baratos, e não daquelas ofertas de produtos ou serviços mais sofisticados. Por exemplo, a verdadeira concorrência para a United Airlines (empresa aérea norte-americana) acabou sendo a de players regionais, como a Southwest Airlines, e não a oferecida por concorrentes tradicionais como a American Airlines. Os líderes de mercado deveriam preocupar-se permanentemente com a detecção de quais produtores de produtos mais simples poderão ter condições de, a partir da periferia, acabar disputando posições em mercados comandados pelo fator preço. Da mesma forma, os gerentes devem estar sempre tentando antecipar movimentos ameaçadores dos concorrentes. Estão eles capacitados para integrar para frente ou para trás? Nenhuma das cinco forças competitivas de Porter pode ser ignorada com segurança, especialmente os concorrentes não tradicionais que demonstram potencial para ingressar no mercado em disputa.[11]

A hora da aldeia

Ao contrário da maioria das empresas da Índia que focou sua atenção em áreas urbanas de fácil acesso, a ITC reconheceu o potencial dos mercados periféricos em aldeias rurais e encontrou uma maneira de promover sua interligação pela tecnologia. De acordo com o pensamento convencional, os agricultores mais pobres são sempre considerados integrantes de um mercado sem atrativos, com infra-estrutura deficiente, cadeias de distribuição excessivamente dispersas e renda relativamente baixa. Mas a ITC identificou a oportunidade para a utilização de tecnologia de ponta nas comunicações como forma de ligar os agricultores da Índia aos mercados globais. Criou, assim, centrais (*hubs*) eletrônicas, cada uma delas sob a responsabilidade e patrocínio de um agricultor local, que passaram a prestar esses serviços a várias aldeias das vizinhanças.

Esses agricultores, tradicionalmente dependentes dos atacadistas locais de cereais, com isso adquiriram condições de conferir os futuros da soja na Bolsa de Mercadorias de Chicago por intermédio da rede e-Choupal da ITC, baseada em computadores pessoais e redes via satélite. Os agricultores usam esse mesmo sistema para o comércio eletrônico. Esses consumidores rurais eram ignorados pela maior parte das empresas, mas, ao se preocupar com esse mercado, examiná-lo detalhadamente e desenvolver soluções criativas para suas necessidades, a ITC acabou criando uma movimentadíssima rede.* Em 2003, a ITC tinha cerca de três milhões de agricultores interligados através de mais de cinco mil hubs, e comandando mais de US$ 100 milhões em transações. Uma iniciativa geradora de significativas oportunidades para localidades do interior, muito distantes dos centros urbanos que, até o lançamento desse novo projeto, constituíam o foco de todas as atenções.

* C. K. Prahalad, *The Fortune at the Bottom of the Pyramid* (Upper Saddle River, NJ: Wharton School Publishing, 2004), 69-72. Publicado no Brasil pela Bookman Editora com o título *A Riqueza na Base da Pirâmide*.

Antevendo Novos Futuros

O passado e o presente constituem bons pontos de partida, mas nem sempre representam o melhor indicador daquilo que vem pela frente. As questões a serem a seguir abordadas enfocam especificamente o futuro e com isso proporcionam ensinamentos e direções adicionais a respeito de como sondar efetivamente a periferia nos dias de hoje.

Quais as futuras surpresas realmente capazes de nos prejudicar (ou ajudar)? Ainda haverá lugar para surpresas ou mudanças de magnitude comparável à daquelas já registradas? Aqui seria uma boa medida projetar, numa visão de futuro abrangendo cinco ou dez anos, aquela mesma volatilidade testemunhada nas últimas quatro décadas. Por exemplo, no campo dos serviços financeiros, que surpresas poderão ter impacto semelhante ao do lançamento dos cartões de crédito ou, especificamente para os norte-americanos, da revogação da lei Glass-Steagall?* Para quem estiver no campo relacionado à cozinha caseira, quais invenções futuras poderão rivalizar com o impacto que, à época dos respectivos lançamentos, tiveram o refrigerador doméstico ou o forno de microondas?

Há gerentes que utilizam muitas vezes um futuro idealizado e então trabalham sobre o passado a fim de divisar as surpresas que precisarão fazer surgir para que o tão sonhado futuro se concretize. Russell Ackoff, um dos gurus do pensamento sobre sistemas, chama esta abordagem de "projeto idealizado" porque o grupo é solicitado a projetar/planejar sobre um ponto ideal no futuro.[12] Um exemplo disso foi a tarefa dada aos pesquisadores da Bell Labs na década de 1970, para se concentrar em imaginar uma situação em que todo o sistema Bell de telefones tivesse sido destruído. A partir daí, deveriam antever e criar o telefone do futuro, sem qualquer preocupação com restrições e limitações existentes naquele momento. Assim, inteiramente desacorrentado do passado, o grupo anteviu novidades como o correio de voz, a transferência de ligações, a discagem automática e os comandos de voz. Embora hoje estejamos mais do que acostumados a esses itens todos, na época repercutiram como instrumentos e funcionalidades totalmente novos. Além disso, ultrapassaram em muito todos aqueles serviços e produtos que a AT&T tinha condições de fornecer na década de 1970 e inspiraram o desenvolvimento de funcionalidades ainda mais avançadas.

De maneira semelhante, a *Blue Ocean Strategy (Estratégia do Oceano Azul)*, de W. Chan Kim e Renée Mauborgne, incentiva os administradores a pensar muito além das definições tradicionais de indústria e mercado.[13] As oportunidades reais, insistem os autores, encontram-se nos espaços não preenchidos existentes entre mercados, canais e indústrias. Oferecem inúmeros exemplos de empresas que conseguiram criar novos negócios em espaços até então largamente inexplorados e não disputados. Por exemplo, o Cirque du Soleil soube tirar proveito e suprir uma lacuna que persistia entre as tradicionais apresentações circenses e o teatro clássico. E o conseguiu deixando

---

* N. de T.: Lei federal norte-americana em vigor a partir de 1933, que proibia a participação dos bancos comerciais em empresas de corretagem de valores ou em atividades de investimentos. Pretendia proteger os depositantes dos bancos dos riscos adicionais relacionados com as transações antes citadas. Esteve em vigor até 1999, quando foi substituída pela lei Gramm-Leach Bliley, sancionada pelo presidente Bill Clinton; sob a nova lei, entre outros efeitos, os bancos puderam se tornar proprietários de empresas de corretagem e provedores de serviços de investimentos.

de lado itens de alto custo e problemática manutenção (como animais circenses e apresentações de astros famosos), acrescentando história e mística, e usando música em estilos e meios sofisticados, lembrando os grandes musicais da história. Este tipo de espetáculo híbrido transformou-se em grande sucesso que durante muitos anos não teve concorrentes à altura.

Os administradores têm igualmente condições de detectar os sinais mais fracos na fase do surgimento botando a imaginação para funcionar sobre como atacariam seu próprio negócio na condição de novos pretendentes a uma fatia de mercado, para tanto criando uma equipe interna ou contratando pessoas de fora da organização. Uma equipe de consultores imaginou uma empresa de automóveis de nova geração quando encarregada de abordar os principais aspectos da indústria convencional no futuro. Os consultores imaginaram um fabricante de carros de próxima geração que se dedicaria a vender mobilidade, em vez de veículos. Essa antevisão incluiu um fabricante "virtual" com praticamente todas as suas atividades terceirizadas, do projeto à logística e ao *leasing* dos produtos. As peças seriam fabricadas por uma rede de supridores em países de baixos salários. A montagem ficaria a cargo de microfábricas que distribuiriam volumes reduzidos de veículos a partir de bases situadas o mais perto possível dos mercados locais. Em vez de vender os veículos, a empresa faria seu *leasing* aos clientes, conservando a propriedade dos veículos ao longo de toda a sua vida útil. Elementos deste modelo – sinais ainda débeis – já podem ser notados em uma variedade de setores industriais.

Quais seriam as tecnologias emergentes para mudar as regras do jogo? Inúmeras empresas são efetivas quando o que está em jogo é detectar os avanços em tecnologias existentes capazes de afetar seus negócios, mas, na verdade, este é um foco que pode desviar as atenções de tecnologias emergentes a ponto de se tornarem importantíssimas no futuro. Por exemplo, a tecnologia de comunicações sem fio de terceira geração (3G) viu-se afetada por aperfeiçoamentos de desempenho de 2,5G. Este upgrade em relação à geração anterior proporcionou funcionalidades inesperadamente aperfeiçoadas que abalaram os benefícios da 3G.

Os administradores devem focar suas questões norteadoras nas condições dos clientes que possam vir a fertilizar a tecnologia emergente. Três grupos de clientes devem ser examinados em especial: aqueles que são servidos em excesso, que consideram as soluções existentes superiores às suas necessidades; aqueles que não são adequadamente servidos por essas soluções; e aqueles situados na fronteira entre esses dois grupos e que não dispõem nem das capacidades nem dos recursos indispensáveis para tirar proveito da tecnologia.[14] Se a indústria musical tivesse analisado essas condições referentes aos clientes por volta de 1996, quando a World Wide Web estava emergindo, poderia ter visto o fenômeno do *downloading* geral de músicas, dando-se conta de que satisfazia uma necessidade até então não suprida: o desejo de acesso *online* a um imenso catálogo de músicas até então inacessíveis. Com esse entendimento, modelos legais de compartilhamento de arquivos poderiam ter surgido mais cedo e evitado aquele vale-tudo da pirataria musical viabilizada pelo Napster.

A escolha das tecnologias que vale a pena rastrear depende das especificidades de cada empresa/indústria, mas o fato é que todas as organizações deveriam contar com um encarregado de acompanhar de maneira criativa todos os eventuais impactos das novas tecnologias sobre o setor de negócios. Foi isso o que a General Electric (GE) fez com seu projeto destroyyourownbusiness.com (acabecomseunegócio.com), no qual as unidades de negócios foram desafiadas a aplicar modelos de negócios de Internet e verificar sua capacidade de acabar com os empreendimentos existentes na GE. Até que ponto deveriam ir os administradores no exame e análise dos extremos das novidades tecnológicas? A maior parte das tecnologias capazes de afetar um negócio no curto prazo – digamos, dentro de uma ou duas décadas – certamente existe hoje em algum laboratório de pesquisas ou publicação científica/tecnológica, quem sabe até mesmo nos laboratórios da própria empresa por elas afetada. A questão principal aqui é habilitar a liderança da empresa a divisar as potenciais implicações dessas tecnologias – antes que os concorrentes o façam. Explorações semelhantes são viáveis a respeito de outras tendências, como deslocamentos demográficos, mudanças políticas e várias mudanças já perceptíveis no ambiente de atuação.

Existe algum cenário realmente inviável? Pretendendo realmente levar em conta o impacto total de futuras surpresas, os administradores precisam desenvolver no mínimo um cenário tido como inimaginável. Seria um cenário que, embora plausível, se mostrasse tão improvável que não valeria dedicar-lhe um minuto sequer do precioso tempo de qualquer organização. Ocorre que, ao tratar explicitamente dessas "impossibilidades" – sejam positivas ou negativas – você pode começar a entender e a reconhecer as muitas maneiras de interpretar os sinais presentes do ambiente de sua atuação.[15] Sem essa intervenção, a mente tenderá natural e forçosamente a aprisionar quaisquer indícios de mudanças em modelos mentais preexistentes. Quando se mostra uma espada vermelha num jogo de cartas, os jogadores muitas vezes o confundem com um coração porque forçam esta carta anômala no modelo bem conhecido dos quatro naipes; é quase impensável que essa carta possa existir. Aquele, porém, que está à espera de uma espada vermelha certamente logo identifica a chegada dessa carta.

Por nos mostrarmos tipicamente convictos dos nossos conhecimentos, em geral subestimamos todo aquele potencial de incertezas contido no futuro. Por exemplo, no começo da década de 1990, um dos nossos consultores estava ajudando a companhia de petróleo venezuelana, a Petroleos de Venezuela SA (PDVSA), a elaborar futuros cenários de atuação. As incertezas comuns dessa área, dos preços do petróleo aos mercados de exportação, receberam grande parte das atenções, mas aquilo que realmente começava a se fazer sentir na Venezuela *jamais* chegou a ser destacado em qualquer desses cenários – a emergência de um líder populista, Hugo Chávez, que iria desafiar o sistema imperante, declarar o estado de sítio, nacionalizar a companhia de petróleo e demitir todos os principais executivos numa manhã de domingo, durante um pronunciamento ao país pela televisão, era um cenário irracional. Alguns indícios dessa possibilidade chegaram a ser entrevistos no panorama político? Em retrospecto, certamente eles existiam, mas tratar deles como cenário viável jamais chegou a ser um quadro imaginável, pelo menos para as mentes daqueles altos dirigentes da PDVSA. Da mesma forma, a queda do Muro de Berlim constituiu um cenário irracional, por isso mesmo jamais antevisto pela maioria esmagadora de dirigentes políticos e de organizações governamentais e da sociedade em geral.

Em contraste, enquanto a cooperativa federal de poupança e empréstimo da Enron desenvolvia novos cenários em 1999, os gerentes já tratavam, sempre com relutância, da infamante possibilidade de que a matriz da organização chegasse à falência. À época, a Enron, um "titanic" do mundo corporativo, era exaltada no mundo inteiro pelos investidores, a imprensa especializada e inúmeros gurus do mundo dos negócios. Quando, porém, o cenário aparentemente inimaginável se tornou real, a Enron Federal Credit Union teve algumas condições de reagir com presteza e sobreviver em parte por ter admitido aquilo que enfim se concretizou. Muitas vezes os sinais indistintos de tempestades à frente são vistos com mais nitidez na periferia. Mesmo assim, o campo das cooperativas de poupança e empréstimo já registrava, em sua história, muitos casos de patrocinadores corporativos repentinamente desertando, normalmente não em razão de fraude, mas especialmente em função de fusões e outros tipos de aquisição, e então a cooperativa dependente muitas vezes acaba afundando juntamente com a nave-mãe. Quando se tem a capacidade de buscar nas profundezas eventuais sinais de alerta e então transformá-los em cenários aparentemente perturbadores, aumenta a capacidade de divisar as ameaças e/ou oportunidades na periferia. Do contrário, essas anomalias acabam sendo simplesmente deixadas de lado ou absorvidas como parte integrante de uma visão "normal" das coisas do mundo.

Conclusão: telescópios e microscópios

Às vezes o visor mais correto será um telescópio que proporcione a visibilidade das nuvens e do céu. Em outras ocasiões, a ampliação ideal será a de um microscrópio com o qual tenhamos condições de examinar detalhadamente uma pequena parte do mundo. Havendo clareza quanto às perguntas às quais é preciso apresentar respostas, fica facilitada a tarefa de determinar o visor mais correto para encontrar as soluções. As perguntas neste capítulo sobre passado, presente e futuro certamente poderão ajudar o leitor a iluminar áreas da periferia dignas de uma maior atenção até então a elas não dispensada. Com isso se passará a ver peças que faltam para completar o quebra-cabeças, e, como Sherlock Holmes, se prestará também atenção ao que significa um cão que não late como deveria fazer. O alcance poderá então expandir-se a fim de incluir as peças faltantes de modo a que, quando se começar a ligar os pontos, eles sejam mesmo os pontos certos.

Nossas questões principais são um robusto ponto de partida para um diálogo estratégico a respeito do escopo de um ativo monitoramento dos acontecimentos na periferia. A escolha das questões a serem analisadas depende da estratégia de cada um, de pontos de pressão anteriormente presentes no ambiente, das preocupações da administração superior de uma empresa, e daqueles sinais quase imperceptíveis que começam a ser transmitidos. As perguntas certas serão mais bem orientadas por métodos para revelar as incertezas, tais como análise de cenários (demonstrada no Capítulo 5) e a administração do risco estratégico.[16]

A escolha do escopo – como revelado pelas questões norteadoras – não é estática. Trata-se de um processo iterativo contínuo destinado a canalizar a curiosidade da organização. (Ver o Apêndice B para maiores discussões das normas de pesquisa em economia e pesquisa operacional.) É preciso revisar e renovar continuadamente essas perguntas, a partir dos resultados obtidos na avaliação da periferia. Quando uma área promissora não apresenta qualquer informação de real interesse, pode-se estar na presença de um sinal para que se reduza as proporções a ela destinadas. À medida que o processo de verificar e analisar a periferia, discutido nos próximos capítulos, revelar novos *insights*, estes irão provocar, por sua vez, novas indagações. É realmente um método de aprendizagem destinado a colocar a sua empresa em condições de antecipar o que está por aparecer ao dobrar a próxima esquina.

Sempre que as perguntas indicarem uma nova área da periferia merecedora de consideração, o desafio seguinte será encontrar a melhor maneira de examinar e analisar essa área determinada. Por exemplo, quando uma empresa reconhecer sua necessidade de entender a opinião pública ou de voltar atenções para os clientes até então não considerados importantes, qual será a melhor forma de reunir informações sobre esses territórios com os quais não é familiarizada? O capítulo a seguir estuda exatamente o processo do interpretação e oferece diversas abordagens para a análise detalhada de áreas específicas da periferia.

Capítulo Três

Monitoramento

Como Examinar

"O problema não é não ver a solução - é não enxergar o problema."

—*G. K. Chesterton* [1]

UMA EMPRESA DO SETOR DE INSTRUMENTAL MÉDICO lançou um desafio interno resumido em uma questão instigante: *quais, dentre as terapias emergentes à base de novos medicamentos, teriam condições de substituir o nosso negócio de instrumentos?* Com essa provocação, a empresa expandiu seu escopo, como discutimos no capítulo anterior, passando da prática de examinar exclusivamente o avanço das empresas concorrentes no setor de instrumentos médicos para um elenco bem mais amplo e abrangente de empresas rivais e dos respectivos clientes. Uma vez ampliado esse escopo, porém, como poderiam agir os administradores para encontrar respostas às novas questões? Exatamente a fim de testar essa hipótese, uma equipe interna foi encarregada da criação de uma terapia ou modelo de negócio capaz de destruir a própria empresa. Isso exigiu que os integrantes da equipe buscassem ativamente novas maneiras de pensar sobre o mercado, as tecnologias emergentes e os modelos de negócio. As perguntas se concentraram em abranger mais do que apenas os tradicionais concorrentes diretos em equipamentos médicos, passando a mirar em potenciais rivais em terapias com medicamentos e em pesquisas relevantes, tanto comerciais quanto acadêmicas. A equipe precisou igualmente focar além dos clientes e concorrentes atuais, a fim de monitorar as atitudes dos clientes em relação às terapias medicamentosas em comparação com os instrumentos médicos, e a levar em conta as forças gerais da sociedade e das forças reguladoras com competência para reformular o modelo existente. Para saber mais sobre a periferia, a organização precisou mudar a maneira de fazer seu monitoramento.

As questões do capítulo anterior ajudam a definir *para onde* a organização deve voltar-se em busca de sinais que a periferia emite, por mais fracos que sejam. No presente capítulo, nossa preocupação é definir *como* a organização pode prestar a atenção devida a essas novas áreas. Para enxergar novos setores da periferia, os administradores devem fazer uso de modalidades diferentes de monitoramento. Neste capítulo, apresentamos um conjunto de métodos de monitoramento a fim de captar e ampliar os sinais incipientes no âmbito de zonas determinadas da periferia: o interior da empresa; clientes e canais; o entorno competitivo (concorrentes e coadjuvantes); tecnologias, forças políticas, sociais e econômicas; e formadores e orientadores da opinião pública.

MONITORAMENTO ATIVO

Existe uma diferença entre monitoramento ativo e passivo. Todos os administradores monitoram, mas, na maior parte das ocasiões, agem passivamente. Mantêm suas antenas ligadas à espera de sinais externos. Estão continuamente expostos a uma riqueza de dados, desde rumores inconsistentes, onipresentes nas respectivas áreas, até dados concretos representados por relatórios de vendas, estudos de tendências e previsões tecnológicas. Os administradores monitoram de perto indicadores de desempenho e outras métricas para avaliar a confiabilidade, manter o controle e orientar iniciativas do tipo 6 Sigma.[2] (Embora esses sistemas possam ter constituído dispositivos de monitoramento ativo quando projetados, atualmente a maioria deles é automatizado e passivo.)

Ainda que os administradores garantam sentir-se, com a utilização dessa abordagem passiva, em sintonia com a periferia, isso pode ser apenas uma grande ilusão. Como a maior parte dos dados procede de fontes familiares ou tradicionais, esse modo de monitorar tende a consolidar, em vez de contestar, os padrões e convicções convencionais. E como essas métricas são especificadas e focadas em operações em andamento, representam a antítese do monitoramento ativo. Não há nelas espaço para a exploração. Essa instância passiva torna muito estreito o monitoramento e acaba corroendo a curiosidade dos seus realizadores. Com isso, sinais incipientes inesperados e nada familiares certamente deixarão de ser captados.

O monitoramento ativo, em contraste, ocorre quase sempre em reação a uma questão específica, como aquela apresentada pelo fabricante de instrumentos médicos ou pelas questões discutidas no capítulo anterior. O monitoramento ativo reflete intensa curiosidade e destaca os limites mais afastados e mais inquisitivos da periferia. Por exemplo, uma agência de publicidade e seus clientes podem estar monitorando passivamente resultados de campanhas de anúncios na televisão ou de tendências da indústria. Mas os gerentes poderiam buscar ativamente a resposta a esta pergunta: "Quais são as conseqüências do aumento do número de pessoas surfando pela Web e tornando-se crescentemente céticas em relação à propaganda mais convencional?" Monitoramentos ativos são muitas vezes movidos por hipóteses. Havendo questões cruciais envolvidas, existirão múltiplas hipóteses.[3] Organizações que lidam com teorias múltiplas quase sempre montam equipes de sondagem recorrendo a grupos de pesquisadores internos e externos, com uma diversidade de conjuntos de métodos. Elas utilizam o método científico de, em primeiro lugar, propor uma hipótese e, depois, observar, especular e testar as respectivas possibilidades.

Escolhendo revistas aleatoriamente: monitoramento dirigido *versus* monitoramento não-dirigido

Nos monitoramentos dirigidos, os administradores buscam respostas a perguntas específicas, mas o monitoramento ativo também pode ser não-dirigido. Monitoramentos não-dirigidos envolvem uma exploração bem mais aberta. Por exemplo, Buckminster Fuller desenvolveu uma modalidade muito pessoal e sistemática de monitorar a periferia. Sempre que estava em um aeroporto, prestes a embarcar, ele comprava aleatoriamente uma revista qualquer na livraria/banca, e, durante a viagem, lia a publicação de capa a capa. Em uma viagem a revista poderia tratar de jardinagem, na outra, de moda ou *design* de novos aviões. A cada viagem, Fuller aprendia algo novo e via o mundo por uma perspectiva diferente. É, sem dúvida, um hábito cuja adoção certamente beneficiaria em muito os administradores em suas viagens profissionais, especialmente agora quando personalizamos nossas telas de computador ou boletins de notícias para relatar e acompanhar apenas o que consideramos importante. Monitoramentos não dirigidos podem proporcionar respostas a questões cuja existência sequer conhecemos, ou não sabemos como formular.

Monitoramentos ativos, abertos, são especialmente importantes em cenários turbulentos nos quais dados inesperados adquirem grande significado quando se fazem presentes e reconhecíveis. Em cenários complexos, o monitoramento precisa ser orientadas por hipóteses, sem deixar, porém, de ser aberto, ilimitado. Em cenários estáveis, monitoramentos passivos podem bastar, e naqueles cenários em que as mudanças são muito lentas, a abordagem passiva, de mente aberta, também pode dar melhores resultados. Mas o ideal é que a organização utilize ambas as abordagens, sempre que necessário.

Visão ampliada: enxergando a floresta e as árvores

A combinação ideal para o melhor monitoramento pode ser a mistura de busca direcionada e não direcionada. O FBI, por exemplo, treina seus agentes para o uso de uma abordagem de monitoramento chamada de "visão ampliada". Isso significa examinar uma multidão, em busca de suspeitos de assassínios, examinando a distância e não se concentrando em ninguém em particular. Uma vez tendo o agente conseguido definir um padrão geral, passa a buscar desvios ou mudanças nesse padrão. Tem alguém inexplicavelmente inquieto, olhando sem parar ao redor, enfiando lentamente a mão no bolso de uma jaqueta? Entre centenas de rostos, o agente busca um assassino solitário; atividades suspeitas desencadeiam então um foco mais intenso.[4] Ao combinar busca direcionada e não direcionada, um agente, sozinho, pode detectar sinais de problemas em uma área relativamente ampla.

Aplicando a visão ampliada aos negócios, os administradores estariam em condições de usar uma hipótese ampla para ajudar a focar as atenções, mas ao mesmo tempo deveriam permanecer atentos a novas informações não enquadráveis na hipótese original. Uma organização pode ter um conjunto de unidades de vigilância monitorando amplamente o panorama mundial, buscando respostas a questões estratégicas, em conjunto com forças-tarefas *ad hoc* ou forças móveis tipo SWAT direcionadas a verificar e tentar controlar situações em pontos complexos. Esta abordagem proporciona um escopo muito mais amplo de visão sem exigir os custos e a complexidade da cuidadosa e minuciosa monitorização de cada quilômetro quadrado da superfície terrestre.

ESTRATÉGIAS DE MONITORAMENTO PARA ZONAS ESPECÍFICAS DA PERIFERIA

Áreas diferentes da periferia, como se vê na Figura 3-1, exigem abordagens diferentes de monitoramento. Algumas são combinações de inteligência competitiva, previsão de tecnologias e pesquisa de mercado. Outras se baseiam em novas tecnologias para pesquisas na Web ou para consolidar *insights* mais aprofundados sobre os consumidores mediante a elicitação de metáforas. Nós monitoramos, em troca, em cada uma dessas áreas da periferia e oferecemos diretrizes para abordagens práticas.

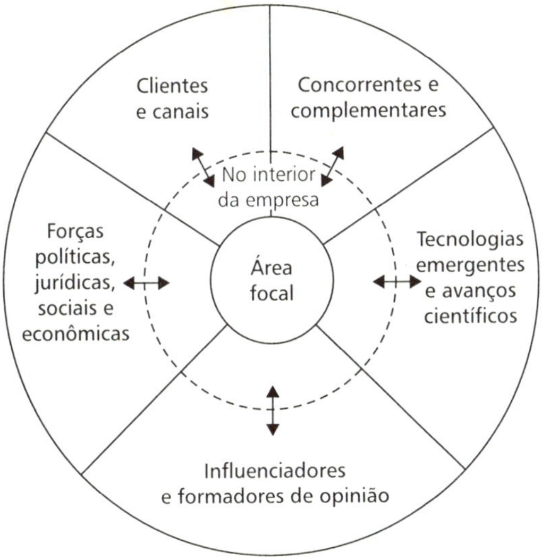

FIGURA 3.1 Captando sinais fracos da periferia.

Comece a buscar informações internamente

O processo de monitoramento ativo pode começar com *insights* existentes, embora ainda não detectados, no interior da própria empresa. Em muitas organizações, esse conhecimento interno não está idealmente ao alcance dos formuladores de decisões. Por exemplo, o CEO de uma empresa coletava informações sobre um concorrente tangencial. Durante uma reunião da equipe principal de administradores, o vice-presidente de produção mencionou por acaso que aquele concorrente vinha adquirindo equipamentos semelhantes aos da própria empresa, indício de uma eventual pretensão de concorrência direta. Este dado sobre a concorrência estava, pois, presente no âmbito da empresa, mas, até a reunião citada, o vice-presidente não havia tido um entendimento suficiente das questões estratégicas em jogo para se dar conta de quão importante era o referido dado. A escala e o escopo das organizações conseguem criar problemas de informação não coordenada e mal distribuída. Literalmente, a organização não tem conhecimento daquilo que sabe e por isso não consegue juntar as pontas dos *insights* disponíveis de modo a trazê-los à superfície e fazer com que passem a adquirir significado e sentido.

Quanto maior a empresa, mais numerosos os pontos de contato com a periferia. O pessoal de vendas está em constante interação com os clientes, as equipes de desenvolvimento de produtos ouvem os mais desencontrados indícios em feiras de negócios, e a equipe do departamento financeiro tem conhecimento das necessidades de capital dos concorrentes. Cada ponto de contato tem potencial para se transformar em um valioso posto de escuta. Por exemplo, inúmeras empresas contam com centrais telefônicas, mas tendem a tratá-las mais como custos a serem minimizados do que como postos de escuta realmente úteis. Muitas vezes, essas pessoas na ponta dos contatos não dispõem da especialização necessária para reconhecer e interpretar apropriadamente os sinais indistintos da periferia.

Para melhorar a capacidade de captar os *insights* periféricos no âmbito da organização, é indispensável que existam canais apropriados e visíveis de compartilhamento de informação; amplo conhecimento das questões orientadoras das pesquisas, e incentivos ao compartilhamento de informações verdadeiramente aproveitáveis. As pessoas precisam se comprometer e participar de diálogos freqüentes e francos indispensáveis para que as conexões desejadas ocorram espontaneamente. Isto, por sua vez, exige uma cultura de confiança, respeito e curiosidade, mais o reconhecimento de que compartilhar informação é fundamental. Continua sendo exagerado o número de empresas que se mantêm operando dentro do modelo em que a informação é compartilhada apenas "com quem precisa saber". No Capítulo 7, exploraremos as possibilidades existentes para um modelo de compartilhamento do conhecimento em maior profundidade.

Ouça a voz do mercado

Além de realizar os monitoramentos internos, as empresas podem olhar para fora, na observação mais acurada de clientes e canais. Os clientes às vezes levam a alterações nas intenções de utilização de um determinado produto, alterações essas que ocasionalmente atingem proporções inimaginadas antecipadamente, como ocorreu com a utilização dos telefones celulares na transmissão de mensagens de textos, ou com o Skin-So-Soft como repelente de insetos. Embora os teclados dos celulares não tenham sido projetados como meio fácil de enviar mensagens, os clientes – em especial os adolescentes – se mostraram tão determinados a fazer uso dessa possibilidade que conseguiram superar limitações do design inventando e até mesmo padronizando abreviações que se tornaram universais. Os clientes estão igualmente modelando o espaço da saúde utilizando vitaminas e abordagens alternativas, como tratamentos quiropráticos e homeopáticos, desenvolvidos em geral à margem das práticas reconhecidas da medicina ocidental. A periferia do mercado é muitas vezes ignorada, contudo, em função da superabundância de dados rotineiros provenientes de relatórios de telefonemas, dados sobre vendas territoriais, pesquisas periódicas de mercado e outras fontes.

A Internet representou um enorme incremento dessa avalanche de sinais, ao mesmo tempo, porém, em que veio criando oportunidades de olhar diretamente para as idéias dos clientes em um nível sem precedentes. Instrumentos cada vez mais poderosos ajudam a monitorar e interpretar imensos segmentos da Internet, como os sistemas via satélite de acompanhamento de tempestades, a fim de identificar padrões emergentes de mau tempo ou dias de sol para os negócios. (Veja o quadro "Condicionando a Web".)

O problema em conseguir detectar mudanças em clientes e canais é muitas vezes a arrogância de quem se considera dono do mercado ("Nós sabemos o que o mercado quer, pois é isso que já estamos vendendo") e age por isso com indolência ("A infor-

Condicionando a Web

Qual é o melhor lugar para se encontrar a próxima Madonna ou outra estrela em ascensão no *show business*? Um bom local para procurar sinais avançados nesta área é a leitura de jornais dos diversos tipos de estabelecimentos de ensino. Manter-se atualizado com os jornais das escolas de ensino médio dos EUA é, em forma impressa, tarefa quase impossível, mas, atualmente, já se torna fácil baixar suas versões *online*, e a partir delas ficar a par de tendências identificadas por essas publicações formalmente periféricas. Ao monitorar a Web, qualquer grande corporação fica em condições de entender a forma de pensar de um obscuro jornalista adolescente.

Embora a Internet represente igualmente o risco da criação de um perigoso excesso de dados que venha a obscurecer a visão periférica, novas tecnologias podem ajudar a extrair *insights* a partir desse meio. A WebFountain, da IBM, recolhe imensas quantidades de dados da Internet a fim de criar uma plataforma de monitoramento e questionamento ativos. A WebFountain ingere a Web a um ritmo de cerca de 50 milhões de novas páginas por dia, o que inclui sítios da própria Web, blogs, boards de avisos, dados empresariais, conteúdo licenciado, jornais, revistas e publicações especializadas, com base em protocolos de acesso e acordos padronizados com produtores de conteúdo. A maior parte da informação disponível na Web é desestruturada. A WebFountain proporciona uma infra-estrutura integrada para soluções avançadas de textos analíticos trabalhando com dados estruturados ou não. O sistema tem sustentação em projetos de pesquisa da própria IBM – com mais de 250 cientistas em cinco países trabalhando em pesquisa avançada de textos analíticos.

A WebFountain pode ser usada para investigar antecedentes de empresas e detectar publicidade negativa ou descontentamento de investidores, monitorar tendências e informação competitivas, identificar ameaças emergentes da concorrência e aprender a entender as atitudes dos clientes. Toda a força deste instrumento, contudo, não será melhor do que a qualidade das questões a ele formuladas pelo usuário.

mação serviu aos nossos predecessores, por isso não existe hipótese de que não venha a servir aos nossos interesses"). As empresas conseguem superar essa insidiosa pobreza de espírito com uma boa variedade de métodos para monitoramento ativo da periferia.[5] Entre as melhores modalidades neste sentido, destacamos as seguintes:

- *Monitorar os clientes que reclamam e os que deixam de ser clientes*. A miopia a respeito dos clientes pode ser combatida mediante o aprendizado junto aos reclamantes e aos que mudam de preferência, como se discutiu no capítulo anterior. O que esses dois grupos estão expressando, mesmo que de maneiras radicalmente diferentes, é uma frustração com o fato de não se estar suprindo as respectivas necessidades. Isto pode proporcionar *insights* tanto a respeito das fontes do crescente descontentamento quanto em relação a potenciais novas oportunidades de mercado. (Veja o quadro "De olho no *blog*".)
- *Detectar as tendências*. Manter um olhar atento para as tendências societárias mais amplas ajuda a identificar oportunidades de criação de novos valores. Empresas de consultoria, entre elas a Iconoculture, monitoram as tendências e inclinações a respeito de estilos de vida e buscam, nelas, identificar oportunidades para a criação de negócios.[6] Outras organizações investigam e analisam tendências sociais (Yankelovich ou Publicis), tendências em tecnologia (Gartner ou Forrester), ou inclinações políticas.
- *Investigar necessidades latentes*. A definição um tanto anárquica de *necessidades latentes* como aquelas que são "evidentes embora ainda não óbvias" contém uma mensagem muito séria. Investigar necessidades latentes lida com as brechas dos métodos de pesquisa de mercado formais que impõem escalas fixas para obter respostas padronizadas de grandes amostragens. Ainda que esses métodos consigam captar diferenças em necessidades manifestas que estão perto da superfície, elas obscurecem necessidades latentes e problemas não resolvidos. Foi focando nessas necessidades latentes que a Intuit aprendeu a transitar de *software* para finanças pessoais para versões facilitadas de software de declaração de impostos e, mais tarde, ao *software* de contabilidade para as pequenas empresas.

  Numerosas técnicas foram desenvolvidas para ajudar as empresas a trazer à superfície necessidades latentes como identificação de problemas, contar histórias, e métodos "em níveis" para testar em profundidade convicções não expostas.[7] Outros métodos, entre os quais a observação de compras de produtos (como é feito nas "lojas-âncora" de empresas como a Sony e a Sharp), estudos em profundidade de economia de clientes (entre eles o denominado "gastando um dia na vida de um cliente"), e elicitação de metáforas, conseguem ilustrar

De olho no *blog*

No dia 12 de setembro de 2004, um ciclista que ficou conhecido apenas como "inestético" postou uma nota num grupo de discussão *online* afirmando que os cadeados da marca Kryptonite poderiam ser abertos com uma simples esferográfica Bic. A nota foi rapidamente adotada por *blogs* maiores e se espalhou pelo ciberespaço. Uma semana depois, a empresa fabricante dos cadeados Kryptonite, parte do conglomerado Ingersoll-Rand, emitiu uma declaração pública que, mesmo não chegando a reconhecer explicitamente a seriedade do problema, informava que suas próximas linhas de cadeados seriam mais seguras. A insatisfação continuou a se espalhar, e a questão saltou com espantosa rapidez dos *blogs* para os redutos da mídia tradicional, com reportagens no *New York Times* e outras publicações desse nível. Em virtude da atenção dada ao assunto pela mídia, cerca de 1,8 milhão de pessoas já haviam observado os comentários sobre a Kryptonite, conforme pesquisa realizada em 19 de setembro. A empresa passou a enfrentar um problema realmente sério. Em 22 de setembro, escassos dez dias depois da aparição do *post* original, a empresa anunciou que estava preparada para trocar qualquer cadeado danificado sem despesa alguma para os clientes, o que lhe custou, segundo as mais sérias avaliações, cerca de 10 milhões de dólares.[1] Como também aprenderam o âncora de telejornal Dan Rather e o senador Trent Lott, os *blogs* são capazes de levar um sinal ainda fraco da periferia para o centro com imensa rapidez.[2] As empresas têm muito a aprender com um monitoramento cuidadoso desses *blogs*. Algumas empresas, como a Sun Microsystems, a Google e a Yahoo!, criaram *blogs* próprios a fim de se comunicar ativamente com os clientes e seus funcionários, e também para ficar sabendo das preocupações emergentes na periferia.[3]

[1] David Kirkpatrick e Daniel Roth, "Why There Is No Escaping the Blog". *Fortune*, 10/01/2004, pp. 44-50.
[2] www.cnn.com/2004/TECH/internet/09/20/cbs.bloggers.reut/.
[3] David Kirkpatrick, "It's Hard to Manage If You Don't Blog". *Fortune*, 04/10/2004, p. 46.

com clareza ainda maior os valores e atitudes dos clientes. Toda essa investigação aprofundada de nada valerá, no entanto, sem que se preste cuidadosa atenção e se desenvolva a capacidade de decodificar as mensagens contidas nas histórias e no comportamento observado.

- *Atualizar-se com os usuários pioneiros*. Existem inúmeros usuários que experimentam necessidades que o mercado não tem condições de suprir e por isso mesmo passam a trabalhar a fim de encontrar uma solução para o seu problema. Há até mesmo ocasiões em que conseguem desenvolver essa solução bem antes dela aparecer no mercado. Produtos como líquido corretivo, roupa íntima para prática de esportes e o Gatorade devem sua existência a usuários pioneiros que se anteciparam ao mercado convencional e deram início a várias minitendências. As empresas sempre têm muito a aprender com esses pioneiros. Por exemplo, a indústria de refrigeradores só têm a ganhar a partir do compartilhamento de conhecimentos com cientistas que estudam a supercondutividade, que exige tecnologia avançada de refrigeração a fim de produzir temperaturas extremamente reduzidas.[8] Suas necessidades nesta área acabam abrindo caminho para inovações em produtos de ponta para mercados individuais ou industriais (por exemplo, um freezer usado por um atacadista de peixes).

- *Buscar feedback instantâneo.* Muitas vezes os clientes participam no processo de desenvolvimento de produtos por meio de comunidades *online*. *Software* de protótipos permite que clientes potenciais criem ou modifiquem projetos, dando às empresas acesso instantâneo a conceitos pioneiros. Suas reações igualmente proporcionam sinais indicadores de eventuais problemas. A State Farm fez uma recente pesquisa no âmbito da comunidade *online* por ela criada em torno da idéia de conceder descontos a motoristas dispostos a instalar em seus veículos caixas pretas de monitoramento dos seus hábitos ao volante. A maior parte dos entrevistados não gostou da idéia, considerando-a uma invasão de privacidade.[9] Esse teste em pequena escala e seu feedback quase que instantâneo evitaram que a empresa precisasse fazer o enorme investimento que iniciativa semelhante em ampla escala teria exigido.

- *Caçada aos precursores.* A análise precursora lida com uma parte do país ou do mundo em que ondas, modas ou inovações tecnológicas tendem a surgir sempre em primeiro lugar. Nos Estados Unidos, a Califórnia é quase que por unanimidade considerada um estado-guia em matéria de tendências sociais. Fabricantes de brinquedos, telefones celulares, *video games* e automóveis voltaram-se mais recentemente para o Japão em busca de tendências que mais tarde acabam se espalhando pelos Estados Unidos e Europa. A Coréia do Sul oferece muitos *insights* sobre a utilização futura de banda larga e comunicações sem fio nos EUA e em outras partes do mundo. (Veja o quadro "Aumentando sua largura de banda".)[10] Empresas como a Converse fazem uso de "caçadores de febres" e identificadores de tendências como um radar de sinalização para a previsão de modas e de padrões emergentes

Aumentando sua largura de banda

O que reserva o futuro para a banda larga e o *wireless* (sem fio)? A Coréia do Sul é o país em que pode estar a resposta. Com acesso à banda larga em mais de 75% dos domicílios e telefones celulares nas mãos de 75% da população, a Coréia é uma precursora em condições de indicar o caminho para outros mercados. Telefones móveis transformam-se no "controle remoto para a vida inteira", à medida que os usuários vão conectando esses dispositivos às suas contas bancárias, notícias esportivas, jogos e músicas baixadas da Internet. Novos telefones com função de leitura de *chips* de identificação de freqüência de rádio passarão a informar aos usuários até mesmo a data de validade dos produtos perecíveis nas gôndolas dos supermercados. Casas "inteligentes" na Coréia têm refrigeradores com internet e monitores de tela plana e câmeras para manter as crianças sob controle depois da volta da escola. Funções como aquelas popularizadas ou semelhantes às da TiVO[1] são onipresentes, como *download* fácil e rápido de música e vídeo, por exemplo. As casas inteligentes têm acessórios movidos por controles de internet, entre os quais ar condicionado, fornos de microondas, lavadoras e aspiradores robôs, tudo isso podendo ser controlado a distância. Nas pranchetas de projetos estão redes de banda larga via satélite destinadas a transmitir filmes e programas de televisão a automóveis em trânsito, e banheiros inteligentes que efetuam testes de saúde e transmitem as informações diagnósticas diariamente ao médico da família.[2] Como comenta Meg Whitman, diretora executiva da eBay, a Coréia oferece "uma janela para as possibilidades" da banda larga de alta velocidade.[3] Ao examinar de perto precursores como esses – e ao conseguir entender os motores do crescimento – você poderá aumentar sua própria largura de banda no entendimento das potenciais implicações das mudanças tecnológicas e de mercado.

[1] Gravador de vídeo digital, que permite, entre várias outras funções, a programação de conteúdos para armazenamento em disco rígido (HD).

[2] Peter Lewis, "Broadband Wonderland", *Fortune*, 20/09/2004, 191-198; "Korea's Broaband Revolution", *Chief Executive*, abril de 2004, em www.chiefexecutive.net/depts/technology/197a.htm.

[3] Em "Man's Best Frient", *The Economist*: Edição Especial – Uma Pesquisa do Poder do Consumidor (2 de abril de 2005), 8.

de mercado.[11] Caçadores de "febres" identificaram tendências como a ressurreição do retrô, que relançou os tênis de couro e sola de borracha One Star, da Converse, e a crescente cultura VIP, que se refere a uma percepção de exclusividade em mercadorias de edição limitada, salas VIP em clubes, e cartões de crédito *platinum*.

- *Examinar efetivamente os dados coletados*. Varejistas, bancos e outras organizações que acumulam montanhas de informações sobre seus clientes estão fazendo uso de técnicas de refinamento para analisar seus bancos de dados de maneira a deles conseguirem extrair padrões e tendências. Com novos avanços em análise de previsão, torna-se cada vez mais viável a previsão de tendências futuras. Este uso dos dados pode ajudar a segmentar o mercado com maior efetividade. Uma empresa de seguros de automóveis, por exemplo, ficou desta forma sabendo que, embora os motoristas de carros esporte sofram, no geral, o maior número de acidentes, os proprietários de um carro esporte como seu segundo veículo não são mais tendentes a envolvimento em acidentes que qualquer outro tipo de motorista.[12] Outra valiosa utilidade dessas técnicas é a possibilidade de identificar segmentos de mercado em rápido crescimento nos quais a empresa interessada tenha modesta participação.

- *Prestar Atenção aos Canais*. Varejistas, atacadistas e outros intermediários são freqüentemente os primeiros a ficar sabendo de mudanças relacionadas com os consumidores finais ou novas ofertas de concorrentes sem a fama dos maiores de cada segmento. Natural que nem sempre seja interessante para eles compartilhar essas novidades, mas sempre vale a pena tentar saber o que eles têm a contar. Em relação a grandes fornecedores e varejistas, as conexões eletrônicas são instrumentos com capacidade de ajudar a monitorar as vendas e as tendências. À medida que o valor e poder econômico migram ao longo desses canais, torna-se ainda mais importante ver o mercado pelos olhos deles e tentar antecipar seus futuros movimentos. Em que setores estão planejando expandir-se? Quantos supridores adicionais eles poderão requerer? Quando pretendem adotar dispositivos eletrônicos de freqüência de rádio para etiquetagem e localização de produtos?

Estudar o espaço competitivo

Para a maior parte das empresas, os concorrentes preenchem quase sempre a totalidade do foco visual.[13] São, esses concorrentes, o principal tópico de cada sessão de planejamento estratégico, há especialistas pagos para observar seus movimentos, e os gerentes fazem papel de administradores dos concorrentes em "manobras de guerra" realizadas na tentativa de antecipar os movimentos e contramovimentos desses rivais. Uma atenção obcecada a um grupo de concorrentes principais é a chave da sobrevivência nas indústrias de capital intensivo em que a concorrência viu-se reduzida a um jogo de soma zero – em que o lucro de um dos participantes significa o prejuízo de outro. Prestar cuidadosa atenção a sinais como emissão de patentes industriais, esforços de *lobby*, testes de mercado, mudanças nas práticas de contratação de pessoal e movimentos semelhantes da concorrência é algo muito saudável. De que outra forma poderíamos tentar entender as intenções dos concorrentes? No entanto, se as ameaças externas, visíveis ou não, tiverem sempre atenção preferencial, os gestores acabarão se desviando de novos concorrentes que estiverem chegando ao mercado pela periferia.

Um foco de tipo raio *laser* sobre concorrentes diretos não apenas leva à miopia, mas acaba incentivando a que se adotem estratégias de imitação e conduz a uma clara convergência de concorrentes em torno de propostas iguais de valor e escopo das ofertas.[14] Quando todos os participantes de um setor passam a competir e a parecer iguais, espaços inaproveitados acabam surgindo e atraindo novos participantes com modelos diferentes de negócios. O desafio mais amplo, portanto, é reconhecer rivais que não sejam concorrentes hoje mas que possam vir a se tornar concorrentes mais adiante. Entre os antídotos a um foco míope em relação a concorrentes diretos citamos os seguintes:

- *Ampliar o ângulo de visão*. A primitiva máxima da General Electric (GE) de que cada um dos seus empreendimentos deveria ocupar sempre o primeiro ou no máximo o segundo lugar dos respectivos segmentos, ainda que efetiva na eliminação de ganhadores e perdedores, acabou se transformando numa visão míope dos negócios. Ela levou os administradores a encolher sempre os respectivos mercados, para poderem proclamar a pretendida posição de liderança. Com isso houve também uma limitação do reconhecimento de oportunidades potenciais, e o foco centrado numa fatia dominante de cada segmento contribuiu para reduzir o *insight* e a criatividade em relação a novos mercados ou abordagens. Isso tanto foi verdade que a empresa acabou impondo aos líderes de seus vários setores uma reversão desse quadro – para definir seus mercados de forma tal que lhes desse uma participação de apenas 10 por cento. Esta mudança significou que 90% de seu foco passaram a concentrar-se em negócios fora dos canais habituais – outros concorrentes, regiões, canais e oportunidades de mercado na periferia.

- *Cuidar com a ponta de baixo*. Concorrentes de escassa presença são, em geral, ignorados ou mesmo desprezados. Vale rever, a respeito, uma experiência nada agradável da DuPont na década de 1990. Os gerentes da empresa começaram a notar um padrão perturbador de redução de crescimento em todas as suas unidades de negócios, desde antigos sucessos como o poliéster Dacron até produtos mais novos, como resinas à base de náilon para engenharia. À medida que as vendas caíam e a concorrência ganhava corpo, grandes segmentos desses mercados passavam a relutar em pagar aquele preço mais alto que a Dupont sempre havia cobrado por produtos de qualidade comprovadamente superior. Cada uma das unidades de negócios da Du Pont decidiu então, independentemente, concentrar-se nas camadas superiores dos seus mercados, praticamente abandonando os produtos de preços inferiores aos novos concorrentes que emergiam da periferia. Esses concorrentes de baixo perfil exploravam os crescentes volumes com preços ainda mais reduzidos.

A generalizada miopia da empresa quanto ao significado dos concorrentes de baixos preços e sua retirada estratégica dos mercados em que perdera terreno conduziram a um excesso de capacidade de produção e ao aumento dos custos unitários, com isso expondo a empresa ainda mais ao avanço da competição de baixos preços. Para aprender com o passado e preparar-se adequadamente para novos ataques desses concorrentes de baixos preços, um grupo de gerentes de negócios passou a analisar esta nova ameaça e as reações, bem ou malsucedidas, da empresa. À medida que conseguiram entender a ameaça e os motivos pelos quais tantas unidades de negócios não se davam conta dos riscos da situação, os administradores desenvolveram processos a fim de antecipar os movimentos da concorrência do setor de preços baixos e proporcionar estratégias capazes de superar esses movimentos. Esse grupo de gerentes transformou-se então no núcleo de uma rede de aprendizado ao longo de toda a organização que passou a se dedicar a identificar e a eliminar as causas mais profundas do ponto cego da empresa nessa questão.

Gary Hamel e C. K. Prahalad observaram que os líderes de setores tendem a menosprezar concorrentes com recursos reconhecidamente modestos. Esses autores notam que "... se existe uma conclusão a ser extraída da infinda troca de posições nos negócios, é a seguinte: posições iniciais de recursos constituem um indicador muito pobre sobre futuras lideranças em cada setor industrial".[15]

- *Criar um concorrente imaginário*. A fim de sensibilizar a organização em relação à possível entrada de novos concorrentes, ainda abaixo do nível do radar, no setor, a solução é encarregar uma equipe multidisciplinar da criação de um concorrente imaginário dotado de todas as condições e estruturas necessárias para assumir a vanguarda do mercado. A equipe deverá então trabalhar e extrair boas conclusões dos seus conhecimentos sobre os pontos vulneráveis da própria empresa e de eventuais mudanças de mercado a fim de elaborar uma estratégia viável de negócios. A empresa de instrumentos médicos mencionada no início do presente capítulo na verdade fez exatamente isto, ao encarregar uma equipe de pesquisar a respeito de novas terapias com medicamentos que eventualmente acabassem afetando a participação de mercado da empresa. Seria essa uma estratégia que a própria empresa pudesse vir a empregar, mesmo que parcialmente? Haveria possibilidade de mudar a situação do mercado a fim de reduzir as perspectivas de pleno sucesso de um concorrente com as condições daquele analisado?

- *Juntar indícios das empresas complementadoras.* Os complementadores têm igualmente condições de oferecer *insights* sobre intenções ou primeiros movimentos de negócios dos rivais. Complementador é qualquer produto ou serviço que aumenta a demanda da sua oferta. Por exemplo, a televisão de alta definição (HDTV) precisa de uma programação compatível para que suas vendas decolem, e vice-versa. Complementadores podem render pistas sobre a periferia e revelar intenções dos concorrentes. Foi prestando atenção aos complementadores que a Sony descobriu que o Xbox da Microsoft passava a desafiar a liderança mundial de mercado dos consoles de games mantida pelo PlayStation 2. A Microsoft passou a oferecer aos fabricantes de jogos uma plataforma única de instrumentos de programação compatíveis para fabricar jogos tanto para o Xbox quanto para PCs com Windows. Como o software dos games podia rodar em ambos os consoles, a vantagem que a Sony havia construído na condição de plataforma preferida pelos desenvolvedores de games poderia ver-se abalada. Foi pesquisando entre os desenvolvedores de software complementar que a Sony tomou conhecimento da ameaça implícita na estratégia da Microsoft.[16]

Ver para onde vão as novas tecnologias

As tecnologias centrais de qualquer empresa serão sempre, obviamente, o seu foco principal de atenções, mas a pergunta é, quais são as tecnologias emergentes em condições de mudar as regras do jogo no setor? Embora a agricultura possa parecer muito distanciada das revoluções tecnológicas, a verdade é que tanto produtores rurais quanto fabricantes de equipamentos agrícolas precisam estar sempre monitorando os avanços em tecnologia de tratores (por exemplo, novos equipamentos guiados por GPS, ou sistema de posicionamento global via satélite), da biociência (sementes geneticamente modificadas) e sites de leilões online para a venda de cereais e outros bens agrícolas. Muitos pequenos agricultores foram, em especial, apanhados de surpresa por essas mudanças que chegaram às operações rurais a partir da periferia.

Qual a melhor maneira de uma organização conseguir manter-se atualizada com as perspectivas para o futuro e continuar assegurando a eficiência das culturas atuais? Entre essas abordagens, citamos:

- *Acompanhar os laboratórios*. As perspectivas de muitos avanços tecnológicos são às vezes visíveis 20 ou 30 anos antes de se transformarem em "sucesso da noite para o dia". O mouse do computador foi demonstrado pela primeira vez em 1968, juntamente com a hipermídia e as janelas múltiplas, mas só surgiu mesmo no mercado em 1989, como parte do Macintosh da Apple.[17] A patente para a transmissão de fax via fio foi concedida ao mecânico escocês Alexander Bain em 1843, mas só se tornou comercialmente viável, depois de inúmeros aperfeiçoamentos, na década de 1980. Não seria, pois, surpresa alguma se muitas inovações de grande sucesso no futuro estivessem em teste hoje mesmo nos laboratórios da sua empresa.

- *Fazer amplos monitoramentos*. A exploração de tecnologias potenciais deve ser sempre muito ampla. Comparecer a uma conferência ou passar um dia lendo publicações como *Wired*, *Technology Review*, ou *Scientific American* pode ser um formato de baixo custo de investigar cenários. Publicações acadêmicas e especializadas proporcionam um mergulho de maior profundidade, exigindo, é claro, mais tempo e conhecimentos na área. Além da literatura especializada na área tecnológica, existem muitos outros lugares nos quais é viável sondar em busca de oportunidades, e também de ameaças, presentes nas tecnologias emergentes, destacando-se:

    1. No âmbito interno da empresa, mediante equipes interdivisionais que promovam a fertilização cruzada de qualquer tipo de descoberta.

    2. Por meio de licenciadores públicos de tecnologia, que disponibilizem bancos de dados pesquisáveis.

    3. Infomediários, como *Innocentive* e *Nine-Sigma*, que estabelecem um elo entre empresas que enfrentam problemas e pesquisadores independentes que oferecem possíveis soluções.

    4. Empresas de capital de risco, que gostam de identificar oportunidades emergentes (muitas empresas já estabeleceram seus próprios fundos para investir com este propósito).

5. Redes informais cultivadas em reuniões científicas ou empresariais, que conseguem oferecer *insights* sobre a convergência de trabalhos de pesquisadores independentes.[18]

- *Buscar a convergência*. Pode ser muito difícil prever a trajetória de determinada tecnologia a partir da periferia, pois as aplicações tecnológicas geralmente se concretizam pela convergência das correntes de múltiplas tecnologias. A Web se tornou a força que é hoje quando o desenvolvimento paralelo da tecnologia de computador e o acesso *online* se complementaram. Os telefones celulares decolaram a partir da digitalização. Os sistemas VoIP (Voice over Internet Protocol – voz mediante utilização do Protocolo Internet) emergiram somente depois do crescimento da penetração da Internet de banda larga.[19] A tecnologia de impressão computadorizada pode ser combinada com avanços em nanotecnologia e manufatura proporcionada pelos sistemas microeletromecânicos (MEMS) no nível de submicron para criar novas possibilidades. Um resultado plausível é a produção de *desktop*, em que partes de plástico e metal são construídas, camada sobre camada, conforme as orientações de um computador. Mais para a frente, há quem divise a possibilidade de manufaturar quase tudo mediante *printers* avançadas instaladas em porões, podendo transformar carbono em virtualmente qualquer coisa por meio da manipulação nanotecnológica à base de instruções por computador. Para conseguir *insights* mais aprofundados sobre as trajetórias das tecnologias, procure no potencial da convergência.

- *Pensar nas implicações*. Uma vez tendo identificado tecnologias potenciais, os administradores precisam analisar todas as suas implicações e possibilidades. Por exemplo, uma empresa de seguros interessada em pesquisa de genômicos poderia dedicar-se a avaliar de que forma a capacidade de mapear a composição genética dos seus clientes poderia vir a transformar seu negócio baseado em modelos atuariais. Um artigo publicado na *Technology Review* sobre as pesquisas de Aubrey de Grey a respeito do prolongamento da vida, potencialmente "para sempre", apresenta uma companhia de seguros com desafios e possibilidades ainda mais complexos do que os atuais.[20] Mesmo que a visão radical deste trabalho teórico pareça ainda uma possibilidade remota, aponta para a eventualidade de novas descobertas com significativas implicações para a longevidade dos seres humanos. Já existem, a propósito, empresas de seguros que oferecem planos destinados a proteger as pessoas contra a possibilidade de viver além da duração dos seus recursos. Essas apólices garantem um determinado nível de renda pela vida inteira. Com isso, incrementos na expectativa de vida das pessoas poderiam alterar todo o contexto desse mercado. De que forma as companhias de seguros conseguiriam sustentar apólices para clientes que chegassem a viver para sempre?

Organizações como o Institute for the Future (Instituto para o Futuro) conseguem ajudar a entender algumas das mais amplas implicações da trajetória das tecnologias. O instituto acompanha um diversificado grupo de especialistas para identificar as respectivas visões a respeito das futuras mudanças no cenário mundial e então organiza esses variados *insights* sobre mudanças tecnológicas e demográficas em mapas tecnológicos coerentes. Essa análise vai de uma identificação da tecnologia para um entendimento de suas mais profundas implicações. As empresas, cada uma por si, podem explorar o que esses *insights* ampliados tendem a significar para os mercados em que atuam.

Aprender com influenciadores e formadores de opinião

Os influenciadores e formadores de opinião são pessoas, grupos e organizações com influência desproporcional em relação às respectivas forças e tamanho. Associações empresariais, analistas, comentaristas da mídia, especialistas acadêmicos, bancos de idéias e consultores ajudam a identificar e a formatar tendências. Os *insights* e os propósitos desses grupos podem às vezes unir-se para explorar possibilidades existentes na periferia. A seguir, alguns dos principais influenciadores e formadores de opinião:

- *Mídia*. Imagine os prejuízos que uma nota baixa da *Consumer Reports* ou uma avaliação negativa das práticas de negócios publicada no *Wall Street Journal* ou no *Financial Times* podem causar. A mídia tem todas as condições de afetar profundamente uma empresa, um setor industrial ou uma economia inteira, ao contribuir para formatar as atitudes de clientes, investidores e outros participantes dessas atividades. Como já se destacou anteriormente, as empresas agora precisam acompanhar e analisar constantemente blogs, podcasts e outras formas de jornalismo pessoal.

- *Luminares ou especialistas*. Em determinadas indústrias, os luminares em mercado fazem a conexão com informação pertinente e assim se tornam fundamentais para as epidemias de informação boca-a-boca.[21] Por exemplo, alguns poucos pesquisadores e clínicos são o quanto basta para controlar o fluxo de informação a respeito de produtos médicos. Em serviços financeiros, analistas respeitados têm tremenda influência sobre decisões de investimentos. Procure você mesmo descobrir o que esses líderes de opinião estão dizendo e, principalmente, quais serão as implicações daquilo que eles informam para o seu setor de negócios.

- *Ícones culturais*. Nos campos dos esportes, mídia e *show business*, as opiniões de poucos escolhidos acabam tendo influência sobre o pensamento de multidões. De Bob Dylan a Bono Vox, passando por Madonna e tantos outros, esses ícones culturais muitas vezes abandonam aqueles que seriam seus domínios mais imediatos e pertinentes a fim de apresentar conselhos e opiniões políticas e sociais. Por isso, é aconselhável mapear quais dentre esses ícones têm força suficiente para causar algum efeito na indústria e nos mercados em que sua empresa atua. Muitos astros e estrelas de Hollywood têm se lançado, nos últimos anos, à militância em causas ecológicas e sociais, diretamente ou por meio dos filmes dos quais são protagonistas ou produtores (de *Free Willy* à *Lista de Schindler)*.

- *Negociadores de comércio e políticas fiscais*. Embora sejam normalmente desconhecidos do grande público, a habilidade desses negociadores ao representar os interesses de uma indústria na negociação de novos acordos internacionais de comércio é um instrumento de mudança das perspectivas de indústrias inteiras – para o bem ou para o mal. As negociações que envolveram a entrada da China na Organização Mundial do Comércio (OMC) e a criação do Acordo Norte-Americano de Livre Comércio (Nafta) tiveram significativo impacto sobre inúmeras indústrias. Quais seriam as mudanças em matéria de impostos e normativas capazes de transformar o cenário dos seus negócios?

- *Lobistas*. Todas as entidades empresariais e a maioria das grandes corporações usam lobistas para manter-se a par do que vai na área do Legislativo e da regulamentação de atividades econômicas, claro que com a principal obrigação de alertar seus clientes para todo e qualquer evento, previsto ou viável, com influência sobre suas respectivas áreas de atividade. Os lobistas detentores de autonomia e ampla base de poder chegam a ter grande influência sobre o estabelecimento de novas políticas. A negociação de novos benefícios relativos a medicamentos do programa de saúde norte-americano Medicare, por exemplo, teve tremendas implicações para as empresas farmacêuticas nos Estados Unidos, e os lobistas estiveram ativamente envolvidos na sua formatação.

- *Líderes políticos e judiciários*. Os processos desencadeados pelo secretário da Justiça de Nova York Eliot Spitzer abalaram a indústria de serviços financeiros. Ações de impacto em função das empresas envolvidas e novas regulamentações, como a Lei Sarbanes-Oxley,* conseguem ter um tremendo impacto sobre empresas e setores industriais. Mantendo sob observação constante os líderes de iniciativas como essas, é possível ter conhecimento daquilo que vem pela frente em tempo de preparar-se para os eventuais efeitos dessas mudanças. A propósito, no momento, encontram-se em discussão e planejamento mudanças capazes de transformar o panorama do seu setor industrial.

Devemos entender os influenciadores como agregadores e ampliadores de informações. São pessoas cujas opiniões são respeitadas, e por isso mesmo muitas vezes procuradas, e que não têm o menor pejo em exercer esse tipo de autoridade. Surgem em uma ampla variedade de formatos, e a maneira pela qual exercem essa influência depende em grande grau de cada situação. Eles não podem ser ignorados.

DIRETRIZES PARA O MONITORAMENTO

Muitas são as áreas da periferia merecedoras, por sua importância, de monitoramento. Uma vez identificada a importância de determinada área, cabe escolher entre as diversas abordagens viáveis de investigação. É indispensável que os líderes administrem o processo de monitoramento para fazer com que ele se concentre em áreas de real importância, cabendo a eles também estabelecer as questões a serem investigadas e destinar os fundos indispensáveis para um monitoramento realmente ativo. Os líderes precisam igualmente pesar o desejo de um exame mais próximo de uma área específica da periferia e os recursos necessários para efetuar esse monitoramento. Há alguns princípios gerais a serem aplicados nesse processo:

- *Gerenciar ativamente o processo*. O monitoramento ativo começa com as questões orientadoras (vindas do capítulo anterior) que indicam à organização quais as zonas específicas da periferia merecedoras de exame mais acurado. Isso ajuda a concentrar atenções e recursos nas áreas realmente importantes da periferia.

- *Utilizar múltiplos métodos*. A chave de um monitoramento realmente ativo é evitar a excessiva dependência de métodos e fontes de informação que

* N. de T.: Lei federal norte-americana sancionada em 2002 pelo presidente George W. Bush, que torna mais rígidos os procedimentos contábeis e de controle geral sobre as ações dos grandes conglomerados, tendendo a evitar a repetição dos grandes escândalos empresariais ocorridos nos EUA no final da década de 1990.

qualquer um tenha condições de usar. A fim de conquistar informações realmente novas e valiosas, é preciso ir além daquilo que outros já viram. Como cada um dos métodos debatidos neste capítulo proporciona *insights* apenas parciais e imperfeitos, é importante a utilização de múltiplos métodos. Como veremos no próximo capítulo, contar com múltiplas visões a respeito de uma determinada questão é igualmente crucial para sua boa interpretação.

- *Pesar os investimentos*. Depois de identificar as áreas potencialmente produtivas para monitorar, o próximo passo é gerar criativamente um estoque abrangente de possíveis fontes e métodos de informação que venham a alimentar os processos de monitoramento e então qualificar o valor de cada um deles na resposta a uma questão orientadora. O valor aqui tem base na proporção entre a profundidade dos possíveis *insights* versus o custo da coleta da respectiva informação.

- *Compromisso com o monitoramento*. Uma vez escolhidos vários métodos de monitoramento ativo, é indispensável que a organização se comprometa a levá-los realmente adiante. As questões fundamentais então serão: 1) quanto investir com a coleta de informação em andamento; 2) definir quem coletará, analisará e proporcionará informação ao processo de interpretação; 3) quem fará a respectiva revisão e determinará as ações a serem adotadas em função dos resultados.

- *Tratar o monitoramento como um processo iterativo*. Monitorar e avaliar o escopo são processos intimamente relacionados. Os resultados do monitoramento podem sugerir um escopo maior ou menor. Os gerentes às vezes reconhecem fatores de interesse e expandem seu escopo e passam a monitorar mais de perto outra área. Cada novo monitoramento proporciona *insights* adicionais que orientam o próximo a ser feito.

O significado de qualquer sinal detectado na periferia dependerá da posição e estratégia da empresa empenhada em sua observação. Por exemplo, computadores portáteis, com chips impressos em tecido, terão significados totalmente diferentes para um fabricante de telefones celulares de moda ou para um produtor de artigos farmacêuticos comprovadamente ético. Mas essas duas empresas precisam começar a partir de uma ampla visão das possibilidades de monitoramento e então concentrar-se nas áreas mais significativas da periferia.

Isso nos leva ao próximo desafio da boa visão periférica. Uma vez o escopo determinado e identificados os sinais de partes importantes da periferia, os gerentes precisam determinar qual o real sentido desses sinais. A simples criação em laboratório de um celular realmente portátil bastará para levar à sua adoção em larga escala? É possível que instrumentos médicos portáteis venham a desestabilizar a empresa farmacêutica, ou não passarão de uma novidade destinada a cair no esquecimento? Os diferentes sinais identificados ao longo do processo de monitoramento podem acabar se consolidando em muitos panoramas diferentes mas ainda assim coerentes. No capítulo a seguir, analisamos as estratégias para interpretar esses sinais confusos que são observados na periferia.

Capítulo Quatro

Interpretação

O Significado dos Dados

"Quando as pessoas tropeçam na verdade, sua reação normal é recuperar-se e voltar às atividades habituais."

—Winston Churchill

EXPLORADORES BRITÂNICOS levaram, no começo do século passado, um chefe tribal das remotas montanhas de uma isolada península da Malásia ao porto marítimo de Singapura. O objetivo deles era anotar o que e quanto aquele indígena que vivia como se estivesse ainda na Idade da Pedra mais admiraria depois de um dia inteiro de "turismo" pelos navios, os edifícios maiores, o mercado central e o trânsito já engarrafado daquela próspera cidade portuária. No final do dia, a única imagem que ele conseguiu lembrar foi a de um homem puxando uma carreta primitiva cheia de bananas.[1] Esse impressionante espetáculo foi o que de mais próximo a sua própria experiência o chefe tribal pôde registrar e anotar na memória. Todas as demais imagens de Singapura naquele dia não tinham significado algum para ele. Claro que ele viu os novos edifícios, navios, carruagens, o tráfego, pessoas estranhamente trajadas passeando pelas ruas, mas o que lhe faltava era uma moldura de referência para essas novas imagens. Todos aqueles objetos podem ter ocupado o centro de sua visão, mas, para o mundo com o qual estava acostumado, eram *periféricos*. Ele não estava preparado para recebê-los. Eles passaram pelos seus olhos e então se perderam entre os milhões de sinapses em sua mente. Nós podemos até nos considerar mais sofisticados em matéria de tirar sentido das coisas do que aquele homem tribal, mas a verdade é que com ele compartilhamos um dilema comum a todos os seres humanos: na verdade só vemos o que estamos preparados para ver. Por mais avançados e completos que sejam nossos sentidos de escopo e monitoramento, ainda precisamos interpretar o que nos é dado ver.

O processo de fazer sentido se torna ainda mais complexo quando se relaciona à visão periférica. As imagens são, por definição, turvas e imprecisas. São distorcidas como as bordas de uma lente olho-de-peixe, e há também uma alta proporção ruído versus sinal. Na visão humana, a periferia não tem detalhes nem cores. A mente salta com grande facilidade para as conclusões erradas a respeito de algo que é visto fora do "canto do olho". Há uma velha história entre os índios norte-americanos sobre um coiote perseguido por um incansável predador. Esse caçador parece estar sempre um passo atrás do coiote, e sempre ao seu lado. Na verdade, ele não passa de uma pena grudada no lado da cabeça do próprio coiote, o que explica a razão pela qual, por mais rapidamente que ele corra, não consegue escapar do suposto perseguidor. Muitas vezes, quando se trata de algo relacionado à periferia, saltamos às conclusões erradas sobre o que estamos vendo. Em outros casos, deixamos de entender uma ameaça ou oportunidade reais e só vamos nos dar conta, de qualquer uma delas, tarde demais. Qualquer um desses erros tem relação com fraquezas inerentes ao nosso processo de tirar sentido das coisas, como indivíduos ou como organizações. (Ver o quadro abaixo.)

Preenchendo o vazio na nossa visão

O olho humano perde um pequeno pedaço de sua visão na parte em que o nervo óptico se liga à retina. Mas raramente nos damos conta dessa parte que falta a nossa percepção por causa do programa parecido com um Photoshop existente em nosso cérebro que vai preenchendo interminavelmente esse vazio. O fato de termos dois olhos nos ajuda a preencher os espaços vazios, mas mesmo olhando com apenas um olho não enxergamos essa falha. Da mesma forma, selamos os vazios da nossa visão mental de maneira inconsciente e quase que automática. Mesmo que os administradores reconheçam que suas organizações têm seus pontos cegos, isso não significa necessariamente que saibam o que estão deixando de ver.

Durante cinco meses antes dos ataques terroristas de 11 de setembro de 2001 nos EUA, a FAA (Administração Federal da Aviação) recebeu um total de 105 relatórios de inteligência com um total de 52 referências a Osama bin Laden e/ou à Al Qaeda.[2] Esses relatórios – da CIA, do FBI e do Departamento de Estado norte-americano – foram difundidos por todos os canais da burocracia do governo, mas não mereceram a análise indispensável para que chegassem a fazer algum sentido. A FAA recebeu relatórios de várias agências governamentais que não estavam, ao fim e ao cabo, se intercomunicando. O monitoramento foi efetivo na coleta da informação, mas o passo crucial de "ligar os pontos" para, a partir daí, se tornar possível armar o quebra-cabeças não chegou a ser dado. As implicações maiores desse quadro disperso não foram desvendadas em tempo útil para a adoção de alguma medida preventiva eficaz. (Veja o quadro "Alguém já havia previsto".)

Um quadro que entra em cena

Escopo e monitoramento (discutidos nos primeiros capítulos) concentram-se em encontrar peças do quebra-cabeças, mas o importante é a maneira pela qual as peças desses enigmas podem ser ajustadas. Nossa analogia com um quebra-cabeças, contudo, simplifica o processo. Na maior parte dos casos, as peças vão se ajustando em um número diversificado de possíveis cenários e, uma vez viabilizada a sua colocação em um determinado ângulo, torna-se muito difícil mudar a perspectiva. Às vezes, o simples ato de mudar uma peça muito pequena acaba modificando o quadro inteiro.

Por exemplo, a ambígua imagem na Figura 4-1 pode ser transformada em quadros imensamente diferentes pelo simples acréscimo ou eliminação de alguns itens, como mostra a Figura 4-2. A ação de tirar sentido de alguma coisa, entre os seres humanos, não é um processo gradual em que um quadro turvo vem lentamente à luz, mas, antes disso, um processo discreto em que o acréscimo de algum dado de informação é capaz de dar ao conjunto do quadro uma *gestalt* inteiramente diversa. É por isso que fontes adicionais de informação e visões diferentes podem ter tamanha importância na formatação do quadro geral. Essas perspectivas adicionais conseguem acrescentar pequenos elementos com detalhes suficientes para alterar o quadro ou capacitar uma organização bloqueada na imagem do camundongo a passar a ver igualmente o homem.

Uma vez bloqueado o quadro, torna-se imensamente mais difícil enxergar outras possibilidades. No extremo, isto conduz a um fenômeno descrito por pesquisadores como "enquadramento". Ele ocorre quando um novo convertido desenvolve uma

Alguém já havia previsto

Em muitas organizações, é possível que estejam presentes *insights* fundamentais, o que não quer, obrigatoriamente, dizer que venham a ser identificados, ou reconhecidos como tal, pelos responsáveis. No período que antecedeu os ataques terroristas do 11 de setembro de 2001 nos EUA, não apenas se deixou de fazer a conexão entre peças de informação de inteligência disponíveis como também se deixou de agir com base numa consciência mais ampliada da potencial ocorrência de ataques terroristas de alto impacto. A possibilidade desse tipo de ataque já havia sido reconhecida bastante tempo antes da concretização daquela onda de atentados. Por exemplo, Robert Kupperman, cientista chefe do Departamento de Controle de Armas e Desarmamento, organismo federal, havia advertido, em outubro de 1997, que "uma força paramilitar pequena poderia manter a cidade de Nova York – ou outra grande área metropolitana dos EUA – em descontrole por largos períodos de tempo... Examinando-se os alvos mais óbvios, torna-se claro que os terroristas não precisam recorrer ao uso de armas nucleares ou agentes biológicos para causar devastação... As nações ocidentais, os EUA entre elas, estão mal preparadas para enfrentar qualquer forma de guerra por outros meios que não sejam a reação militar convencional".* Outro relatório anterior ao 11 de setembro já havia desenhado especificamente o cenário de aviões sendo jogados contra edifícios por terroristas.

* Robert Kupperman, *Facing Tomorrow's Terrorist Incident Today*, Washington, DC: Law Enforcement Assistance Administration (October 1977).

FIGURA 4.1 O que você vê?

FIGURA 4.2 Um homem ou um camundongo?

visão completamente modificada do mundo, e passa a interpretar tudo de acordo com o que vê através dessas novas e inflexíveis lentes.[3] Em casos menos extremados, em geral aceitamos um determinado quadro do mundo, e isso limita nossa capacidade de divisar outras facetas. Embora poucas organizações tenham o poder e a prevalência de uma visão sobre as vidas dos seus empregados, existem pressões internas tendentes à adoção de um determinado estado de espírito na maior parte das organizações. Quando todos concordam que a figura em estudo é a de um rosto humano, só mesmo um indivíduo por demais corajoso se atreverá a sugerir que ela pode também ser interpretada como a imagem de um camundongo. São incontáveis as tendências/inclinações individuais e organizacionais que podem embaraçar o entendimento acurado dos sinais da periferia, como a seguir se discute.

A IMPORTÂNCIA DA TRIANGULAÇÃO

Da mesma forma que o fato de ter dois olhos permite aos seres humanos usar a triangulação e a paralaxe para a percepção de profundidade, o uso de múltiplas perspectivas nas organizações acaba proporcionando maior profundidade na visão periférica. (Veja o quadro "O poder da paralaxe".) Quando a General Motors (GM) desenvolveu o sistema OnStar (de acompanhamento e localização de veículos), teve a capacidade de alimentar-se de sua experiência tanto em tecnologia quanto em *marketing* para identificar uma emergente oportunidade de mercado. O sucesso da GM com o OnStar é uma reconhecido caso de sucesso em inovação, mas o processo pelo qual esse mercado teve seu potencial reconhecido e desenvolvido ainda não teve todos os méritos reconhecidos. A GM lançou o serviço OnStar na sua linha do Cadillac 1997 com base na *telemática*, a integração das comunicações *wireless*, sistemas de monitoramento de veículos e instrumentos de localização. Na época, era um empreendimento absolutamente periférico em relação ao mercado automobilístico. Em primeiro lugar,

O poder da paralaxe

A paralaxe, um caso especial de triangulação, é o deslocamento aparente de um objeto no horizonte quando se muda o ponto da observação. Como nossos olhos entre si são separados por apenas cerca de cinco centímetros, as pessoas recorrem à paralaxe da visão estereoscópica para ver a profundidade. Dados os triângulos formados pelos dois pontos de observação, o objeto, e o horizonte, podemos computar distâncias (seja informalmente em nossa visão ou mais formalmente para cálculos astronômicos ou náuticos). Para fazer o teste, fixe o olhar em um objeto próximo contra um horizonte distante, fechando um olho de cada vez. Está vendo como o objeto parece mudar de posição horizontalmente? Da mesma forma, na observação da periferia, perspectivas múltiplas (não estamos limitados a apenas dois olhos) podem aumentar a profundidade e o detalhamento, ajudando-nos a ter uma visão melhor do objeto que estamos observando.

o OnStar nada tinha a ver com projeto e produção de automóveis. A telemática, por sua vez, pouco se relacionava com a concorrência em preços, confiabilidade ou conforto, os fatores tradicionalmente centralizadores da concorrência na indústria. Por fim, o mercado era minúsculo. Em sua origem, o presidente da divisão OnStar, Chet Huber, estabeleceu como meta conseguir 50 novos clientes por dia, algo certamente insignificante numa organização como a GM, matriz da OnStar, acostumada a contar seus clientes aos milhões.

O que foi que possibilitou à GM detectar e em seguida trabalhar com sucesso esta oportunidade periférica? A aquisição pela GM da Hughes (e mais tarde da EDS) gerou muito cedo uma janela de oportunidade na tecnologia da telemática. A grande incógnita nesse campo não era a tecnologia, mas a sua adoção pelo mercado. Em 1995, a GM havia encomendado um estudo dos principais fatores que influíam na decisão dos clientes quando da compra de um automóvel. O estudo descobriu 26 fatores, ranqueados de acordo com sua importância para os clientes e com a satisfação destes.[4] Assim, a GM constatou que, embora os clientes se mostrassem muito satisfeitos em relação a suas necessidades de "mobilidade" pelos produtos, quatro fatores revelavam importantes necessidades dos clientes que esses mesmos produtos ainda não chegavam a suprir: 1) atendimento pessoal; 2) tempo e energia limitados; 3) privacidade; 4) satisfação pessoal.[5] Abastecidos com esses *insights* sobre as inquietações dos clientes com relação a atendimento pessoal e segurança, e também com o seu entendimento da nova tecnologia, os gerentes da GM reconheceram a oportunidade daí resultante. Em 2004, o OnStar controlava 70% do mercado com 2,5 milhões de assinantes, o que acabava gerando uma receita de cerca de US$ 1 bilhão. Outras empresas foram menos ágeis no reconhecimento e na exploração do potencial da telemática. Em 2002, por exemplo, a Ford Motor Company fracassou na sua *joint venture* com a Qualcomm em torno do projeto Wingcast, cancelando um investimento de 100 milhões de dólares. Embora fossem inúmeras as razões para o sucesso da OnStar, a triangulação dos *insights* de tecnologia e *marketing* ajudou a GM a localizar uma grande oportunidade justamente na intersecção entre essas áreas.

Observar o mesmo fenômeno a partir de diferentes postos de observação leva-nos a estabelecer a triangulação e ajuda a identificar exatamente onde, no espaço tridimensional, está um determinado objeto. Ao contrário dos seres humanos, as organizações podem recorrer a mais do que um par de olhos a fim de entender/compreender o que estão vendo. Quando se coloca juntos todos os "cegos" da história, eles adquirem um panorama mais completo do "elefante". Cada olhar individual pode ter seus preconceitos, mas, em conjunto, acaba por permitir às organizações que vejam o que realmente está em andamento e identifiquem novas oportunidades. (Veja o quadro "Um empreendedor olha para os céus".) Esta capacidade de obter um quadro completo da situação é especialmente importante na periferia, onde várias peças do quebra-cabeças podem parecer nebulosos ou inteiramente ausentes.

Um empreendedor que olha para os céus

Um empreendedor que tentava comercializar uma nova cobertura asfáltica estava gastando US$ 800,00 para distribuir seus comerciais por um mailing geral, com resultados previsivelmente medíocres. Colocou então sua experiência como técnico em computação para pensar em sentido mais amplo, até encontrar uma forma de usar um novo serviço de mapeamento via satélite disponível pelo Google para identificar bairros com alta concentração de ruas asfaltadas. Em função disso, concentrou seu marketing nesses bairros, passando a obter um índice bem mais elevado de sucesso com custo menor de marketing. Ao transpor os limites e práticas tradicionais de seu negócio, ele descobriu uma aplicação de tecnologia periférica para resolver os desafios presentes do negócio em que estava envolvido.*

* Kevin Post, *Satellite Photos Find the Market for Jet-Black*, The Press of Atlantic City, 08/07/2005.

Nossos estudos envolvendo empresas com as melhores práticas, como Johnson & Johnson, Procter & Gamble e IBM, indicam que nelas existe um esforço deliberado visando à obtenção de múltiplas perguntas para triangular sobre as mesmas questões orientadoras. Isto ajuda a separar os sinais fracos ainda que recorrentes, e por isso mesmo eventualmente interessantes, dos meros ruídos da retaguarda. A superposição de múltiplas perspectivas é crucial pela mesma razão que faz com que tenhamos dois olhos. Eles permitem triangular e determinar a profundidade da visão.[6] Como Leonardo da Vinci observou, a fim de chegar ao real entendimento de qualquer coisa, precisamos observá-la a partir de no mínimo três perspectivas.[7]

Usando múltiplos métodos

Nenhum método singular será suficiente para que se possa divisar o quadro na sua integralidade, porque todos os métodos têm vazios ou limitações em algum aspecto importante. Por exemplo, os gerentes que tentam entender o real significado de uma tecnologia emergente podem recorrer a analogias para mercados de tecnologias de características similares àquelas que já estiverem analisando. Tais analogias acabam distorcendo as premissas, uma vez que as situações respectivas não são comparáveis entre si em aspectos críticos ainda desconhecidos. Pesquisas realizadas por especialistas usando o método Delphi para previsões compostas da demanda futura de produtos podem chegar a ser tão-somente uma junção de ignorâncias coletivas. Embora todos os métodos tenham suas limitações, uma combinação deles – cada um dos quais consciente dos diferentes preconceitos que carrega – merece maior confiança.[8]

Por exemplo, em vez de simplesmente fazer pesquisas entre clientes em potencial, há situações em que as empresas conseguem uma definição de maior significado da demanda prevista de uma nova tecnologia recorrendo a abordagens não corriqueiras, No começo da década de 1970, a Xerox estimou a demanda de máquinas de fax mediante uma análise aprofundada da extensão e freqüência das comunicações que requeriam urgência. A seguir, tratou de estabelecer uma comparação das máquinas de fax com as soluções existentes na época - correios, telefones ou telegramas. Com esta metodologia, a empresa estabeleceu a previsão de um mercado de cerca de um milhão de unidades no começo da década de 1970, uma previsão que se revelou muito abaixo do mercado concretizado, mas ainda assim bem mais acurada que as de outros métodos empregados com a mesma finalidade. (Foi a Xerox que, apesar do sucesso inicial, apostou na tecnologia errada para continuar suprindo essa necessidade – transferências de computador para computador em vez de instrumentos especializados – e com isso perdeu enorme oportunidade de capitalizar em cima do seu poderoso *insight*.)

Usando cenários para ver tanto o homem quanto o camundongo

Além da possibilidade de identificar perspectivas e abordagens diversas para qualquer determinado empreendimento, o planejamento de cenários proporciona outra maneira de observar uma questão a partir de múltiplos ângulos, a fim de decodificar um conjunto de sinais da periferia. Por exemplo, uma grande empresa jornalística recorreu ao planejamento de cenários a fim de observar determinada inovação tecnológica a partir de várias perspectivas diferentes. Com isso a empresa teve condições de examinar um determinado novo sinal através das lentes de cada cenário. Por exemplo, a indústria jornalística teve conhecimento em 1990 de que a Xerox havia lançado um novo serviço destinado a entregar eletronicamente jornais customizados em hotéis e outros pontos semelhantes, proporcionando aos usuários edições com conteúdo diferenciado. Pessoas em viagem por outros países, por exemplo, teriam condições de receber as notícias de sua cidade ou país de origem, ou então de ler o principal jornal do país que estivessem visitando no idioma do viajante.

Qual a importância deste sinal? Significaria que os hóspedes de hotéis nunca mais iriam ouvir aquele som familiar de um jornal batendo em sua porta ao ser entregue, ou se trataria de algo destinado a não ir além do ponto de partida? A resposta depende do cenário. Num cenário de "negócios como sempre", este novo serviço representa um nicho de mercado (o mercado dos viajantes) e um bem-vindo canal alternativo de distribuição, além da entrega física dos jornais. Ele poderia criar novas oportunidades para transportar os jornais para além de sua natural fronteira geográfica, ao mesmo tempo solidificando a lealdade do cliente. Em outro cenário, o da chamada "cibermídia", no qual os canais eletrônicos são adotados rapidamente, essa iniciativa pioneira em matéria de imprensa personalizada em hotéis poderia ser o prenúncio da impressão customizada doméstica dos jornais. Um avanço que indiscutivelmente implicaria a possibilidade de eliminar o ativo maior de que os jornais continuam dependendo (suas impressoras e a rede física de distribuição), ao mesmo tempo em que uma segmentação mais fina do mercado estaria apontando para a erosão da publicidade tradicional. Nesse mundo, as impressoras, caminhões de entrega e anúncios destinados a bases ampliadas de clientes – em suma, tudo aquilo que caracteriza a mídia impressa –, deixariam de representar necessidade ou valor.

Ao examinar este sinal ainda débil com múltiplas lentes, os administradores teriam melhores condições de explorar todo o potencial de suas implicações. Uma vez chegando à conclusão definitiva de que o mundo continua na etapa dos "negócios como sempre", poderiam deixar de dar o devido valor a esse sinal. Por outro lado, se concluíssem que o mundo passaria logo à condição de paraíso da "cibermídia", estariam se arriscando a agir com ênfase exagerada em tal sentido. Embora tais análises com base em cenários não cheguem a eliminar as incertezas tanto a respeito do desenvolvimento da tecnologia quanto da aceitação pelo consumidor, a verdade é que elas têm a possibilidade de ajudar os administradores na tarefa de entender quando é que se acrescenta uma pequena peça do quebra-cabeças geral ao seu devido lugar. Ou seja, eles contam hoje com potencialidades imensamente maiores do que a "familiaridade com as bananas" do passado.

Dando atenção igual a clientes e concorrentes

As empresas podem igualmente sofrer sérios problemas quando concentram suas atenções ou só nos clientes, ou só na concorrência, em vez de se preocupar com essas duas partes ao mesmo tempo, em proporções semelhantes. Quando Eckhard Pfeiffer se tornou CEO da Compaq Computers, em 1991, reconheceu de imediato que a empresa se havia focado primariamente na concorrência com a IBM, deixando com isso de acompanhar e suprir as mudanças ocorridas na demanda dos clientes. Esta obsessão com a IBM significava que a Compaq não estava disposta a se engajar na produção de produtos mais baratos para com eles atingir um mercado mais amplo, e, por isso mesmo, continuava perdendo fatias de mercado para concorrentes de menores preços. Se tivesse se concentrado mais nos clientes em vez de se obstinar no acompanhamento de sua trajetória na competição com a IBM, a Compaq certamente teria reconhecido mais cedo as importantes mudanças que ocorriam então no mercado, a essa altura já se inclinando pesadamente para o segmento dos computadores pessoais. Por outro lado, a editora de uma revista que se mantiver focada exclusivamente nos clientes estará alerta para as necessidades do mercado, mas poderá deixar de perceber a potencial consolidação de concorrentes ou algum ciclo de mudanças rápidas na tecnologia empregada no setor, mudanças essas que acabam facilitando a entrada de novos participantes nesse mercado. As empresas precisam se preocupar simultaneamente com os concorrentes *e com* os clientes (e também com outros participantes do respectivo mercado). Concentrar atenções exclusivamente em um ou em outro desses objetivos acaba criando significativos pontos cegos.

Ao acompanhar de perto tanto os clientes quanto os concorrentes, uma empresa proprietária de um grande negócio de produção de carpetes forçou sua equipe de administração a enfrentar três desagradáveis realidades: seus fornecedores de fibras viam aumentar sua força no negócio em função da visibilidade de suas marcas junto aos consumidores finais, seus varejistas estavam se consolidando e conquistando maior poder, e o fabricante não dispunha de um produto realmente diferenciado.

Por força deste reconhecimento, a empresa abandonou o setor de carpetes. Bastaria que os gerentes tivessem abordado e desafiado os próprios modelos mentais para que viessem a reconhecer, enquanto havia tempo para tanto, essas ameaças desenvolvidas na periferia. Como não o fizeram, eventualmente só lhes restou reconhecer que não tinham mais um negócio viável.

Esses são apenas alguns dos exemplos da maneira pela qual múltiplas perspectivas e métodos conseguem ajudar na interpretação de sinais da periferia. Superposições na investigação do mesmo assunto podem parecer ineficazes, da mesma forma como ter dois olhos pode parecer, a princípio, uma redundância na visão humana. São, no entanto, superposições que servem a um importante propósito. Elas permitem uma verificação cruzada de um contra outro dos fatores em jogo, e assim podem ser usadas para verificar um sinal fraco. E acabam ajudando a compensar deficiências existentes na nossa visão individual e coletiva, como discutida a seguir.

Por que temos pontos cegos?

Por que insistimos em não querer ver o que está na periferia? Nossa capacidade de ver é limitada por nossos modelos mentais e outras distorções de percepção. (Veja o quadro "Visão *versus* ver".) Conseguimos compensar parcialmente nossas várias tendências cognitivas e afetivas por meio de múltiplos pontos de vista.[9] Precisamos nos resguardar e precaver em relação a esses preconceitos. E no entanto, mesmo quando presentes esses múltiplos pontos de vista, vieses organizacionais como pensamento grupal conseguem embaçar a visão da periferia, mesmo em organizações com um escopo amplamente definido e com monitoramento ativo permanente.

O que conseguimos ver é em grande parte formatado e delimitado por nossos modelos mentais. Esses modelos são muitas vezes tácitos, funcionando abaixo do nível de consciência plena, e desta forma não são facilmente analisáveis nem desafiáveis. Uma vez tendo aceito determinado modelo, muitas vezes fazemos com que a realidade a ele se adapte, mesmo que isto seja feito de maneira forçada. (Veja o quadro "Sinais despercebidos em Pearl Harbor".) Por exemplo, um gerente de P&D em eletrodomésticos pode trabalhar a partir de um modelo segundo o qual o *design* do produto é uma função cosmética de baixo nível, a ser feita sempre na última hora. Administradores de empresas como a *Braun*, por outro lado, asseveram que um bom *design* não pode ser apenas um atrativo para o olhar, devendo ser também confiável e de produção e manutenção fáceis. Por isso mesmo, consideram o *design* como a primeira e mais importante etapa do processo de desenvolvimento de novos produtos.

Visão *versus* ver

Há considerável diferença entre aperceber-se de determinado sinal e realmente ver o que está acontecendo. Os cientistas acreditam que as imagens que um bebê enxerga durante seus primeiros dias de vida estão de cabeça para baixo e que são invertidas através do contato da criança com o mundo. Parece uma flexibilidade que levamos conosco até a idade adulta. Em um fascinante estudo psicológico, os participantes foram solicitados a usar lentes invertidas que modificavam as imagens por eles vistas. No começo os participantes viam tudo de cabeça para baixo, como seria de esperar, mas, após alguns dias, passaram a informar que as imagens estavam com seu sentido correto. Quando tiraram as lentes da experiência, a visão deles ficou invertida (durante um curto espaço de tempo). * Existem igualmente perturbações em que a porção visual do cérebro é danificada de tal forma que os pacientes conseguem ver um objeto físico sem conseguir reconhecê-lo. Por exemplo, conseguem desenhar a imagem perfeita de um pássaro, identificando-a, porém, como sendo a de uma árvore caindo. ** Há também o case descrito por Oliver Sacks em que um homem com visão funcional confundiu sua mulher com um chapéu. Existe uma clara diferença entre visão e vista. Como destacou Immanuel Kant, não há percepções sem preceitos (as categorias mentais que usamos para organizar a realidade em nossa mente). *** Por exemplo, não conseguimos ver um peixe ou pássaro sem que tenhamos antes o preceito ou conceito de tais animais em mente. Muitas vezes vemos aquilo que estamos procurando. É por isso que o chefe tribal estava preparado tão-somente para ver a carroça de bananas em sua viagem por Singapura.

* www.physlink.com/Education/AskExperts/ae353cfm.

** Steven Pinker, *How the Mind Works* (Nova York, Norton, 1997), 19.

*** Immanuel Kant, *The Critique of Pure Reason* (A Crítica da Razão Pura)(Londres: MacMillan, 1933)

Há uma variedade de vieses cognitivos e motivacionais que parece conspirar quando os seres humanos procuram formular um julgamento equilibrado em torno de uma situação complexa, tal como um sinal ambíguo da periferia (veja o quadro "Interpretações enviesadas"). Sempre que múltiplos indícios apontam para direções contrárias, ou quando se carece de informações cruciais, a mente começa a distorcer e retorcer os fatos a fim de adaptá-los às nossas inclinações. Os vazios do conhecimento são preenchidos com suposições táticas ou inferências que muitas vezes fazem a opinião se voltar arbitrariamente para uma direção predeterminada. Esse processo sutil ocorre de maneiras quase sempre inconscientes e explica o motivo pelo qual as pessoas conseguem sustentar opiniões tão radicalmente opostas a respeito das mais variadas questões, mesmo quando essas opiniões se baseiam em informação partilha-

Sinais despercebidos em Pearl Harbor

Na manhã de 7 de dezembro de 1941, o comandante do destróier USS Ward ouviu o som abafado de explosões procedente de Pearl Harbor, no continente. Mais cedo, esse comandante havia lançado cargas de profundidade contra um submarino inimigo que avançava em direção ao porto, pouco antes dele conseguir emergir, e pensava tê-lo afundado. Mas, quando o comandante ouviu as explosões abafadas, no seu roteiro de retorno ao porto, voltou-se para o seu subcomandante e falou: "Acho que eles estão abrindo (com dinamite) a nova estrada de Pearl Harbor a Honolulu". Apesar do incomum encontro que tivera com um submarino estrangeiro naquela manhã, ele tratou de explicar os sons das explosões a partir de sua mente concentrada em tempos de paz, deixando assim de reconhecer os sinais das primeiras hostilidades entre os Estados Unidos e o Japão. Sua mentalidade estava de tal forma condicionada pelos tempos de paz que ele conseguiu desviar os sons das explosões em direção a um contexto de abertura de estrada, sem reconhecer que na verdade procediam dos bombardeios desfechados pelos aviões dos japoneses.*

* Este exemplo foi proporcionado por Sidney Winter, adaptado de Roberta Wohlstetter, *Pearl Harbor: Warning and Decisions* (Stanford, CA: Stanford University Press, 1962); e de Gordon Prang, *At Dawn We Slept* (Nova York: Penguin Books, 1981.)

da e na qual as duas partes confiam. Dos veredítos dos corpos de jurados até opiniões sobre a guerra do Iraque, ou em torno de questões tão discutidas como o direito ao aborto ou a pena de morte, as opiniões se mantêm geralmente firmes, e novas evidências, por mais fundamentadas que sejam, são quase sempre depuradas de maneira a não abalar as antigas convicções.

Vieses organizacionais

Em acréscimo aos vieses pessoais, os indivíduos componentes de uma organização sofrem muitas vezes daquilo que Irving Janis batizou de *pensamento grupal*.[10] Começam a pensar, agir e até a vestir-se igual aos outros. Por exemplo, a General Motors tirou seu modelo Corvair do mercado, em última análise, em função de sérios problemas de segurança, muitos dos quais eram já conhecidos mas haviam sido inicialmente desconsiderados no plano interno. Como J. Patrick Wright escreve em "*On a Clear Day You Can See General Motors*", nenhum dos principais executivos da GM "iria deliberadamente fabricar um carro que soubesse ser capaz de causar ferimentos a outras pessoas". Mesmo assim, a pressão interna pelo cumprimento de metas de vendas e lucros levou

Interpretações enviesadas

Embora a verdadeira objetividade possa permanecer para sempre um objetivo inatingido, os gerentes precisam ter consciência das armadilhas facilmente reconhecíveis nas inferências e julgamentos humanos. A partir daqui, descrevemos os principais dentre eles, com breves exemplos, em termos de como a informação é filtrada, interpretada e muitas vezes sustentada pela nossa busca de informações adicionais destinadas a confirmar tendências anteriores. O efeito líquido desses vieses e tendências é que conseguimos estruturar uma determinada questão de uma certa maneira (sem dar a devida atenção a outras perspectivas viáveis) e nos inclinamos a confiar exageradamente em nosso ponto de vista.*

- **Filtragem:** Aquilo a que damos realmente atenção é em grande parte determinado por aquilo que queremos ver. Segundo os psicólogos, trata-se da "percepção seletiva". Quando alguma coisa não se adapta ao padrão, acabamos distorcendo a realidade para que ela se configure de acordo com o nosso modelo mental, em lugar de nos sujeitarmos a contrariar nossas suposições e crenças. Um fenômeno a isto relacionado é chamado de "primazia". Se nos for dada a observar uma imagem ambígua (como a do camundongo ou do homem, neste mesmo capítulo), podemos estar predispostos a adotar a interpretação ***A*** em detrimento da interpretação ***B*** se uma hora antes tivermos visto a interpretação ***A*** num contexto diferente. Por exemplo, se tivermos lido uma linha de um poema com referência a um camundongo, as possibilidades de enxergá-lo naquela figura anterior só irão aumentar. Por último, existe um importante preconceito motivacional contra o qual devemos nos prevenir - o da 'supressão', ou a resistência a encarar a realidade como ela é. O exemplo extremo é o da mítica avestruz enterrando a cabeça na areia ao pressentir o perigo, esperando que dessa forma esse risco tenda a desaparecer.

- **Inferência enviesada:** Seja qual for a informação que conseguir passar por nossos filtros cognitivos e emocionais, ela permanece sujeita a distorções adicionais. Um preconceito famoso é o da 'racionalização', ou o fato de interpretar as evidências de uma forma que dê sustentação a uma crença existente. Tornamo-nos vítimas disso, por exemplo, ao tentar atribuir a culpa por nossos erros a alguém ou a circunstâncias externas. Esse processo funciona inconscientemente porque com ele buscamos reduzir a dissonância cognitiva entre o fato de saber que estamos errados e a nossa auto-imagem de alguém que não comete erros. O 'pensamento positivo' é um processo motivacional a isso relacionado, pelo qual vemos o mundo de forma permanentemente vantajosa. Sempre achamos que o copo está meio cheio, em

continua...

(continuação)

vez de meio vazio, ou nos recusamos a reconhecer as evidências claras de que um jovem está abusando das drogas, ou, ainda, aquelas que apontam para o fato de que o marido trai a mulher, e vice-versa. Outro preconceito comum de interpretação é o 'egocentrismo', a tendência de exaltar exageradamente nossa participação em acontecimentos que tentamos explicar aos nossos próximos. Essa tendência auto-recompensadora relaciona-se ao fundamental 'preconceito de autoria', conforme o qual atribuímos importância maior aos nossos atos e ações do que àquela percebida pelos componentes do entorno em que estamos. Em outras palavras, vemos a nós mesmos, ou a nossa organização, como mais importantes para o contexto do que na realidade somos.

- **Justificativa:** Não contentes com a pesada filtragem a que submetemos as limitadas informações e com a submissão dessas a interpretações distorcidas, quando necessário tratamos de justificar nosso caso buscando evidências adicionais capazes de confirmar nossa visão. Por exemplo, podemos falar com pessoas que concordam conosco em proporções desiguais em relação às que discordam, ou buscar ativamente novas evidências que venham a confirmar a nossa perspectiva, tudo isso dentro do chamado "viés de confirmação", em vez de buscar uma estratégia mais equilibrada de pesquisa que inclua evidências contrárias àquilo em que acreditamos. Na verdade, podemos chegar até mesmo a nos engajar em "memória seletiva", esquecendo convenientemente aqueles fatos perturbadores que não se enquadram no panorama geral como por nós desenhado. A "percepção enviesada" distorce, da mesma forma, nossas recordações, de maneira a apagar qualquer dúvida original que tenhamos tido a respeito. Assim, um círculo vicioso é criado, e nele exacerbamos as tendenciosidades primitivas e nos isolamos em um casulo de meias verdades.

Esta descrição apresenta um caso extremado (como uma tempestade perfeita) em que todos os erros apontam para a mesma direção. Felizmente, os seres humanos são dotados de considerável capacidade de pensamento crítico e reconhecem que suas crenças podem ser tendenciosas e auto-alimentadoras. Poucos, no entanto, avaliam o escopo e magnitude desses vieses ou o fato de que eles seguidamente conspiram para esconder de nós a verdade. Administradores e organizações inquisitivos precisam reconhecer que a investigação crítica exige uma mente aberta, lidar com múltiplas hipóteses em teste permanente, e dar atenção aos dados para aprender o que eles estão realmente indicando. Especialmente na periferia, os riscos da auto-ilusão, do pensar equivocadamente e de chegar alegremente a falsas conclusões podem ser muito grandes e muito perigosos.

* J.E. Russo e P. J. Schoemaker, *Winning Decisions* (Nova York: Doubleday, 2002).

todos eles a deixar de lado "sérias dúvidas levantadas sobre a segurança" desse modelo, e a partir daí a "abafar informações que poderiam comprovar as deficiências do carro".[11] Foi só depois de Ralph Nader, o advogado dos consumidores, denunciar publicamente as falhas do motor do carro e problemas de segurança no seu livro de 1965 "*Unsafe at Any Speed*", que a GM acabou retirando o Corvair do mercado.

Problemas similares de pensamento grupal vieram à superfície no caso do desastre com o ônibus espacial Challenger. O que levou gerentes tidos como profissionais experientes e seres humanos excepcionais a decisões tão tremendamente equivocadas? Há pesquisas mostrando que duas cabeças não pensam, necessariamente, melhor do que uma. Os grupos funcionam melhor que os indivíduos na detecção e reação a estímulos *somente* quando contam com processos eficientes. A verdadeira relevância de variados fragmentos de informação só pode ser apreciada quando eles são compartilhados e unificados num mosaico maior. O compartilhamento de informação é de especial importância na periferia porque supera o problema da percepção e lembrança distribuídas quando compartilhadas entre os segmentos organizacionais e seus limites. A fim de evitar o problema da sobrecarga de informação, porém, os gerentes precisam alinhar visão e estratégia, para que cada integrante do grupo consiga divisar o quadro mais geral e avalie adequadamente de que maneira a correspondente perspectiva se enquadra nesse horizonte.

A busca do senso comum se dá num complexo entorno social em que as pessoas são não apenas sensíveis àquilo que se diz de uma determinada situação, mas igualmente a quem está fazendo tal afirmação. Em resumo, julgamos tanto o sinal quanto a fonte ao avaliar o significado da informação. A credibilidade da fonte é influenciada por inúmeros fatores, entre eles o status, a experiência anterior e a política. Como muitos gestores recebem informação de múltiplas fontes, logicamente precisam prestar atenção a possíveis propósitos influenciadores nelas contidos. Por exemplo, quando um médico atende um paciente que se queixa de sintomas parecidos com os de uma gripe, o profissional já tem em mente um ordenamento relativo das várias hipóteses capazes de explicar os sintomas.[12] No entanto, é comum que confiemos, e os médicos também, em opiniões ou sentimentos nossos mais que nas informações que nos são passadas, e é aí que tendências/preconceitos acabam prevalecendo de maneira errada. Por exemplo, o médico pode entender que o paciente não é capaz de dar respostas confiáveis, e com isso às vezes deixar passar um sinal fraco, mas importante. Ou as opiniões de colegas médicos podem ser consideradas não apenas de acordo com sua respectiva capacidade, mas também em termos de sua posição social e respectivo *status*. Sociólogos já conduziram inúmeros estudos sobre a maneira pela qual as redes sociais na comunidade afetam o fluxo da informação., desde diretorias interligadas no mundo corporativo até a adoção de um novo produto num mercado local.[13] Essas tendências, ou preconceitos, sociológicas são especialmente significativas quando a informação se mostra tênue ou incompleta, como normalmente ocorre quando se lida com a periferia.

Vieses individuais ilustram à perfeição o motivo pelo qual é sempre necessário que se combinem diferentes percepções/opiniões sobre um mesmo assunto. Os preconceitos/tendências organizacionais ou de grupo, contudo, mostram que a maneira pela qual essas diferentes perspectivas são cultivadas e relacionadas afeta a capacidade da organização de compreender o mundo com o qual precisa interagir.

APERFEIÇOANDO O SENSO COMUM

De que maneira indivíduos e organizações conseguirão superar seus preconceitos inerentes e pontos cegos a fim de aperfeiçoar seu senso comum? A seguir, algumas abordagens capazes de ajudar nesta empreitada.

- *Buscar informação nova para confrontar a realidade*. Larry Bossidy e Ram Charan debatem como foi que a empresa de armazenamento de dados EMC não percebeu mudanças fundamentais em seu cenário de atuação que provocaram acelerado declínio de suas vendas em 2001. A equipe de vendas da EMC, em seus contatos com CIOs (*chief information officers*, ou executivos de informação) de outras empresas, mostrava-se certa de que os pedidos não estavam sendo reduzidos, mas simplesmente adiados; interpretando, pois, esse percalço como um tropeço temporário. No entanto, quando Joe Tucci foi nomeado CEO da empresa no começo de 2001, ele passou a falar com CEOs e CFOs (*chief financial officers*, ou executivos financeiros) de empresas clientes da EMC até chegar à conclusão de que eles estavam na verdade reformulando suas práticas de negócios. Não estavam mais interessados em pagar preço alto por desempenho superior, e queriam software capaz de interagir com equipamentos de outros fabricantes. A IBM e a Hitachi já vendiam, à época, máquinas comparáveis às da EMC a preços mais atraentes. À medida que a fatia de mercado da EMC encolhia, Tucci tratava de agir rapidamente para mudar o modelo de negócio da corporação, focando-o muito mais em software e serviços do que em hardware, que, a essa altura, já se transformara em produto comum. Uma vez tendo Tucci reconhecido e aceito a nova realidade, a empresa pôde transformar-se internamente e reagir adequadamente às mudanças. Como Bossidy e Charan destacaram, os maiores fracassos financeiros em negócios não se devem, na maioria dos casos, a um mau gerenciamento, mas, em lugar disso, à incapacidade de "confrontar a realidade".[14]

- *Formular múltiplas hipóteses.* Cabe às organizações desenvolver hipóteses competitivas sobre o mundo, em lugar de perseguir sempre as respostas comuns mais simples. Por exemplo, o físico Michael Faraday descobriu acidentalmente a corrente indutiva quando notou que seu voltímetro se moveu depois que ele mudou um campo magnético em torno de um fio. Muitos outros físicos podem ter notado esta breve oscilação, sem, porém, chegar a se dar conta de seu profundo significado científico. Faraday, no entanto, tinha profundo conhecimento e enorme interesse pelos campos magnéticos. Tinha mente aberta e era verdadeiramente criativo, lidando sempre com múltiplas hipóteses. As organizações precisam sempre, de maneira similar ao comportamento deste cientista, desenvolver múltiplas hipóteses quanto ao significado dos sinais mais incipientes. Infelizmente, o senso comum organizacional é normalmente voltado para um significado único, de tal forma que os dados são induzidos à força no modelo mental existente.[15] Assim, os gerentes tendem a ostentar tolerância limitada em relação à ambigüidade e a manifestar relutância quanto a dedicar parte do seu precioso tempo ao desenvolvimento de hipóteses alternativas.

- *Incentivar o conflito construtivo.* A atração do conformismo e a força do pensamento grupal tendem a limitar os conflitos. Os conflitos, no entanto, podem ser construtivos, especialmente quando focados em tarefas, em vez de em relacionamentos ou personalidades. Vários estudos confirmam que um conflito moderado em relação a tarefas conduz à tomada de decisões acima da média. Este conflito moderado é capaz de incentivar integrantes de uma equipe a criar um arcabouço mais robusto, juntar inteligência mais aguda, explorar um número maior de opções e examinar as questões em maior profundidade. Ele induz a que a visão periférica dos indivíduos integrantes da equipe seja levada em conta no processo de grupo. Em contraste, equipes mais harmoniosas em geral acabam deixando passar despercebidas partes importantes de um enigma. Informação crucial pode estar escancarada sobre a mesa e mesmo assim permanecer bloqueada nas mentes domesticadas dos integrantes da equipe que não chegam a manifestar suas opiniões justamente em função da pressão sutil mas ainda assim muito forte no sentido da concordância do grupo.

Embora grupos estreitamente ligados possam levar a um pensamento grupal não funcional, grupos menos rígidos conseguem muitas vezes superar o desempenho individual isolado na equipe. James Surowiecki, em "The Wisdom of Crowds", sustenta que em muitas instâncias os grupos chegam a decisões muito melhores que os indivíduos.[16] Isto é especialmente real quando as empresas criam mecanismos (como as enquetes Delphi) para conjugar o saber coletivo da organização sem promover o conformismo. Criar mercados de opinião anônimos é uma maneira de evitar a miopia coletiva. Por exemplo, na década de 1990, a Hewlett-Packard pediu aos funcionários que participassem de um mercado de opinião recém-criado para a previsão de suas vendas. Os funcionários poderiam apostar nesse mercado na hora do almoço e no final da tarde, mostrando, por seus investimentos, como viam a direção para a qual se inclinava o mercado. Esta previsão de mercado bateu as tradicionais previsões da empresa em 75% dos confrontos. Mais recentemente, uma divisão da Eli Lilly solicitou aos funcionários que avaliassem se os medicamentos submetidos ao processo de licenciamento seriam ou não aprovados pela Food and Drug Administration (FDA) com base em perfis e dados das experiências com eles realizadas, e o mercado interno da empresa identificou corretamente os vencedores a partir de um conjunto de seis produtos apresentados.

- *Monitorar a inteligência localizada.* Michael Mavaddat, um dos fundadores da empresa de tecnologia Intelligent Pixels, a partir de pesquisas sobre a visão dos insetos, destaca que esta é muito diferente da visão humana. "Os insetos fazem uso de um sistema de lentes compostas, em que a maior parte dos atos de ver e notar ocorre no próprio olho, em lugar de no cérebro", afirma ele. "Os insetos têm fenomenal visão periférica, não apenas em função de sua estrutura de visão composta, mas também devido à 'inteligência localizada' ao nível de cada vista. Eles sentem uma mudança na periferia quando vistas adjacentes comparam os resultados entre si e chegam daí à conclusão de que o mundo mudou."[17] Por exemplo, abelhas voando ao longo de um túnel mantêm eqüidistância das paredes laterais mediante o equilíbrio das velocidades aparentes das imagens nessas paredes. Em contraste com um senso comum mais centralizado, às vezes as organizações precisam extrair maior parte de sua inteligência e bom senso dos níveis locais na própria organização. As redes de terroristas já demonstraram o mortal poderio de semelhante abordagem, usando células praticamente autônomas que vêem e pensam localmente. Em um sentido mais positivo, a Linux e o movimento pela fonte aberta vêm usando projetos locais para construir um projeto continuado de *software* global.

- *Usar o diálogo para compartilhar o quadro geral.* Os indivíduos componentes da organização precisam ver onde a informação pode adequar-se no quadro geral. De outra forma, essa informação desconectada permanecerá ociosa. As pessoas precisam engajar-se em diálogo aberto e freqüente. É ainda grande demais o número de empresas que insistem em compartilhar informação apenas quando isto se torna imprescindível aos seus objetivos.

Uma forma de concretizar os objetivos aparentemente conflitantes da convergência e divergência organizacional ocorre mediante a criação de múltiplos cenários para o futuro, como já discutimos anteriormente. Cada cenário deveria traçar uma história internamente consistente sobre o futuro daí emergente. Ao colocar em análise múltiplos cenários ao mesmo tempo, a organização consegue escapar da perspectiva de ficar fechada numa visão única do futuro, e, ainda, compartilhar um senso comum de estruturas para discutir novos indicadores.[18]

Sempre que as organizações filtram os sinais mais tênues da periferia, especialmente aqueles que não se enquadram na visão dominante do mundo, o planejamento de cenários sistematiza a busca a sinais ainda tênues que possam se transformar em mudanças fundamentais no mercado e na sociedade em geral. Em lugar de amortecer os sinais mais fracos, os cenários conseguem ampliar "cartões postais da fronteira" de maneira a que se tornem visíveis a um número muito maior de olhos. Como múltiplos cenários são apresentados nos quais um determinado sinal mais fraco pode ter graus variados de significado estratégico, a organização evita a armadilha da superconfiança e de ficar presa a uma visão única. Os cenários preservam a incerteza que é inerente ao ato de explorar os limites do mundo.[19]

CONCLUSÃO

Examinamos aqui os desafios enfrentados pelos seres humanos e as organizações ao buscar sentido em informações ambíguas, e a melhor maneira de enfrentar esses desafios. No nível individual, o grande problema é que os seres humanos são vítimas de vários vieses cognitivos e emocionais mesmo que não se dêem conta do fato. Embora esses vieses afetem todas as espécies de julgamentos humanos, tendem a se apresentar em maior número quando maior é a ambigüidade presente, como na periferia. Quando os dados são claros e convincentes, fica mais fácil dedicar-nos a projetos e decisões que façam sentido. No entanto, quando a ambigüidade é elevada, é muito comum que "torturemos" os dados mais inconsistentes e fracos até que eles "confessem" de acordo com o que gostaríamos de ficar sabendo.

Melhor compartilhamento e triangulação de informações é algo com condições de ajudar na superação desses preconceitos de informação. Mas, em acréscimo a um grande aperfeiçoamento na tarefa de "juntar os pontos", os administradores têm condições de reunir mais informações a fim de conseguir um melhor entendimento daquilo que está ocorrendo na periferia. Este processo de verificação e aprendizado a respeito da periferia constitui o foco do próximo capítulo.

Capítulo Cinco

Teste

Como Examinar Mais de Perto

"Um pensador vê suas ações como experimentos e indagações – como tentativas para encontrar alguma coisa. Sucesso e fracasso são para ele, acima de tudo, respostas."

—Friedrich Nietzsche

DEPOIS DE JÁ TER LEVADO um caiaque feito a mão, tacos de golfe e motos Harley-Davidson a serviços fúnebres, para John Carmon ficou muito claro que as atitudes em relação a funerais estavam mesmo mudando. O que ele testemunhava era uma passagem real da atitude de lamentar a morte para celebrar a vida do pranteado (de acordo com o modelo irlandês do renascer). "Há uma grande mudança na forma pela qual as pessoas vêem seus laços com a espiritualidade", disse Carmon, presidente da Carmon Community Funeral Homes, de Connecticut. "Anos atrás, quando chegava a hora da morte, as pessoas recorriam às tradições religiosas. Hoje, gira tudo mais em torno daquilo que a pessoa era e de como ela se encaixava no seu mundo. Ficou tudo muito mais personalizado."[1]

Nos Estados Unidos, uma redução na participação na religião organizada, bem como uma paixão pela personalização, vinham levando a mudanças de atitudes em relação à morte e aos serviços fúnebres. Nota-se um aumento das cremações, ritual que permite maior flexibilidade em termos de *timing* e natureza dos serviços em relação ao tradicional sepultamento. Este crescente uso do ritual da cremação reflete não apenas a mudança de atitude mas também uma sociedade mais tolerante e a escassez de espaço de cemitério em algumas regiões metropolitanas.

Tendo em vista estes sinais primários de alerta sobre as mudanças, como poderiam Carmon e outros donos de agências funerárias aprender mais a respeito destas atitudes cambiantes e do que poderiam representar para o seu negócio? Em resposta aos desejos das famílias, Carmon vinha testando serviços mais individualizados; estava, pois, preparado para lançar um experimento de mais amplo alcance e repercussão. Em abril de 2005, Carmon inaugurou um novo Family Life Center, em Avon, Connecticut. Esse centro não se parece em nada com uma agência funerária tradicional. O centro oferece serviços flexíveis e não convencionais. Dotado de uma tela plana de televisão de 50 polegadas para apresentar fotos e vídeos durante a cerimônia, o centro oferece tecnologia de navegação na Internet para que participantes remotos possam assistir e enviar, via e-mail, comentários em tempo real de qualquer parte do mundo. Carmon contratou até mesmo um promotor de eventos para ajudá-lo a proporcionar aquela atenção toda especial aos detalhes que as pessoas reservam normalmente para casamentos e outros grandes eventos de suas vidas.

Enquanto as agências funerárias convencionais servem normalmente a áreas geográficas de reduzida extensão, o novo centro pretende atrair pessoas de uma região bem mais ampla, da mesma forma que já fazem centros especializados em casamentos. Trata-se, no entanto, de uma iniciativa que depende ainda de muitas hipóteses e não foi plenamente testada. Exatamente por se tratar de um modelo não consolidado, Carmon e sua equipe têm trabalhado duramente para formatar e consolidar suas hipóteses. Além de estudar carinhosamente as tendências de mercado, eles analisam o fator demográfico e já organizaram uma pesquisa comunitária na área em que se localiza o novo centro; os resultados indicam que se trata de um mercado em que o Family Life Center pode dar certo. O verdadeiro teste, porém, seria a inauguração formal. "O que estamos fazendo representa uma ousada aposta em um mercado inteiramente novo", disse Carmon pouco antes de lançar a nova empresa.

Nos dois primeiros meses de operações, a nova instalação prestou serviços a 11 famílias, com reações totalmente positivas, especialmente quanto à nova tecnologia envolvendo a experiência com a Internet. Na verdade, o significado disto para uma família na Flórida foi uma reportagem de primeira página no jornal *Hartford Courant*, reproduzida em quatro outros mercados metropolitanos nos EUA e que gerou uma seqüência do assunto com entrevista à rede de televisão CNN. Carmon destaca que "o verdadeiro teste se dará depois de um ano de utilização e continuada aceitação".

Ele parece ter a convicção do sucesso, pois logo se dedicou a desenvolver planos para expandir a abordagem de suas outras instalações, com planos para instalar câmaras da Web em duas delas nos próximos dois anos, juntamente com projetores, telas e DVDs para utilização de fotos nas homenagens aos falecidos.

AGIR SEM EXAGERAR

Quando o líder de um setor de negócios, como Carmon, se dá conta de que famílias estão pedindo para levar barcos e motos aos serviços fúnebres e que os índices de cremação estão em aumento, qual a melhor maneira de reagir a estes fatos novos? Teriam essas tendências cacife para se sustentar por muito tempo? Como deverá agir a organização a fim de entender as implicações dessas mudanças? O primeiro passo em tal sentido, muito seguidamente, é sondar a periferia. Isto permite que a organização concentre suas atenções em vários sinais quase que imperceptíveis e lhes dê a melhor das interpretações. Como já discutimos, os sinais surgidos na periferia são normalmente difusos e sem cor definida. Uma vez identificado um interessante conjunto de sinais, o desafio passa a ser quando e como acrescentar-lhes detalhes mediante uma verificação mais aprofundada.

A chave de tudo, no entanto, é não reagir com exagero. Afinal de contas, os sinais continuam sendo difusos e descoloridos. Podem, por isso mesmo, significar qualquer coisa, e ainda é grande a incerteza a respeito daquilo que essas folhas de chá em queda estão sinalizando, se é que alguma coisa realmente indicam. Essa tendência à celebração da vida, por exemplo, terá continuidade, ou refluirá com uma intensificação das cerimônias tradicionais? Ou, bem pelo contrário, trata-se de uma tendência destinada a ganhar cada vez maior força e tomar rumos completamente inesperados? O negócio dos serviços fúnebres estará destinado a assumir rumos totalmente novos? Embora seja verdade que a cremação esteja adquirindo impulso rapidamente como método de disposição dos restos mortais das pessoas, também é verdade que já se criaram lugares de sepultamento ditos ecológicos, oferecendo campos batidos pelos ventos e funerais naturais, em vez dos gramados trabalhados dos cemitérios-parques. Nesses cemitérios florestais, os mortos são enterrados sem qualquer embalsamamento em féretros biodegradáveis.[2] Será esta uma tendência capaz de ganhar adeptos em número sempre crescente, fazendo diminuir o interesse pela cremação? Qual será o seu impacto sobre o negócio das pompas fúnebres em geral?

Estratégias de sondagem se destinam a reunir mais informação, a realizar experiências e a desenvolver opções, e também a promover um melhor entendimento daquilo que indicam os sinais periféricos disponíveis. Às vezes, isto significa procurar mais amplamente por informações destinadas a testar uma hipótese. Às vezes, significa projetar uma experiência, como fez o próprio Carmon. E há também aquelas oportunidades em que os sinais não significam coisa alguma e por isso devem ser ignorados.

Carmon opera uma rede de oito casas de pompas fúnebres, a maioria delas estritamente tradicionais. Ele não reformulou todo o seu negócio em função do novo modelo. Ele vê o novo Family Life Center como um posto avançado e uma oportunidade de aprender. Abordagens que porventura derem bons resultados ali irão modelar as ofertas da empresa em outras comunidades nos próximos anos. Trata-se então de uma reação bem comedida e calculada às mudanças emergentes neste setor.

Três perfis de reações

Ao criar uma experiência a fim de monitorar a periferia, Carmon optou pela reação moderada resumida em três respostas típicas a sinais.[3]

1. *Observar e esperar.* Esta abordagem passiva é indicada quando se registra um alto índice de incerteza decorrente de informações conflitantes ou quando a empresa dispõe dos recursos necessários para empreender uma reação rápida, se necessária, podendo portanto deixar que outros assumam a liderança imediata. Observar e esperar é também uma boa abordagem quando não há uma vantagem muito grande de qualquer pioneiro no setor e quando os riscos decorrentes de se assumir tal posição são muito altos. É igualmente a abordagem mais apropriada quando os custos de uma falta de ação são comprovadamente inexistentes.

2. *Sondar e aprender.* À medida que a incerteza diminui ou que o custo da inação aumenta, torna-se necessária uma abordagem mais proativa. Esta pode variar de explorações centralizadas de mercado com métodos avançados de pesquisa até a negociação de acordos de opções para garantir os direitos da primeira recusa a uma tecnologia emergente. A idéia básica, aqui, é adquirir um conjunto cuidadosamente equilibrado de opções estratégicas para continuar na disputa e não ser congelado por movimentos da concorrência ou outros eventos externos.

3. *Acreditar e liderar.* O comprometimento de larga escala é garantido quando a oportunidade se mostra sumamente promissora ou a ameaça iminente, e quando se tornam evidentes as vantagens de agir antes que os concorrentes o façam. Esta reação mais agressiva se justifica quando uma convergência de sinais da periferia se concretiza de maneira a dar sustentação à tendência por uma ação imediata. Requer igualmente um reconhecimento

pleno dos riscos de agir com base em *inputs* confusos da periferia, para evitar miragens ou batalhas improdutivas contra moinhos de vento.

Esses três protótipos de estratégia se enquadram ao longo de um continuum. O foco deste capítulo se concentra na abordagem do teste/sondagem e do aprendizado, especialmente sobre opções realmente válidas para aperfeiçoar essa exploração. O próximo capítulo explora a estratégia de acreditar e liderar para agir, especialmente aquelas opções que exploram oportunidades verdadeiramente claras. Naturalmente, as duas estão relacionadas.

USAR CENÁRIOS PARA MONITORAR AS IMPLICAÇÕES

Para entender as mudanças no cenário do seu negócio e as respectivas implicações para o setor, o primeiro passo dado por Carmon foi explorar para onde os vários sinais débeis disponíveis poderiam conduzir. Isso exigiu que identificasse um elenco inteiro de sinais e a seguir mapeasse uma variedade de pontos de vista ou histórias (cenários) capazes de destacar incertezas existentes de maneira estratégica. Carmon propôs que a National Funeral Directors Association (NFDA, a entidade dos empresários do setor), por ele presidida, empreendesse esse caminho como forma de ajudar seus membros na adaptação à mudança. Foi no decorrer de um workshop de dois dias, com a participação de cerca de cem líderes desse setor de negócios, que se esboçaram quatro cenários potenciais para o futuro da indústria de pompas fúnebres. Esses cenários variaram de mudanças moderadas nas preferências dos clientes e mudanças graduais da indústria até mudanças dramáticas tanto nas preferências quanto nas estruturas, como resume a Figura 5-1.

		Mudança nas preferências dos clientes	
		Moderada	Profunda
Mudança na estrutura da indústria	Gradual	**Tradição predomina**	**Tributos totais**
	Quantum	**Muitos pontos de entrada**	**Sobrevivência dos mais aptos**

Fonte: Decision Strategies International, Inc. (DSI) e National Funeral Directors Association

FIGURA 5.1 Cenários para a indústria de serviços fúnebres.

Esses quatro cenários sobre a indústria servem a diversos propósitos. Em primeiro lugar, proporcionam um contexto para o aprendizado. À medida que novos elementos de informação vão surgindo, podem adaptar-se a um determinado cenário. Assim, novos sinais que poderiam ser vistos como ruídos aleatórios passam a ser submetidos a um padrão. Por exemplo, um aumento na personalização dos telefones celulares poderia ter sido dado como algo sem a mínima relação com o negócio das pompas fúnebres, mas agora tende a ser visto como outro indício rumo aos cenários de "tributo total" ou de "sobrevivência dos mais aptos". Em segundo lugar, ao monitorar esses cenários, os líderes conseguem sentir mais rapidamente quando é que surge a possibilidade de um deles se tornar dominante. Esta conscientização ajuda a iluminar o horizonte, permitindo à organização entrar em ação antes que os concorrentes o façam, ou antes que as janelas de oportunidade se fechem. Em terceiro lugar, os cenários esboçam suposições competitivas a respeito das mudanças pelas quais o mundo passa. Os líderes conseguem projetar experiências, como o novo centro de Carmon, que servem para testar essas hipóteses, e com isso agilizam o processo de aprendizado. Carmon tem hoje condições de testar a validade dos diferentes modelos de negócio projetados para capitalizar nesses mundos diferentes entre si. Por fim, essas experiências proporcionam aos setores de negócios o desenvolvimento de capacidades organizacionais que venham a se comprovar extremamente úteis ao longo de múltiplos cenários, de modo que venham a ser bem-sucedidos sejam quais forem os cenários do futuro.

Examinar o impacto sobre o negócio

Ao mesmo tempo que experimentos como o novo centro de pompas fúnebres de Carmon proporcionam *insights* a respeito das reais mudanças em andamento no mundo exterior, ele pode testar novos modelos de negócio destinados a superar a concorrência. O tradicional modelo de funeral dá valor a ativos físicos como cenário dos serviços, cortejos e caixões. Além de estar sendo pressionado pela tendência para a cremação, este modelo de negócio perde terreno igualmente para uma abordagem mais simples que promove a compra de produtos e serviços fúnebres pela Internet. Por exemplo, há empresas do ramo que oferecem descontos de até 80% sobre os custos normais, via Internet, mediante encomenda de curto prazo. A concorrência em torno dos preços, que esse setor raramente se atrevia a discutir no passado, tornou-se muito mais aberta, com o oferecimento de taxas variadas por componentes específicos. E à medida que os avanços da tecnologia da informação dão mais transparência à questão dos preços dos serviços fúnebres, contribuem igualmente para incentivar um aumento da participação a distância, via vídeo ou pela Internet, que pode ser um fator para a melhoria dos rendimentos.

Este tipo de exploração das implicações do negócio pode igualmente ajudar a identificar novos rivais. As mudanças na indústria de pompas fúnebres podem incentivar os clientes a buscar outros provedores, além daqueles situados na indústria tradicional. Por exemplo, hospitais e instituições de saúde, exatamente aquelas que se situam mais próximas do evento morte, podem vir a assumir algumas das atribuições das casas funerárias. Redes de hotéis que se especializam na celebração dos momentos mais importantes da vida – nascimentos, batizados, casamentos e aniversários – podem facilmente entrar na área das celebrações de serviços em memória. Como parte de seu processo de sondagem e aprendizado, Carmon e outros líderes deveriam explorar de que maneira várias mudanças na indústria conseguiriam abrir as portas para concorrentes não tradicionais. Este tipo de conscientização poderia ter ajudado as companhias telefônicas a reconhecer as ameaças representadas pelas empresas de cabos, companhias de sem fio e outros participantes do acesso de banda larga via Internet que se espalha pelo mundo inteiro.

Ademais, as mudanças apontadas podem ter implicações fundamentais em matéria de recursos humanos e processos de negócios. Como vimos, Carmon contratou um promotor/organizador de eventos. Com serviços mais personalizados, a função do diretor de funerais começa a deixar de ser a de uma pessoa que *dirige* e passa a ser a de alguém que *viabiliza* serviços funerais altamente personalizados. No modelo antigo, o diretor de funerais especificava a maneira de conduzir a visitação ou a cerimônia, a ordem dos carros do cortejo, e a rota até o cemitério. Mas, em alguns cenários, esse papel quase ditatorial vem mudando radicalmente, em direção de, digamos, um planejador de casamentos, com o cliente no comando. Os cenários nos convidam a pensar de que maneira um dia típico na vida de uma casa funerária seria diferente ao longo dos quatro futuros descritos e as formas em que as práticas correntes poderiam ser igualmente alteradas. Semelhante reflexão, por outro lado, pode levar a novos *insights* a respeito de pessoal, incentivos e processos organizacionais para tirar proveito dessas mudanças.

A razão que confere tamanha importância ao monitoramento e ao aprendizado é que a rapidez e a natureza desses cenários variam intensamente de acordo com a localização. Mesmo tendências demográficas gerais, como uma população mais idosa ou um aumento na população de determinado grupo étnico, terão efeitos diversos sobre diferentes cidades ou comunidades. Uma casa de pompas fúnebres em redutos sofisticados, prósperos, tende naturalmente a acolher de bom grado uma modalidade radicalmente nova, do tipo daquela inaugurada por John Carmon. Já a melhor opção de uma empresa de pompas fúnebres instalada em uma comunidade estável, solidamente conservadora, certamente seria observar e esperar para verificar os efeitos dessas mudanças. Os líderes empresariais, na verdade, precisam sempre monitorar cuidadosamente o contexto de seus respectivos mercados e comunidades, em busca do verdadeiro significado dos vários sinais de baixa intensidade.

BUSCANDO INFORMAÇÃO DE MAIOR PROFUNDIDADE

Um sinal da periferia muitas vezes é o que basta para desencadear uma busca mais aprofundada de informação. Foi o que ocorreu com Matthew Simmons, que prestava consultoria a empresas de energia sobre fusões e aquisições havia mais de 31 anos. Seus contatos sempre estiveram entre os melhores, e, até por isso, ele estava, alguns atrás, na Arábia Saudita a convite do governo local para aprofundar seus conhecimentos sobre as imensas reservas de petróleo desse país. Embora todos os outros convidados se mostrassem altamente impressionados com as informações e sua documentação apresentadas pelos anfitriões sauditas, Simmons não conseguia chegar ao mesmo nível de satisfação. Na verdade, começou a se sentir desconfortável ao constatar que as vastas reservas cuja disponibilidade o regime saudita não se cansava de proclamar jamais haviam passado por uma auditoria externa independente. E ele ficou especialmente preocupado quando um executivo da Aramco contou aos visitantes que a empresa estava usando técnicas estatísticas avançadas, como a lógica difusa (*fuzzy logic*), a fim de estimar as reservas de petróleo existentes. Talvez o termo *lógica difusa* não lhe tenha parecido adequado, ou talvez outras peças do quebra-cabeças tenham se juntado naquele momento; o fato é que Simmons chegou a partir dali à convicção de que precisava desencadear uma investigação própria. Ele havia notado alguma coisa na periferia que parecia não fazer sentido. E por isso precisava investigar a situação em maior profundidade.[4]

Infelizmente, poucos dados independentes, e apenas limitadíssimos dados dos sauditas, são publicados a respeito do escopo, história e características dos imensos campos de petróleo sauditas. São muitos esses campos, e o maior deles, Ghawar, responde por praticamente metade da produção de petróleo saudita. Esse campo vem produzindo há mais de 50 anos com uma produção cumulativa de 55 bilhões de barris de petróleo. Ele produz 5 milhões dos 85 milhões de barris que o mundo insaciavelmente consome por dia. Simmons sabia que os campos de petróleo são notoriamente temperamentais e que, no máximo, apenas 40% de um reservatório pode ser realmente colhido pelo bombeamento de água ou gás para manter a pressão. Em Oman, um campo que estava ativo havia muito tempo, produzindo 960 mil barris por dia, repentinamente começou a decair, em 2001. Quais seriam as conseqüências se isso acontecesse também com Ghawar, o inesgotável campo de petróleo saudita do qual o mundo tanto depende? Simmons encontrou cerca de 200 artigos apresentados por engenheiros do setor do petróleo saudita em várias conferências técnicas pelo mundo. Fazendo uso desse banco de dados, ele desenvolveu modelos preditivos de reservas de produção e concluiu que os sauditas na verdade sempre exageraram nos números sobre as suas reservas. O livro *Twilight in the Desert: The Coming Saudi Oil Shock and the World Economy* (Crepúsculo no Deserto: O Futuro Choque do Petróleo Saudita e a Economia Mundial), que Simmons escreveu e publicou depois disso, contém os detalhes de uma mensagem que o título transmite com toda a clareza possível, e que os sauditas e outros especialistas veementemente contestam.[5]

Mais importante do que saber se Simmons algum dia virá a ser confirmado ou desautorizado pelos fatos, é o fato de que executivos do nível dele precisam optar por alguns dos sinais débeis, entre tantos outros, quando tudo ainda parece incerto. É um processo às vezes desencadeado a partir de um simples palpite, e que acaba levando a intenso trabalho de campo. E, naturalmente, nem todos os palpites dão sempre bons resultados. O que Simmons fez, no entanto, ao detectar sinais incongruentes, foi começar a sondar em busca de detalhes que outros não conseguiram detectar ou consideraram indignos dos respectivos tempo e atenção. É esse tipo de busca inteligente e vigilante de sinais da periferia que constitui o ponto central deste capítulo.

DESENVOLVER EXPERIMENTOS E OPÇÕES

Uma das melhores maneiras de monitorar e aprender sobre a periferia consiste no desenvolvimento de experimentos que ajudem a reduzir a incerteza onde isto seja mais útil. Esses experimentos devem testar hipóteses e suposições que sejam relevantes para a indústria. Um experimento como o Family Life Center, de Carmon, proporciona à organização uma janela para um novo mundo. Não apenas rende informação, mas cria uma opção para que a organização consiga expandir seus investimentos e crescer a partir deste piloto baseado em feedback do mercado. Investimentos em opções *reais* têm um forte paralelo com opções *financeiras*, no fato de que um pequeno investimento cria uma oportunidade para investimentos posteriores uma vez tendo sido reduzida a incerteza. (Veja o quadro "Opções reais".)

Por exemplo, várias empresas farmacêuticas e de diagnósticos estão acompanhando de muito perto um projeto de pesquisa conjunta batizado como Nanosystems Biology Alliance, que pretende construir um nanolaboratório. Trata-se de um *chip* de computador, de um centímetro quadrado, que poderia sentir dez mil proteínas diferentes para detectar sinais de doenças possíveis. Esse novo diagnóstico ajuda a identificar trajetos moleculares com defeito passíveis de regulagem com novas drogas.

Opções reais

Embora os administradores estejam extremamente familiarizados com as opções financeiras, o termo 'opção real' é usado para sinalizar que alguns investimentos estratégicos (que não podem ser negociados ou arbitrados em mercados financeiros) criam perfis de risco/retorno muito semelhantes aos das opções financeiras. A idéia básica é que um hoje modesto investimento proporcione uma opção para investimentos adicionais no futuro, depois da redução do índice da incerteza. No reino das finanças, uma opção típica por opções cria uma oportunidade mas não um compromisso com um determinado rumo. Ela permite ao investidor apostar em termos mais elevados no futuro – próximo ou remoto. Por exemplo, uma opção por cem ações ordinárias permite ao investidor comprar as ações ao preço estabelecido dentro de um prazo definido. Se o preço dessas ações ultrapassar o valor estabelecido no momento da compra durante o período da opção, o investidor poderá comprá-las com desconto. Se a ação tiver seu preço reduzido ou se mantiver abaixo do preço do exercício da opção, o investidor terá arriscado apenas o baixo preço das opções, em vez do valor inteiro investido nas ações. Como o termo "opção" implica, o investidor reserva-se a opção de comprar as ações no futuro, mas não tem a obrigação de efetuar essa compra.

Opções reais servem estrategicamente a um propósito similar. Por exemplo, uma empresa pode fazer um investimento modesto para entender uma nova tecnologia ou mercado, seja mediante a sustentação da pesquisa em seus próprios laboratórios ou por intermédio de um investimento num início de atividades ou lançamento experimental. Se a iniciativa for bem-sucedida, a empresa terá então uma opção preestabelecida para investir substancialmente no desenvolvimento e comercialização da tecnologia. Se a tecnologia não tiver sucesso, a empresa terá arriscado apenas o capital inicial que colocou no projeto. Mediante a utilização de opções reais, a empresa mantém seus investimentos iniciais baixos ao mesmo tempo em que aprende alguma coisa sobre a tecnologia emergente e preserva algum potencial de recuperação.

O cenário das opções reais oferece uma alternativa à avaliação mais estática de investimentos baseada no valor líquido presente ou em outras abordagens de fluxos de caixa atualizados. Essas últimas abordagens supõem que os riscos do fluxo de caixa sejam fixos e possam ser explicitamente quantificados, o que nem sempre acontece, particularmente quando se lida com a periferia. Os riscos de uma nova tecnologia ou de um produto ainda não testado não são conhecidos e podem mudar com o passar do tempo, fazendo das previsões exatas de uma taxa de desconto um verdadeiro tiro no escuro. Em contraste, pensar em termos de opções reais reconhece explicitamente o valor do monitoramento e do aprendizado a fim de se chegar a um quadro mais acurado antes de fazer-se qualquer investimento substancial.

continua...

(continuação)

Da mesma forma que as opções financeiras, as opções reais aumentam a flexibilidade. As opções reais permitem à empresa adiar, contratar, cancelar ou modificar de várias outras formas projetos ao longo de sua execução. Na verdade, essas opções proporcionam à organização a possibilidade de ir aprendendo sobre a periferia mediante rápidos olhares de relance que permitem determinar se há ou não a necessidade de dar a ela maior atenção. Isto ajuda as empresas a manter sua atenção sobre questões periféricas com potencial para vir a mudar as regras do jogo sem com isso desviar atenções e recursos em excesso da área central dos seus negócios.*

* William Hamilton, "Managing Real Options", em *Wharton on Managing Emerging Technologies*, editores G. S. Day e Paul J. H. Schoemaker, 271-288 (Nova York: John Wiley & Sons, 2000).

Fazendo investimentos relativamente modestos no desenvolvimento dessa tecnologia, essas empresas garantem a opção de investir substancialmente em sua comercialização à medida que a tecnologia evoluir. Em essência, elas estão ao mesmo tempo monitorando, aprendendo e criando opções.

Investir para aprender

Ainda que se espere que os investimentos em opções reais acabem rendendo eventualmente bons dividendos financeiros, o seu maior retorno no curto prazo consiste em novos conhecimentos e em um melhor entendimento daquilo que ocorre na periferia. Por exemplo, a CIA criou o In-Q-Tel, um fundo privado sem fins lucrativos, como um posto avançado especialmente efetivo no monitoramento e aprendizado de tecnologias emergentes com aplicações viáveis em sua missão de inteligência.[6] O In-Q-Tel faz investimentos em inovações tecnológicas, normalmente em sociedade com outros investidores. Embora sempre espere resultados financeiros desses investimentos, a preocupação primária da CIA não é a obtenção de lucros. De interesse muito maior para a agência é a possibilidade de que tais opções venham a dar à CIA uma janela para novidades tecnológicas que se revelem importantes para o desempenho de sua missão precípua. O fundo In-Q-Tel oferece portanto à CIA uma oportunidade de explorar várias novas tecnologias à medida que vão emergindo.

Por exemplo, um dos primeiros investimentos do In-Q-Tel foi em uma empresa com sede em Las Vegas, a SRD, que havia criado um *software* de análise de dados para detectar relacionamentos clandestinos. O *software* fora projetado para ajudar os cassinos a descobrir chantagistas, mas logo se viu que continha possibilidades naturais de aplicação às finalidades da CIA, tais como a de estabelecer conexões com os dados da própria agência a respeito de redes de terroristas e outras ameaças potenciais à segurança nacional dos EUA. Embora a indústria do jogo de Las Vegas fique a uma grande distância da sede da CIA, no estado da Virginia, o In-Q-Tel ajudou a agência a localizar essa tecnologia na periferia. Mediante seu investimento no projeto, a agência capacitou-se a tomar conhecimento com maior rapidez das implicações e desenvolvimento desse *software*.

Usar opções para diferentes tipos de aprendizado

As opções reais podem servir a múltiplos propósitos. Ian MacMillan e Rita Gunther McGrath descrevem uma variedade de opções reais em uma "portfólio de oportunidades" que reflete o nível de incerteza em uma tecnologia emergente e no mercado (ver Figura 5-2). O objetivo deste tipo de matriz é proporcionar um quadro geral para mapear, avaliar e alocar recursos a um conjunto de investimentos em tecnologia de baixo e alto risco. Existem vários tipos de opções especialmente pertinentes ao processo de monitoramento e aprendizado:

- *Opções de reconhecimento*. São investimentos realizados com cautela, a fim de descobrir ou criar mercados, como o capital de risco investido pelo fundo In-Q-Tel. A metáfora do reconhecimento militar é adequada: enviam-se batedores para localizar o inimigo, e, ainda que esses batedores não retornarem à base, os

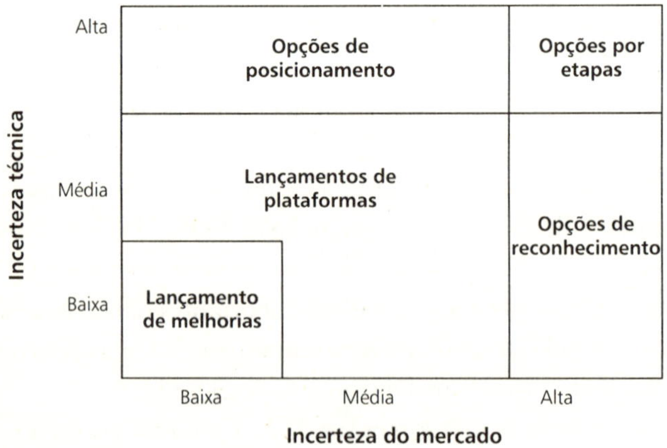

Fonte: Ian C. MacMillan e Rita Gunther McGrath, "Crafting R&D Project Portfolios", *Research Technology Management* (September-October, 2002): 48-59

FIGURA 5.2 As inúmeras utilidades das opções.

generais pelo menos ficarão sabendo do paradeiro do inimigo. São pequenos pilotos usados quando o produto, ou tecnologia, é relativamente certo mas o mercado é incerto. Mediante pequenos investimentos de reconhecimento, a empresa aprende mais sobre o mercado, sem precisar fazer os enormes investimentos que acompanham a comercialização.

- *Opções de posicionamento.* São investimentos igualmente cautelosos que preservam as opções quando existe uma clara oportunidade de mercado mas são ainda numerosos os produtos ou modelos de negócio não testados. O objetivo é gastar um pouco para aprender bastante. Nos primórdios da evolução da telefonia móvel ou outras tecnologias, por exemplo, as empresas viam-se diante de padrões diversificados e de grande incerteza a respeito de qual deles iria finalmente emergir como o padrão preferido. Dada essa incerteza, a empresa poderia usar opções reais para preservar uma posição em todos os padrões primários. A Microsoft fez isto em meados da década de 1980 ao investir igualmente ao longo de plataformas múltiplas como os sistemas operacionais DOS, por ela desenvolvido, o OS/2 da IBM e o MacIntosh da Apple.[7] Ela buscou assim estabelecer as condições para optar rapidamente por qualquer um deles quando se tornasse claro qual desses padrões estaria emergindo como o vencedor, ou dedicar-se a linhas múltiplas se não surgisse um padrão comum.

- *Opções por etapas.* Essas opções acarretam elevada incerteza técnica e de mercado, e com isso é preciso minimizar os investimentos fixos e repassar custos até conseguir assegurar a visibilidade. Esses pequenos passos exploratórios ajudam a ganhar a experiência que pode ser usada como degraus. Por exemplo, a Sanyo Corporation desenvolveu em primeiro lugar baterias solares para aplicativos menores como relógios de pulso e calculadoras; as primeiras baterias podiam facilmente energizar esses produtos. Com essa experiência nos aplicativos menores, a companhia refinou paulatinamente a tecnologia, resolveu indefinições tecnológicas, aumentou a eficiência e gerou uma modesta receita que lhe permitiu, por fim, ampliar seu escopo em direção a aplicativos de ponta como painéis solares para calefação de depósitos. Mediante esta série de degraus, a empresa continuou a expandir seus negócios nessa área, ao mesmo tempo em que refinava seus conhecimentos a respeito da tecnologia empregada.

Investimentos de maior porte vão além do monitoramento e da aprendizagem. Eles incluem opções de plataforma, como a da nova tecnologia de lâminas da Gillette, que cria a opção para aperfeiçoamentos ainda maiores. São mais apropriados quando os sinais débeis já adquiriram o potencial suficiente para que se possa fazer uma considerável aposta em torno das possibilidades. Há também os lançamentos de melhorias baseados em plataformas existentes. Mais uma vez, com menor incerteza de mercado, eles são menos para monitoramento e aprendizagem do que para a ação destinada a explorar uma oportunidade claramente delineada.

MacMillan e McGrath desenvolvem um quadro relacionado que pode ajudar a aprender a partir das opções. O planejamento movido pela descoberta ajuda a identificar, testar e acompanhar hipóteses para aplicações incertas. Um novo investimento é visto aqui como uma série de hipóteses – algumas implícitas, outras, explícitas – que precisam ser testadas da maneira mais rápida possível. Em lugar de esperar até que tais hipóteses sejam validadas ou desautorizadas no andamento normal do negócio, os administradores conseguem assim escolher algumas das mais importantes que possam ser apressadas e testadas mais cedo por meio de um processo deliberado de descoberta, semelhante ao monitoramento em áreas específicas em busca de *insights* fundamentais. Por exemplo, um de seus instrumentos, chamado de "declaração retroativa de resultados", obriga os administradores a identificar as principais hipóteses que embasam os retornos financeiros por eles visados. Essas hipóteses podem, por sua vez, ser ligadas ou condicionadas a objetivos fundamentais indispensáveis para a concretização de tais objetivos. É um quadro capaz de ajudar os gerentes a divisar com maior clareza as implicações financeiras das várias hipóteses para o seu empreendimento, e a entender mais rapidamente aquilo que dá certo e aquilo que não funciona. Além disso, a fórmula permite aos gerentes ser mais objetivos a respeito do melhor momento de puxar o freio ou de apertar o acelerador dos investimentos.[8]

Buscando a competência

Além de ajudar a testar hipóteses, qualquer experimento tem o condão de proporcionar *insights* inimaginados, como a DuPont descobriu quando passou a trabalhar no campo das biociências, que representa um conjunto de probabilidades potencialmente rico mas ao mesmo tempo altamente cheio de incertezas para esse conglomerado. Novas tecnologias podem transformar rejeitos de biomassa – por exemplo, palha de milho – em um valioso substituto para o petróleo, ou criar diversos biomateriais. Mas, qual deles dará os melhores dividendos?

"Há um considerável número de ativos biológicos a serem considerados, selecionados e patrocinados", diz o Dr. John Ranieri, vice-presidente e gerente-geral da DuPont Bio-Based Materials.[9] "A questão que precisamos resolver é: como atingir o conhecimento necessário para juntar as peças do quebra-cabeças? É aqui que começamos a fazer perguntas de maneiras diferentes e mais sábias – algo que pode dar origem a uma série de agradáveis surpresas. Na verdade, se você não está sendo surpreendido, é sinal de que não está fazendo as perguntas certas, porque, neste cenário, tudo precisa ser surpreendente."

A DuPont fez uso de opções reais para explorar esta área de incerteza da periferia. A fim de desenvolver tecnologias de biomassa, a empresa criou um projeto conjunto de US$ 40 milhões com o governo dos EUA. A fim de explorar biomateriais, a DuPont fez mais de uma dúzia de investimentos em áreas como materiais sustentáveis e energia, biossuperfícies aplicáveis e terapêuticas. "Nós continuamos perguntando, o que fazer para reduzir a incerteza? De que forma podemos chegar a uma plataforma a partir da qual seja possível continuar construindo?"

Este foco no aprendizado de baixo custo levou a DuPont a identificar oportunidades para investimentos em todo o mundo. Por exemplo, um projeto sugeriu a utilização de organismos chamados metanotrofos a fim de desenvolver químicos de alto valor, mas, para ser implementado, o processo exigia muito metano e um decantador. A DuPont encontrou uma empresa na Noruega que já havia construído um decantador para lidar com metano gerado como um subproduto do refino do petróleo, e estabeleceu com essa empresa uma aliança. Combinando o seu software com o hardware norueguês, a DuPont criou as condições para testar o conceito sem necessitar recorrer a maciços investimentos.

"Usamos opções reais pensando em ajudar a enquadrar nossos investimentos nos primeiros estágios quando as tecnologias e os mercados ainda não estão inteiramente formados", disse Ranieri. "Esta é a fase em que ainda não se sabe o bastante para viabilizar a aplicação de medidas tradicionais como o valor líquido presente." Esta abordagem ajuda a DuPont a evitar excesso de gastos em projetos, mantendo os investimentos iniciais em patamares baixos e desligando a tomada logo que se tornar claro que uma tecnologia em que se está investindo não terá o sucesso anteriormente prognosticado.

A DuPont reconhece que, na periferia, existe sempre muita coisa desconhecida, e por isso a melhor abordagem é manter os investimentos iniciais em níveis modestos e aprender o mais rapidamente possível para reduzir a incerteza. Isto permite à organização testar hipóteses e ao mesmo tempo lhe proporciona *insights* inesperados. Como disse Ranieri, "confirmamos algumas coisas que eram esperadas, mas descobrimos que algumas das mais interessantes estavam entre as surpresas". À medida que conduzem experimentos, os gerentes precisam preparar-se para as surpresas e aprender com elas. O aprendizado cria oportunidades para a competência.

Cometa erros deliberados

Embora a maior parte das experiências seja projetada para testar uma suposição importante que se espera ser verdadeira, às vezes as empresas podem lançar mão de erros deliberados a fim de promover testes de maior profundidade.[10] A estratégia do erro deliberado serve de teste para proposições importantes mas que tudo indica venham a ser falsas. For exemplo, o pioneiro da publicidade David Ogilvy incluiu deliberadamente em suas campanhas anúncios que tinham tudo para fracassar nos testes. A maioria deles realmente fracassou, mas ocasionalmente alguns se revelaram surpresas agradavelmente positivas. Sua abordagem era não apenas testar os anúncios propriamente ditos, mas especialmente todas as suas convicções e pontos de vista sobre a publicidade. Ogilvy conseguiu com isto detectar novas tendências no mercado, e na sociedade como um todo, antes de seus concorrentes, porque via sua própria estratégia como nada mais do que um amontoado de hipóteses sem fundamento. As empresas de cartões de crédito estão agora rotineiramente aceitando clientes que normalmente rejeitariam, com a exclusiva finalidade de testar seus modelos.

Esses tipos de erros deliberados podem representar grandes lucros a longo prazo. Antes do desmembramento da Bell System, as companhias telefônicas dos EUA eram obrigadas a oferecer serviços a qualquer novo assinante em suas respectivas regiões. Ao longo dos EUA, havia cerca de 12 milhões de novos assinantes por ano, com uma média de contas não pagas que superava anualmente a soma de US$ 450 milhões. Para se resguardar contra esse risco de crédito, bem como contra o abuso dos equipamentos pelos clientes, cada filial da Bell tinha permissão legal para obrigar uma pequena percentagem dos assinantes a pagar um depósito de garantia. Como deveria então escolher os clientes que iriam pagar esse depósito? Cada empresa desenvolvera seu próprio modelo estatístico complexo para conseguir exigir o depósito de garantia do conjunto adequado de clientes – aqueles considerados como integrantes da faixa do maior risco de crédito. Mas, ainda que as empresas estivessem tomando, de acordo com os seus modelos, decisões ótimas, elas nunca chegaram realmente a saber se os modelos estavam realmente certos. Por isso mesmo, decidiram fazer o teste definitivo a respeito mediante um erro multimilionário, deliberado.

Durante cerca de um ano, as empresas Bell não exigiram o depósito de garantia de quase 100 mil clientes aleatoriamente escolhidos entre aqueles situados na faixa do alto risco de crédito. Era claramente um erro não exigir um depósito de segurança desses clientes, porque muitos deles com certeza ou não pagariam suas contas ou iriam fazer desaparecer o equipamento. As empresas Bell sabiam que aquela decisão iria custar-lhes muitos milhões de dólares em equipamento perdido e contas não pagas. Tiveram, no entanto, a humildade suficiente para reconhecer que não dispunham de outro método melhor de estudar a maneira pela qual comparar esses clientes de alto risco com o restante da população.

Para surpresa geral, um número razoavelmente elevado de clientes presumivelmente "maus" pagou as contas integralmente e dentro dos prazos. E alguns dos "maus" clientes não danificaram nem roubaram os telefones e equipamentos relacionados em proporção superior à registrada entre os "bons" clientes. Armadas com estes novos *insights*, as empresas recalibraram seu modelo de cotação de crédito e instituíram uma estratégia bem mais coerente de peneiramento, o que acrescentou US$ 137 milhões por ano aos seus ganhos na década a seguir. Foi, como se viu, um erro muito lucrativo. Ao errar deliberadamente no primeiro ano, as empresas obtiveram as informações de que necessitavam e que as ajudaram a fazer uma seleção mais confiável nos anos seguintes.[11] Em essência, o que fizeram foi sondar as sombras de sua base de conhecimentos.

Enquanto a maioria dos experimentos testa uma hipótese específica que se presume verdadeira, a estratégia dos erros deliberados claramente testa hipóteses que se presume falsas mas que (caso se mostrem verdadeiras) podem acabar mudando por inteiro o modelo mental. Se realmente pretendermos sondar a periferia de maneira eficiente, precisamos comparar a testagem positiva (de coisas que supomos verdadeiras – o exemplo das companhias Bell) com a testagem negativa (de coisas que supomos falsas – os anúncios perdedores de David Ogilvy). As empresas muitas vezes reconhecem a validade de aprender a partir de erros inadvertidos, mas raramente optam por sondar mais profundamente nesse campo mediante uma grande asneira deliberadamente cometida.

É óbvio que a coisa mais fácil do mundo é cometer erros repetidos e contínuos, saltando do telhado para ver se isso realmente machuca, e é por isso que precisamos escolher estrategicamente entre aqueles erros que é possível cometer deliberadamente. Nenhuma organização pode se dar o luxo de cometer erros o tempo inteiro, mas o fato é que erros deliberados ajudam a explorar a periferia, a fim de distinguir entre as crenças verdadeiras e as falsas que dali emanam. Ao examinar com maior amplidão as questões, é possível expandir as oportunidades, sondar o mundo em que se vive e desafiar até mesmo crenças próprias há muito tempo enraizadas. Como James Joyce escreveu, os erros "são os portais da descoberta".

CONCLUSÃO: OS RÁPIDOS E OS MORTOS

Aprender com rapidez e eficiência é vital para reagir à periferia. As organizações capazes de extrair transparência sobre o que acontece antes que seus rivais o façam estarão em melhor posição para agir com base nas oportunidades surgidas da periferia e igualmente para reagir às ameaças. Como se destacou no presente capítulo, o aprendizado pode ser melhorado e acelerado pelas seguintes abordagens:

- *Usar os cenários para o aprendizado.* Os cenários não apenas ajudam a interpretar o futuro como podem ajudar também no monitoramento e no aprendizado. Eles organizam sinais com toda a aparência de ruídos aleatórios, padronizando-os. Mostram em que pontos há necessidade de conhecimento e *insights*, e ajudam as empresas na exploração das implicações empresariais de diferentes futuros.[12]

- *Errar com rapidez e baixo custo para acelerar o aprendizado.* Os experimentos podem constituir o melhor modo de entender a periferia. Mantenha-os no mais baixo nível viável a fim de extrair deles o máximo de conhecimentos com o mínimo de riscos. Ainda que uma boa visão periférica tenha importância na identificação de oportunidades, o real valor da periferia está na exploração dos erros.

- *Usar opções reais.* Uma das melhores maneiras de aumentar a proporção aprendizado versus risco é utilizar as opções reais. As opções podem transformar investimentos modestos em poderosas oportunidades de aprendizagem. Conseguem igualmente ajudar a reduzir a incerteza antes que grandes investimentos se tornem indispensáveis. A idéia é manter o investimento inicial baixo durante o tempo do aprendizado e preservar o potencial da idéia inicial.

Os recursos que uma organização aplica no aprendizado e a agilidade com que age dependem do seu contexto. Por exemplo, John Carmon e seus colegas na indústria das pompas fúnebres contam com o luxo de prazos maiores que os dos gerentes da maioria dos demais setores de negócios. "A nossa indústria definitivamente é embebida nas tradições e nela qualquer mudança é sempre lenta", sustenta Carmon. "Trata-se de uma mudança de gerações." Ainda assim, num ambiente em radical transformação, ele precisa monitorar e aprender rapidamente a fim de estar preparado para novos futuros que venham a emergir. Carmon está proativamente fazendo isto ao projetar experimentos e opções a fim de entender melhor as mudanças na periferia deste entorno de negócios de características radicalmente próprias. Se e quando o quadro ficar mais claro como resultado deste aprendizado, Carmon estará provavelmente preparado para aproveitar as oportunidades disso decorrentes mais cedo que os concorrentes. O novo Family Life Center constitui não apenas uma plataforma de aprendizado mas uma plataforma para o crescimento, o primeiro passo para ações baseadas em novos sinais da periferia. Agir agressivamente com base em sinais da periferia apresenta também desafios peculiares, como se verá no próximo capítulo.

Capítulo Seis

Ação

Como Aplicar Esses *Insights*

"Escrever é como dirigir à noite sob neblina. Só se vê aquilo que os faróis iluminam, mas é possível chegar ao fim da viagem."

—E.L. Doctorow

DENTRO DE UMA PEQUENA maleta aberta na mesa de trabalho de um executivo sênior da indústria de luminárias há um conjunto de painéis achatados de plástico branco. Girando alguns controles, o executivo consegue ajustar os painéis de diodo emissor de luz (LED) na maleta para que passem a emitir gradualmente uma luz mais branca. O limite máximo ainda é um brilho branco azulado que a maior parte dos construtores de residências não escolheria para espaços habitáveis, mas chega, a cada ano que passa, gradualmente mais próximo de uma iluminação puramente branca. Este movimento gradual em direção à luz branca pode constituir a maior ameaça pendente sobre a indústria de luminárias desde a invenção da lâmpada incandescente. As perspectivas oferecidas pela luz branca de LED encorajaram o pioneiro da iluminação de estado sólido Shuji Nakamura a proclamar: "Meu sonho é substituir todas as luminárias convencionais."[1] Mas enquanto o executivo ajusta os controles dos painéis, certamente continua a cogitar: quando é que a visão de Nakamura se tornará realidade?

A LED está fadada a transformar o mercado global de luminárias, que movimenta anualmente US$ 15 bilhões, da mesma forma que os transistores (ao substituírem as válvulas) revolucionaram a indústria eletrônica, ou como os CDs reformularam por inteiro a indústria da música. A iluminação de estado sólido (SSL) é a primeira tecnologia verdadeiramente nova a emergir nessa área em cerca de um século. Embora a LED tenha sido inventada já na década de 1960, conquistas mais recentes em cores e crescente intensidade (lumens) ampliaram o alcance desta tecnologia, dos displays de calculadoras e das lâmpadas de sinalização para aplicativos de alcance significativamente ampliado.

O sinal mais dramático da transição desta tecnologia da situação de item inovador para a de ferramenta competitiva foi a tomada do mercado de semáforos dos EUA pelas LEDs. Um novo farol LED opera com 90% menos energia que a lâmpada incandescente de 150 watts que substitui, e tem maior durabilidade.[2] A economia disso resultante é fantástica, com um período de retorno do investimento da substituição de menos de um ano, e com a resultante economia de mais de mil dólares por intersecção viária. Leis federais norte-americanas determinam que todos os semáforos passem para SSL até o final de 2006, com isso virtualmente eliminando um mercado de cerca de US$ 1 bilhão por ano para as lâmpadas tradicionais.

Para piorar ainda mais a situação, já em 2003 a *Technology Review*, do renomado Massachusetts Institute of Technology (MIT), havia proclamado que as lâmpadas incandescentes constituíam uma das dez principais tecnologias "merecedoras de extinção".[3] Não mais que de repente, então, a tecnologia que estivera presente no coração da indústria, com pequenas modificações, desde os tempos em que Thomas Edison observou o brilho do seu primeiro filamento, passou a enfrentar a possibilidade do seu esgotamento. A indústria de iluminação (US$ 15 bilhões) dos EUA está hoje no centro das atenções de um novo elenco de rivais que utilizam tecnologia de estado sólido, que oferece muitas vantagens com relação à iluminação tradicional (veja o quadro "As vantagens da iluminação de estado sólido"). Poderá tratar-se de um desafio mortal para protagonistas tradicionais desse setor, como a Philips Lighting, GE e Osram Sylvania, em seus mercados principais, que são justamente os da iluminação comercial e residencial.

Antes mesmo do surgimento desta nova ameaça, a indústria vinha já enfrentando sérios desafios que podem até mesmo ter distraído os administradores fazendo com que eles dessem às LEDs uma atenção menor do que a devida. O preço médio de venda das lâmpadas elétricas havia decrescido em cerca de 10% entre os anos de 2000 e 2003.[4] Os mercados de clientes individuais e profissionais dos EUA perderam, em seu conjunto, cerca de US$ 500 milhões em valor no mesmo período, caindo de US$ 2,9 bilhões para US$ 2,4 bilhões como resultado da commoditização e da intensa con-

As vantagens da iluminação de estado sólido

As vantagens da SSL são inúmeras. LEDs são basicamente semicondutores que convertem a eletricidade em luz com maior eficiência que as fontes convencionais de iluminação. Além de reduzir o consumo de energia, a baixa voltagem torna a SSL mais segura e mais facilmente recarregável por energia solar ou baterias. Como não existem filamentos que se partem, a SSL tem maior durabilidade e, conseqüentemente, vida útil muito mais prolongada, com baixos custos de manutenção. Enquanto as lâmpadas convencionais podem ser apenas desligadas, ligadas ou reduzidas, a LED é muito mais versátil: pode mudar de cor ou intensidade em resposta a softwares de controle. Na iluminação tradicional, os acessórios são permanentes e as lâmpadas é que são trocadas. Com a SSL, muitas fontes de luz podem ser integradas em produtos que são fechados para a vida inteira. Embora as tecnologias tradicionais tenham progredido consideravelmente ao longo dos últimos dois séculos, o que incluiu o advento da iluminação fluorescente e de descarga de alta intensidade, estas parecem ter chegado ao seu cume em eficiências de abaixo de 25 por cento. Em contraste, eficiências de conversão de energia de mais de 50 por cento já foram registradas em instrumentos de estado sólido no espectro infravermelho, e os pesquisadores esperam concretizar progressos semelhantes em diodos emissores de luz branca. Se esses níveis forem viáveis, os cientistas acreditam que a SSL poderá prover uma fonte de luz de 150-200 lumens/watt, o que é duas vezes mais eficiente que a iluminação fluorescente, e dez vezes mais eficiente que as lâmpadas incandescentes.* Isto representaria uma transformação revolucionária na indústria da iluminação.

* lighting.sandia.gov/Xlightingoverview.htm

corrência em matéria de preços. Os pretendentes a um lugar ao sol tinham de manter seus olhos focados neste jogo de preços baixos e commoditização. Com os rápidos progressos na tecnologia das SSL, contudo, eles também precisam prestar atenção em outros pontos.

Agora que os executivos da indústria da iluminação reconheceram a existência da ameaça procedente da periferia (e que se torna menos periférica a cada dia), qual o rumo que devem adotar? Agir é integralmente relacionado com o processo de sondar e aprender (discutido no capítulo anterior). Mas o foco do monitoramento concentra-se primariamente em *aprender*, enquanto que o foco da ação se volta para *explorar* oportunidades ou *evitar* ameaças da periferia.

Estratégias para agir em tempos de incerteza

O desafio para a ação reside em que ainda existem grande ambigüidade e grande incerteza. Com que rapidez emergirá a tecnologia que nos interessa? A que ritmo conseguirá o mercado adotá-la? Quais as idas e vindas eventualmente apresentadas? Embora a ameaça esteja claramente definida no horizonte e a SSL tenha tudo para se impor no longo prazo, os administradores também precisam continuar gerando lucros no curto prazo. Se a adoção se der em ritmo mais lento que o esperado, os que apostarem todas as fichas na nova tecnologia poderão ficar na mesma posição de Joãozinho na velha lenda, entregando, em troca de algo que ainda é a promessa não concretizada de uns poucos feijões mágicos, um negócio milionário que pode continuar a ser nutrido e com isso render mais do que o suficiente nos próximos anos. Se os administradores, no entanto, não agirem com a rapidez indispensável, pioneiros como Nakamura certamente estarão prontos para tomar conta, em caráter de exclusividade, da futura árvore e de todos os seus feijões.

Quando as empresas reconhecem uma oportunidade que surge, é preciso que se movimentem com celeridade a fim de tirar proveito dela (veja o quadro "A Apple abre rapidamente o seu 'i'"). Mesmo que não disponham de todo o tempo necessário para a sondagem e o aprendizado, como discutido no capítulo anterior, as empresas têm a oportunidade de usar pequenos lançamentos para criar plataformas de futuro crescimento. Elas contam igualmente com a perspectiva de colaborar com outras a fim de avançar mais rapidamente e, ao mesmo tempo, compartilhar os riscos, ou de expandir o escopo de seu monitoramento competitivo para agir com maior alcance.

Usar múltiplos pequenos lançamentos: mil pontos luminosos

Muitas pequenas iniciativas ajudam a criar oportunidades e ao mesmo tempo manter os riscos em nível reduzido. Como se destacou no capítulo anterior, essas experiências podem ser usadas para testar e aprender, mas, à medida que se tornam bem-sucedidas, acabam igualmente criando plataformas para ação. Por exemplo, a Philips lançou uma variedade de iniciativas que proporcionam experiências pioneiras com tecnologias emergentes, como a SSL, a partir do lançamento de velas LED a fim de criar sistemas de iluminação de ambientes para hospitais. "Temos utilizado uma estratégia de lançar-e-aprender para aperfeiçoar nosso entendimento da iluminação de estado sólido, e também para experimentar com novos modelos de negócios", disse Govi Rao, um dos vice-presidentes da Philips Lighting.[5] "Esses experimentos nos permitem monitorar inúmeros fatores, como conflitos intercanais ou os efeitos da canibalização. É justamente nessas áreas que as empresas líderes do mercado são

A Apple abre rapidamente o seu "i"

Às vezes, não sobra muito tempo para testar e aprender, e por isso as empresas precisam aprender a partir das experiências de outros participantes do setor. A Apple usou seu conhecimento das experiências da Napster e outros serviços de compartilhamento de arquivos, bem como de suas próprias aquisições, a fim de rapidamente adquirir o conhecimento necessário para o lançamento do iPod. Mesmo assim, Steve Jobs quase perdeu essa revolução. Ele é um dos mais atilados dentre os líderes da revolução tecnológica na história moderna, tendo reconhecido o poder do mouse e da interface gráfica do usuário que se tornaram o Macintosh e o potencial de animação computadorizada que levou à Pixar. Mas, no verão do ano 2000, Jobs estava por demais concentrado no aperfeiçoamento das possibilidades do Mac para a edição de vídeo e por isso quase que deixou de reconhecer uma das maiores revoluções musicais no mundo digital. "Pensei ser o maior dos burros", disse ele mais tarde numa entrevista à revista Fortune. "Pensei que tivéssemos perdido a oportunidade. Tivemos de trabalhar muito duramente para nos atualizar com as oportunidades."[a]

Quando Jobs reconheceu a mudança, a Apple agiu rapidamente, acoplando 'queimadores' de CDs a todos os seus computadores. Jobs então comprou uma pequena empresa, chamada SoundStep, comandada por um antigo engenheiro de software da Apple, para dar partida ao seu desenvolvimento de software. A Apple criou a primeira versão do seu iTunes em quatro meses e produziu o primeiro tocador de iPod nove meses mais tarde. A empresa ainda precisava de permissões para lançar seus iPods, e elaborou acordos com grandes gravadoras a fim de desenvolver uma plataforma para vender as canções.

Felizmente para Jobs, a indústria estava de tal maneira ocupada com os processos contra a Napster e seus próprios clientes que com isso ele passou a contar com mais tempo do que precisava. Quando a iTunes Music Store da Apple foi inaugurada em abril de 2003, o objetivo era vender um milhão de canções em seis meses. A cifra de um milhão de músicas foi ultrapassada em apenas seis dias. No começo de 2005, a iTunes controlava 62% de todos os downloads digitais de músicas e o iPod respondia por mais de metade dos tocadores de MP3, apesar da agressiva concorrência já em funcionamento.

[a]. Em Brent Schendler, "How Big Can Apple Get?", *Fortune*, 21/02/2005, 38-45.

muitas vezes afetadas pela falta de visão lateral. Ao criar pilotos, minimizamos os riscos. Se cometemos erros, conseguimos que sejam de pequena monta e ainda podemos aprender a partir deles, rapidamente." A Philips projetou vários lançamentos para testar diferentes aspectos do emergente mundo do estado sólido – um deles, por exemplo, pretendia aplicar uma solução de estado sólido para retroalimentar tradicionais tecnologias de iluminação (novas lâmpadas para velhos soquetes); outro, usou SSL num modelo radicalmente diferente de iluminação que empregava painéis de iluminação ambiental.

O primeiro exemplo foi o lançamento da vela de LED Aurelle da Philips. Ela provê uma luz semelhante à de uma vela mas sem os riscos e inconvenientes das chamas vivas. "A vela Aurelle não é o típico produto de iluminação com que estamos acostumados, e desafia todos os nossos sistemas e concepções a respeito – do design e do desenvolvimento do produto até o canal de desenvolvimento e marketing", disse Rao. "Tivemos de ajustar significativamente nosso método de trabalho para passar a agir com rapidez bem maior do que a prevista à medida que esse produto foi ganhando em popularidade." Esse foi um produto real num mercado real, e, à medida que as vendas tomaram impulso, saltou da condição de experiência para um negócio viável. Se tivesse fracassado, contudo, os riscos para a empresa teriam sido reduzidos. Exatamente em função da incerteza sobre quais ações darão os melhores resultados, o objetivo é quase sempre investir em muitas pequenas experiências e acrescentar gradativamente suporte àquelas que derem sinais de sucesso.

Nem todos terão sucesso imediato como resultado deste conjunto de experiências. Por exemplo, um ambiente de iluminação instalado num hospital urbano explorava aplicações de maior alcance da SSL. Testava oportunidades não apenas para substituir as lâmpadas nos soquetes existentes mas igualmente para mudar toda a infra-estrutura e paradigma da iluminação. "A cadeia de valor inteira é construída em torno de construir e prover soquetes", disse Rao. "A iluminação de estado sólido muda por inteiro esse paradigma. Torna-se possível criar luz sem ter os soquetes."

A fim de explorar esse mundo sem soquetes, a Philips criou um experimento com luz ambiental no Lutheran General Hospital, de Chicago. A empresa projetou e implementou um novo pavilhão de cardiologia pediátrica que integra a tecnologia de luz ambiental em projeção e painéis de iluminação LED. Os jovens pacientes podem assim escolher um de quatro diferentes temas: aquáticos, espaciais, aéreos ou uma lâmpada de lava. As escolhas são codificadas em cartões RFID (com leitores de freqüência) usados pelos pacientes, de tal forma que o tema e a iluminação mudam à medida que eles entram em determinadas salas. O ambiente do local melhora a percepção, e também os procedimentos. Quando uma criança precisa conter a respiração durante um procedimento qualquer, um golfinho num cenário aquático pode fazer a mesma coisa para estabelecer um exemplo.

Ambas as experiências testaram não apenas a tecnologia mas também novos modelos de negócios, cadeias de valores e reações mercadológicas. Tudo isso ajudou a ilustrar o potencial deste novo espaço de mercado. "Aumentamos nossos conhecimentos ao fazer e criar opções estratégicas baseadas naquilo que aprendemos", disse Rao. "O valor desses experimentos reside em nossa capacidade de desafiar o paradigma estabelecido de como fazer negócios, e isso é exatamente o que conquistamos com essas novas experiências. Eu gostaria de ter pelo menos meia dúzia dessas experiências, rapidamente, para agir com base nos conhecimentos por elas proporcionados."

As experiências iniciais são muitas vezes realizadas em mercados nos quais os benefícios da iluminação LED superam suas limitações. Em situações nas quais é difícil trocar as lâmpadas fluorescentes, a maior duração da SSL, que pode ser cinco vezes superior à de uma lâmpada de 60 watts, proporciona uma vantagem natural. Por exemplo, a Sylvania da Osram está desenvolvimento imensas faixas de LEDs flexíveis, cobertas por fitas adesivas para utilização no exterior de edifícios ou piscinas, locais em que a troca de lâmpadas é sempre algo perigoso e demorado.[6]

Colaborar com outros

Como o objetivo de explorar a periferia da LED é algo muito definido e diz respeito ao conjunto da indústria da iluminação, tornou-se claramente vantajoso unir forças com outras empresas para fazer essa prospecção. É, sem dúvida, uma abordagem que aumenta os recursos e reduz os riscos. As empresas da indústria da iluminação juntaram forças para criar um projeto chamado Bridges in Light (Pontes Luminosas). Em 2003, as principais interessadas se aliaram a fim de mapear o futuro da indústria, e os líderes dessa mesma indústria criaram uma "plataforma candente" destinada a conduzir as mudanças no setor, fazendo uso dessa plataforma a fim de desenvolver cenários de amplo espectro para o futuro. Essa iniciativa tem continuidade e sua coordenação atual cabe à National Electrical Manufacturers Association (NEMA), que trata de analisar e avaliar esse projeto como um programa de marketing para o conjunto da indústria.

Joint-ventures também proporcionam às empresas do setor o acesso a novas capacidades relacionadas a questões como modelos de manufatura de semicondutores, ritmo da inovação, acesso a mercados globais e proteção da propriedade intelectual. Como a SSL exige essas capacidades diferentes, muitos pretendentes tiveram de entrar em *joint-ventures*. A Lumileds foi criada pela Philips e pela Agilent Technologies no ano 2000 com o objetivo de projetar e fabricar LEDs. A GELcore, uma sociedade entre a GE e a empresa de semicondutores Emcore, também está produzindo LEDs. Essas e outras sociedades dão aos participantes do setor uma plataforma a partir da qual conseguem trabalhar no que diz respeito à tecnologia à medida que ela se desenvolve, bem como participar dela à medida que vai se tornando parte mais significativa do conjunto da indústria.

Agir com maior alcance

As empresas muitas vezes devem expandir seu campo de ação para conseguir atingir um campo mais amplo da periferia. Em iluminação, por exemplo, os participantes divisaram o conjunto da cadeia de valores com maior amplidão para desenvolver estratégias de ação. A cadeia de valores tradicional é mostrada na figura 6-1. Com os consumidores finais focados mais nos preços, as empresas estão travando uma guerra cada vez mais dura num negócio que se tornou essencialmente uma questão de "*commodities*". Eles procuram influenciar os fabricantes de equipamentos originais, especificadores/*designers* e empresas clientes que escolhem iluminação para os consumidores finais. Com as brutais batalhas e guerras de preços por espaço nas gôndolas de supermercados e casas especializadas e compartilhamento de mentes entre especificadores e projetistas, há muita coisa a ser focada neste quadro. Esse escopo reduzido, no entanto, joga nas sombras importantes partes do quadro geral. As empresas deveriam perguntar-se, quais forças e fatores mais significativos situam-se à margem desta visão típica da cadeia de valor, e de que forma podem transformar toda essa indústria?

Um ecossistema muito ampliado da iluminação, como mostrado na figura 6-2, poderia acelerar a emergência da SSL ou reduzir seu avanço. Por exemplo, a difusão da SSL dependerá da tecnologia, mudanças nos hábitos de compra e necessidades

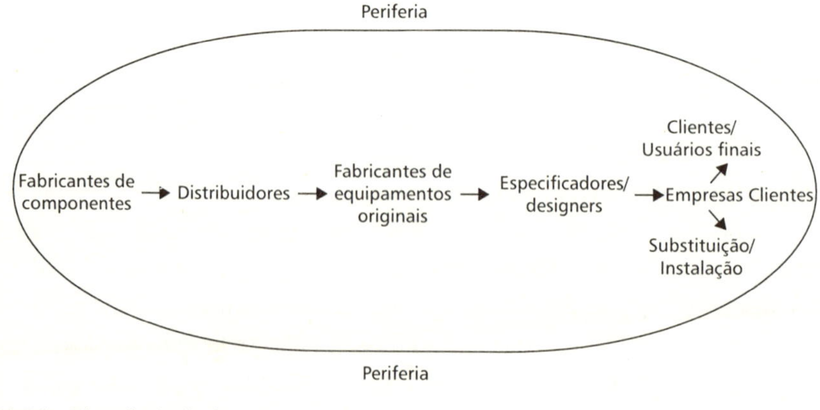

FIGURA 6.1 Visão limitada da indústria da iluminação.

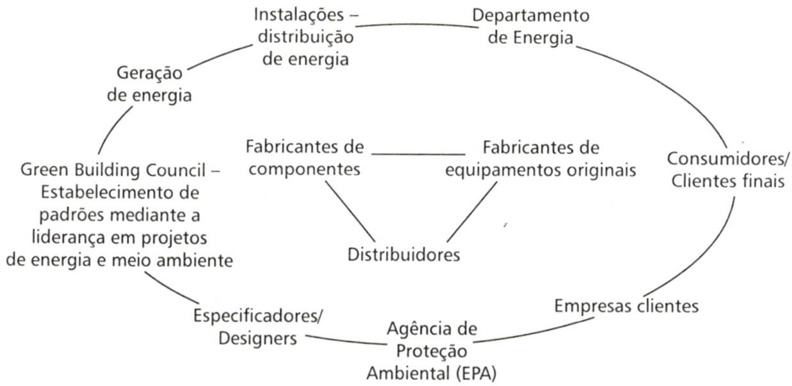

FIGURA 6.2 Ecossistema ampliado da iluminação.

dos clientes, e talvez também das regulamentações do setor. O desenvolvimento de novas tecnologias pode ser também afetado por uma ampla variedade de outras forças, como saúde, segurança, energia (gerenciamento dos potenciais e demanda/ reação), transporte, pesquisa coordenada, estética, desenvolvimento sustentável e questões ambientais de "céu carregado". Os administradores devem prestar atenção a essas diferentes áreas e agir sempre que houver necessidade. Examinemos alguns exemplos:

- *Desenvolvimento de tecnologias*. A indústria tem necessidade de avaliar as mudanças tecnológicas, especialmente aquelas inovações capazes de conduzir ao desenvolvimento de luz branca de alta qualidade e a reduções dos custos. As projeções dos preços para a tecnologia de estado sólido entre 2000 e 2020 variam de US$ 14 o quilolúmen a algo tão reduzido quanto 50 centavos de dólar por quilolúmen, e estimativas de eficácia vão de quatro a oito vezes a da iluminação incandescente.[7] É uma variação muito ampla, e significa que a nova tecnologia poderá absorver de 10 a 90 por cento do mercado atual para luminárias incandescentes e fluorescentes. É claro que a periferia nesta área continua muito nublada, e por isso mesmo as empresas do setor de iluminação precisam investir no desenvolvimento de tecnologia ou no apoio às pesquisas, especialmente aquelas destinadas a reduzir os custos e aumentar a eficiência.
- *Mudanças nas atitudes das empresas clientes e dos usuários finais*. Embora a tecnologia possa facilitar a adoção, a disposição das empresas clientes e usuários finais a aderir a esta nova tecnologia será afinal um fator de limitação do alcance da disseminação da SSL. Cerca de um terço da demanda total

de lumens-hora é substituída ou instalada em qualquer ano, o que limita o índice máximo de penetração de uma nova tecnologia. Os gerentes precisam desenvolver uma estratégia que consiga convencer tanto os empreiteiros quanto os usuários finais, além de provocar o surgimento de intermediários como designers e especificadores, que são fatores influentes nas decisões referentes ao preenchimento das necessidades no campo da iluminação. Isto tudo requer uma ampliação de mercado e estratégia de canais, além de um conjunto ampliado de ações.

- *Ação de lobbies e relações públicas*. As atitudes em relação à conservação e economia de energia terão um significativo impacto sobre a indústria. Essas atitudes se refletirão tanto nas percepções de tecnologia pelo mercado quanto nas regulamentações governamentais. O impacto dessas regulamentações já pode ser sentido no uso de LEDs nos sinais de trânsito. De acordo com previsões do Departamento de Energia dos EUA, a adoção generalizada da SSL poderia reduzir o consumo mundial de eletricidade para iluminação em mais de 50 por cento, resultando numa diminuição de 10% do consumo geral de eletricidade. As crescentes preocupações ambientais decorrentes do consumo de energia, emissões de carbono e poluição de mercúrio, e outras questões relacionadas, poderiam influir poderosamente na transição para a SSL. Os administradores precisam agir proativamente com os governos e os meios de comunicação por meio de lobbies, relações públicas e outras estratégias voltadas para o objetivo de formatar essas políticas de maneira tal que garanta o mínimo de danos às posições competitivas e dê sustentação à posição da indústria a longo prazo.

- *Preparação para as fantasias*. Outra questão periférica com possível influência sobre a SSL é a da interação iluminação/saúde. Pesquisadores de questões relativas à neonatologia já demonstraram que os bebês prematuros reagem mais positivamente sob determinadas condições de iluminação por LED. Além disso, a iluminação é usada para tratar do distúrbio afetivo sazonal (DAS), uma espécie de alteração de ânimo humano relacionada com mudanças da luz solar conforme as estações do ano. Por outro lado, é possível que existam efeitos negativos da luz sobre a saúde. Já se fazem pesquisas estabelecendo possíveis ligações entre a exposição à luz noturna e o número crescente de casos de câncer do seio e câncer colorretal, mas até o momento nada disto está cientificamente comprovado.[8] É igualmente crescente a preocupação com a "poluição" da iluminação em áreas urbanas, com um "movimento pelo céu escuro" fazendo campanha por mudanças na iluminação pública e privada destinadas a criar horizontes mais sombrios, mais naturais. Os administradores precisam monitorar questões como essas com o maior cuidado e preparar-se para a eventual concretização de fantasias como avanços imprevistos no uso da iluminação na medicina, ou para um estudo negativo que venha a abalar as estruturas de determinadas indústrias. As primeiras ações para enfrentar tais casos devem compreender o cuidadoso estudo das questões, o estabelecimento de relações com protagonistas importantes do setor da saúde, e a busca de posições de influência no debate a respeito dos horizontes com menor iluminação artificial.

As estratégias das empresas de energia precisam levar em conta esta perspectiva consideravelmente ampla de rivais, clientes e ambientalistas. É algo que exige o desenvolvimento de um conjunto de ações equilibradas no grande cenário até aqui descrito, com uma atenção toda especial voltada para os respectivos custos e benefícios. O maior dos desafios talvez resida em conseguir um equilíbrio entre a tradicional mentalidade de investir em áreas garantidas e a abordagem das opções realmente válidas nas áreas inexploradas.

LIMITES DAS VANTAGENS DOS PIONEIROS (*FIRST MOVERS*)

Um dos argumentos mais citados em favor da adoção de ação rápida e direta gira em torno da necessidade de obter vantagens pioneiras (*first movers*). Pode realmente parecer que a maior fatia de qualquer nova riqueza vai sempre para o pioneiro. Os administradores, quem sabe, estão sempre em busca única e exclusivamente da medalha de ouro, não se satisfazendo nem com a prata e, menos ainda, com o bronze. Os lucros, acreditam eles, vão sempre para as empresas que detectam ativamente os sinais pioneiros, antecipam as ameaças ou oportunidades antes que os concorrentes o façam, e agem sem qualquer hesitação. E, em tese, o pioneiro está destinado a modelar as regras da concorrência ao controlar rivais um pouco mais lerdos, assumir o controle das melhores posições e canais, e conquistar uma insuperável posição de liderança nas mentes dos consumidores.

A evidência empírica, contudo, proporciona um quadro mais complexo da vantagem pioneira. Os benefícios são concretizados apenas pelos pioneiros que sobrevivem. E até mesmo nestes casos chegar primeiro que os demais não é garantia automática de vantagem; proporciona tão-somente uma oportunidade.[9] O comprometimento de recursos de longo prazo exige coragem e uma visão muito clara de uma oportunidade no mercado de massa e inovação incansável antes que a vantagem possa ser assegurada. Poucos dos verdadeiros pioneiros, no entanto, sobrevivem para liderar mercados. Em vez disso, muitas das recompensas de longo prazo acabam em poder dos seguidores ágeis e sólidos que aprendem com os pioneiros. Por exemplo, nem a Kimberly-Clark nem a Procter & Gamble foram pioneiras no mercado de fraldas descartáveis, mas atingiram sua liderança com muita rapidez. Não foi a GE que criou o mercado de scanners CAT, mas posteriormente ficou com boa parte dos lucros.

Ser um competente seguidor ágil requer, porém, uma visão periférica muito aguda. O principal evento a ser observado no estabelecimento de um novo mercado é a emergência de um projeto dominante. Isso é definido como o padrão que determina as características e benefícios do produto e que conquista a preferência dos primeiros compradores. Proporciona igualmente uma plataforma a partir da qual cultivar uma ampla gama de variantes que não são, no fundo, tão fundamentalmente diferentes entre si. Uma vez que os compradores, fornecedores e concorrentes se aglutinem em torno do projeto, fica eliminada uma das maiores fontes de incerteza. Os seguidores ágeis muitas vezes esperam que um projeto dominante comece a emergir e só então agem rapidamente para ingressar no mercado e ser realmente partícipes do seu desenvolvimento.[10] Isto significa estar tão bem preparado para agir com tanta rapidez quanto qualquer pioneiro – pelo fato de ter a tecnologia à disposição, o design do produto pronto, e planos de mercado e manufatura em andamento. Tipicamente, surge um profundo ponto de inflexão quando um projeto dominante emerge. Não estar preparado para agir normalmente significa perder a janela de oportunidade e ficar relegado a um segundo plano. (Uma maneira onerosa e arriscada de superar este começo infeliz é adquirir o controle de um promissora empresa pioneira e nela passar a investir pesadamente.)

Assim, em matéria de seguidores ágeis, o timing é tudo. Relacionados a seguir estão alguns dos indicadores de que uma empresa precisa para agir com rapidez (tal como proposto por Constantinos Markides e Paul Geroski):

- *Uma desaceleração do índice da inovação tecnológica e do modelo de negócios*. As variantes oferecidas em sucessivas gerações de desenvolvimento estão se tornando mais similares.

- *Um crescente sentimento de legitimidade*. Na verdade, o mercado atravessou o abismo a partir dos primeiros entusiastas que foram capazes de lidar com inúmeras deficiências a fim de envolver a maioria dos potenciais consumidores.[11]

- *O surgimento de produtores de bens complementares*. Esses participantes proporcionam serviços essenciais, entre eles acesso a mercados, e são sempre muito bem informados acerca das perspectivas de qualquer desses mercados.[12]

Ser um seguidor ágil também proporciona à empresa mais tempo para sondar e aprender. Seguidores ágeis bem-sucedidos devem observar a periferia e monitorar com o maior cuidado os principais indicadores da emergência de um projeto dominante. Cabe a eles igualmente aprender com os pioneiros, mesmo que agindo mais lentamente. Mas, pelo fato de os seguidores ágeis retardarem seus investimentos e ações, acabam beneficiados pela diminuição do potencial dos riscos à medida que vão aprendendo sempre mais a respeito de um futuro incerto.

SABER QUANDO APRENDER OU SALTAR

Sempre que a incerteza é muito alta ou quando as oportunidades de criar opções e experimentos se mostram limitadas, a melhor atitude a ser tomada pode ser mesmo a do tradicional "observar e esperar". O investidor Warren Buffet pareceu tolo para muita gente pela sua inação ao tempo em que uma miríade de empresas *ponto.com* ou iniciantes apresentavam fabulosas valorizações nas bolsas de ações. Sua argumentação, no entanto, era simples e irretrucável: "Não ponho meu dinheiro em negócios que eu não entendo." O tempo acabou provando que ele tinha razão.

A sabedoria desta e de outras estratégias acaba dependendo de um cálculo risco/recompensa. Como deveriam os administradores decidir com quanta agressividade reagir a um determinado sinal? São vários os fatores que influem nessa escolha.

- *A disponibilidade de opções flexíveis*. Para criar e aplicar opções estratégicas, é preciso, em primeiro lugar, dispor das oportunidades para tanto. Algumas indústrias e determinados meios apresentam numerosas oportunidades para tais opções, enquanto em outros meios essas oportunidades são relativamente escassas. Podendo ser usadas as opções, esse é um fator capaz de reduzir significativamente os custos de agir e aprender à medida que a periferia vai ficando mais clara. Mas, em outros casos, as situações sugerem apenas um tudo-ou-nada. Às vezes, as organizações podem criar novas estruturas e iniciativas que expandam oportunidades para opções, como no desenvolvimento, pela CIA, do In-Q-Tel.

- *A ambigüidade dos sinais*. A proporção entre incerteza e conhecimento é um fator-chave na decisão sobre agir ou não com base em sinais. Quanto mais alta a incerteza, maior a necessidade de aprender mais para reduzi-la. À medida que a incerteza vai sendo reduzida por meio do monitoramento e do aprendizado, pode surgir uma situação mais sólida indicando o rumo da ação a ser tomada.

- *O custo e reversibilidade da ação.* O custo absoluto de um determinado modo de agir irá igualmente afetar as escolhas. Se o custo de uma determinada ação estratégica se revelar relativamente baixo, será também mais fácil implementá-la num ambiente ambíguo. Se o custo for alto em relação ao retorno potencial, logicamente que exigirá maior cautela. Um importante componente do custo é a facilidade de reverter decisões. Se o custo da reversão for muito elevado, a maioria dos gastos efetuados se transformará em custos a fundo perdido.

- *Oportunidades de aprender.* Alguns cenários oferecem poucas oportunidades de aprender, de maneira que os investimentos numa estratégia de monitorar e aprender podem simplesmente adiar uma decisão difícil. Os administradores precisam identificar com toda a clareza o que estão tentando aprender a partir de suas experiências e se conseguirão realmente aprender alguma coisa. Quando não mais conseguirem reduzir a ambigüidade, terão de decidir entre agir ou desistir.

- *Os riscos da imobilidade.* Sempre que houver um alto risco relacionado com a continuidade – por exemplo, quando os concorrentes trabalham decididamente para avançar sobre as mesmas oportunidades – será aconselhável optar por uma estratégia mais ampla, especialmente quando estiver presente a vantagem do pioneirismo. Os riscos da imobilidade devem ser sempre examinados formalmente, uma vez que o *status quo* raramente irá se manter durante um período por demais prolongado de tempo.

- *O potencial superior.* Tanto quanto os custos, também os benefícios são importantes. Qual será o potencial superior de agir primeiro e superar a concorrência? Será este um caso em que estabelecer padrões ou conseguir sócios é importante? É possível o surgimento de efeitos em cascata de dinâmicas marcantes em ação? Inúmeras estruturas conceituais podem ajudar a avaliar os benefícios (e custos) de ser um pioneiro ou seguidor.[13] Uma estrutura simples é determinar o valor de um "dia de mercado sem concorrência", os lucros que a empresa obteria se fosse proprietária do mercado durante um dia, e então multiplicar esse resultado pelo número de dias até a adesão de concorrentes de peso. Trata-se de uma estimativa grosseira, mas com potencial para fornecer uma avaliação da ordem de magnitude do potencial superior.

Antes, porém, de optar por uma abordagem ampliada, é preciso tomar o cuidado de perguntar se não restam opções menos radicais e ainda assim capazes de reduzir os riscos ou proporcionar uma melhor possibilidade de sucesso ao pretendido negócio. É possível criar opções reais? Quais os riscos de apostar todas as fichas em apenas uma carta? Os sinais disponíveis são suficientemente claros ou poderiam acabar apontando para outra direção? O que pode ser aprendido a partir de experimentos já desenvolvidos por outras empresas? Se, depois de todas estas experiências e interrogações, ainda houver necessidade de ação, a decisão mais sábia a ser adotada será simplesmente a de saltar fora.

DIRIGINDO EM MEIO À NEBLINA

Agir a partir da visão periférica é muitas vezes a mesma coisa que a imagem de Doctorow de dirigir em meio à neblina. Administradores precisam agir sempre passo a passo. Embora eles necessitem de uma visão de longo prazo, cabe-lhes igualmente reconhecer que boa parte do panorama à sua frente ainda está cheia de sombras. A luz irá se fazendo ver como resultado de cada quilômetro de estrada percorrido. Cada nova reação desencadeia a próxima, e assim sucessivamente.

À medida que os cenários se tornam mais claros, é possível fazer investimentos com maior confiança e agir mais decisivamente. Até esse ponto, o foco precisa estar concentrado em reduzir a incerteza e preservar as oportunidades. O objetivo é ir completando um sinal borrado, descolorido e indistinto com os detalhes faltantes, mediante um processo de olhares laterais e uma série de pequenas ações. Nas palavras de Govi Rao, da Philips, "comece e vá aprendendo". A luz no fundo do túnel pode se revelar tanto uma abertura para um novo mercado quanto o farol do trem vindo em sentido contrário – ou ambas as coisas, como a indústria das luminárias tradicionais acabaria descobrindo. Quando as empresas agem, começam a acrescentar seus próprios sinais ao ambiente e a dar uma organização toda particular aos padrões nele predominantes.

Atravessar com sucesso a névoa da periferia exige um veículo adequado. Cabe às organizações criar e consolidar capacidades que abram caminho e dêem o indispensável suporte à visão periférica. O capítulo a seguir analisa os fatores adequados a ajudar as organizações a avançar melhor em meio à neblina reinante na periferia.

Capítulo Sete

Organização

Como Desenvolver a Vigilância

"É difícil enxergar além daquilo que se consegue ver."

—*Winston Churchill*

A Barbie da Mattel parecia imbatível. A boneca se renovara periodicamente ao longo de mais de quatro décadas, desde o seu lançamento em 1959 – como médica, astronauta, e até mesmo candidata presidencial –, com isso vendendo mais de um bilhão de unidades e criando a mais valiosa *griffe* de brinquedos do mundo inteiro. Mas a idade também começou a fazer sentir seus efeitos sobre Barbie – não a idade aparente, mas a diminuição da idade de suas jovens clientes. As garotas chegavam mais rapidamente à adolescência e perdiam o interesse por Barbie cada vez mais cedo. A indústria sofria também os efeitos de uma onda avassaladora de computadores e *videogames* que absorviam períodos crescentes do tempo das jovens. Com tudo isso, o mercado principal das bonecas Barbie, antes na faixa entre os 3 e os 11 anos de idade, baixou para a de 3 a 5 anos. Essas mudanças na periferia criaram um imenso desafio para a Mattel e uma atraente oportunidade para as concorrentes, como mostra a Figura 7-1.

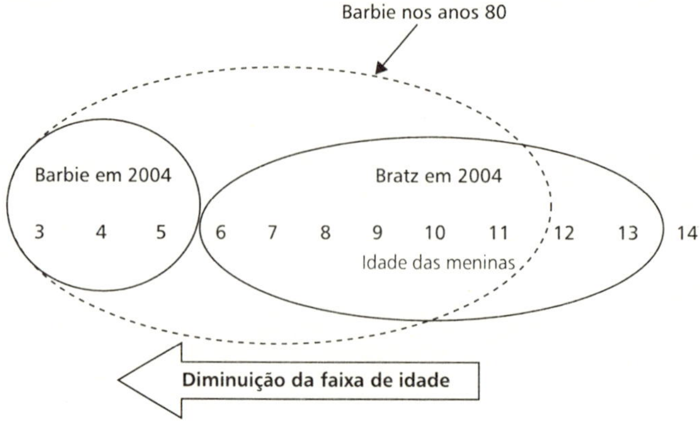

FIGURA 7.1 Redução do mercado principal de Barbie.

Em 2001, a MGA Entertainment Company aproveitou esta oportunidade, lançando sua estrondosa nova linha de bonecas Bratz. Ela tinha como objetivo as meninas precocemente "envelhecidas" que abandonavam a Barbie (veja o quadro "A batalha pelo vale das bonecas"). As bonecas Bratz eram mais parecidas com suas gêmeas *teenagers* e com as estrelas pop por elas idolatradas. Num espaço de apenas três anos, a empresa chegou a vender acima de 80 milhões de bonecas Bratz, e esta se transformou na marca-símbolo do melhor estilo de vida entre as garotas de 7 e 14 anos de idade.[1] Em 2004, as vendas da Bratz já representavam US$ 700 milhões, enquanto as da Barbie ficavam congeladas no patamar de cerca de US$ 1,5 bilhão, tendo a Mattel perdido cerca de 20% do mercado das bonecas de luxo entre 2001 e 2004.[2] Além de minar a fatia das Barbies no mercado norte-americano, a Bratz igualmente ganhou terreno no Reino Unido, passando a controlar mais de 30% do mercado das bonecas de luxo em 2004.[3]

A erosão da liderança da Mattel no segmento das bonecas era muito mais do que uma preocupação periférica para a empresa, que tinha nas vendas da Barbie a fonte de cerca de 30 a 40% dos seus lucros operacionais.[4] A Mattel passou a agir agressivamente, depois de constatada a nova tendência, para tentar resgatar a Barbie da queda livre em que se precipitava. Exatos 14 meses depois do lançamento da linha Bratz, a Mattel surgiu com uma variedade inteiramente nova de modelos, tendo como público-alvo as meninas de mais idade (My Scene) e uma linha "eu-também-tenho" de bonecas chamada Flavas para concorrer diretamente com a Bratz. Pesquisas de Robert Cooper mostram que essas marcas "eu-também" têm normalmente apenas um

A batalha pelo vale das bonecas

Quais são as razões do sucesso das bonecas Bratz? Parte delas consiste em que se parecem mais com as adolescentes do tipo auto-suficiente que as meninas mais jovens admiram, pois isso contempla seu próprio anseio pela maturidade. A Barbie, com carruagens e outros itens de contos de fadas, corresponde às fantasias infantis predominantes entre as meninas de 3 a 5 anos de idade, enquanto que a Bratz mostra *teenagers* de lábios pintados e muita pose (ver as figuras que acompanham a nota). Isaac Larian, o criador da Bratz, argumenta que as meninas vêem na Barbie uma figura maternal ao mesmo tempo em que buscam nas amigas de mais idade os modelos daquilo que pretendem ser quando adultas. * A aparência da Barbie é baseada no lugar comum, enquanto que a Bratz adota um *look* multicultural, além de prestar enorme atenção ao que é moda e àquilo que está em voga no campo da maquiagem.

* "The Queen is Dead", *The Guardian*, 06/10/2004, http//shopping.guardian-co.uk/toys/story/0,1587, 1320801,00.htm.

índice de sucesso de 28%, em comparação com os 82% de produtos exclusivos e de qualidade superior.[5] (Registre-se que os imitadores apressados e não criativos deste estudo não são a mesma coisa que os seguidores eficientes discutidos no capítulo anterior.) A marca Flavas da Mattel não atingiu as expectativas e foi retirada de produção em 2004.[6] Nenhuma das decisões e ações da Mattel foi suficiente para conter a perda de um quinto do reinado das Barbies em poucos anos.

Uma forte visão periférica não é puramente o resultado de brilhos ocasionais em localizar, examinar, interpretar, testar e agir, como discutimos nos capítulos anteriores. Trata-se, acima de tudo, do resultado de uma capacidade que a organização pode desenvolver e fortalecer. Quais foram, neste caso, as debilidades organizacionais que dificultaram para a Mattel reconhecer e reagir às mudanças no seu próprio entorno? Quais são as capacidades mais importantes para as organizações na formatação de sua visão periférica? Quais os predicados que realmente distinguem as organizações dotadas desta capacidade (organizações vigilantes) daquelas que não os têm (organizações vulneráveis)?

CINCO COMPONENTES DA CAPACIDADE DE VISÃO PERIFÉRICA

Nossa pesquisa identificou cinco componentes da capacidade de visão periférica que são particularmente importantes para que uma organização se mantenha consistentemente eficiente na identificação daquilo que vai pela periferia:

1. Liderança vigilante que incentiva a manutenção de um amplo foco sobre a periferia.
2. Uma abordagem inquisitiva do desenvolvimento de estratégias.
3. Uma cultura flexível e inquisitiva que recompensa e incentiva a exploração das fronteiras.
4. Sistemas de conhecimento para detectar e compartilhar sinais emergentes.
5. Uma configuração e processos organizacionais que tornam compensadora a exploração da periferia.

Em nosso estudo junto a executivos seniores, a liderança foi, por larga margem, o fator mais significativo, seguido pelos incentivos e uma configuração que estimule o compartilhamento de informações e um interesse decidido pela periferia (ver o Apêndice A). Uma organização com líderes que demonstrem atitude limitada e míope em relação às fronteiras dos seus negócios terá inevitavelmente visão periférica menos efetiva que a da organização capaz de ser ágil e curiosa e de colocar sistematicamente em prática a exploração e a experimentação.

Capacidades de visão periférica são mais relacionadas com *como* a organização sente e age do que com o *que* faz a respeito, podendo por isso ser consideradas metacapacidades da organização que permeiam todas as capacidades operacionais.[7] As capacidades que contribuem para a visão periférica tendem a ser mais amplas do que algumas das competências mais focadas na operacionalidade e relativas a áreas como produção interna, serviços aos clientes ou gestão de parcerias. Essas metacapacidades serão provavelmente subestimadas ou subdesenvolvidas em meio às exigências diuturnas do setor em que se atua. São muitos os negócios que conseguem sobreviver muito bem, no curto prazo, sem uma boa visão periférica, mas eles acabam se tornando crescentemente vulneráveis e sua posição pode vir a ser velozmente dilapidada por algo inesperado que surja a partir de seus limites externos. Dada esta ausência de demanda de curto prazo pelo entorno imediato, o papel da liderança se transforma num contrapeso crucial. Administradores e líderes precisam desenvolver um esforço consciente a fim de consolidar e incentivar essas importantes capacidades no interior das empresas.

Nas discussões a seguir, abordamos cada um desses cinco componentes, a maneira pela qual dizem respeito à história da Mattel, e como podem ser ainda mais aperfeiçoados como metacapacidades organizacionais.

Liderança vigilante incentiva um foco ampliado na periferia

O líder dotado de forte visão periférica está apto a conduzir a organização inteira por novos rumos. Por exemplo, Brian Roberts, da Comcast, não apenas tirou a empresa de uma área geográfica muito limitada como também mudou seu foco para além de canais a serem contemplados. A expansão geográfica de Roberts, que incluiu a aquisição da divisão de cabo da AT&T, transformou a empresa na maior operadora de TV a cabo nos Estados Unidos. Num mundo digital com intensa concorrência pelos canais de comunicação, a empresa avançou sobre áreas inicialmente consideradas periféricas. A Comcast fez uma tentativa frustrada de adquirir os filmes, transmissões de esportes e outros programas da Walt Disney Company, e então se aliou com a Sony na aquisição do imenso acervo de filmes da Metro-Goldwin-Mayer. Em 2004, a Comcast gastou mais de US$ 4,5 bilhões em conteúdo a fim de dar sustentação à sua estratégia de demanda. Esta mudança de foco da empresa, oferecendo aos usuários acesso a centenas de filmes por mês, foi delineada para diferenciá-la de empresas via satélite e outros concorrentes em luta pelo controle dos caminhos digitais ao domicílio dos clientes.[8] Todo esse reposicionamento estratégico exigia liderança disposta e com capacidade de enxergar além das tendências momentâneas nos serviços a cabo, concentrando-se em áreas mais periféricas.

Um competente gestor de investimentos, com um histórico bem-sucedido de 25 anos de ação, refletiu sobre como escolheu o pequeno número de empresas nas quais seria viável apostar. Ele concluiu, da mesma forma que constatamos em nossa própria pesquisa, ser a liderança a pedra fundamental: "Tudo começa com o CEO. Já vi muitos deles em ação, e os melhores são sempre aqueles altamente conectados nas respectivas periferias. Como resultado, suas organizações podem ver as possibilidades melhor e mais cedo... aqueles que se concentram pesadamente nas operações em andamento são bons diretores operacionais (COOs). Mas não são os líderes necessários para o longo prazo".

Destacou ainda, o citado gestor, que os melhores executivos seniores com os quais trabalhou foram todos pensadores conceituais dedicados, capazes de prever novos padrões nos seus macroambientes. Citou, por exemplo, um CEO que levou a respectiva organização a analisar as implicações do fato de a China ser a sede dos Jogos Olímpicos imediatamente após a oficialização dessa escolha. "Ele não queria saber apenas dos óbvios efeitos de primeiros pedidos concernentes à demanda de produtos de construção, mas, especialmente, dos efeitos da demanda dos produtos de reposição, cujos preços deveriam aumentar."

À medida que foi se aprofundando na análise da questão, o gestor de investimentos se deu conta de que os CEOs bem-sucedidos eram todos esclarecidos e confiantes, e não tinham o menor problema em se cercar de pessoas fortes. Incentivavam o debate e diálogo vigorosos porque não costumavam fingir ser donos das respostas a todas as questões. Sua capacidade de ouvir era complementada por uma capacidade de absorver informações de todos os tipos e de enfrentar as incertezas. Resumiu tudo desta forma: "Sempre que você seguir apenas as implicações convencionais e diretas, estará apenas fazendo parte da multidão – o sucesso vem do fato de pensar com maior criatividade". Seu expressivo currículo de notável criação de riquezas e seus *insights* a duras penas conquistados sobre os CEOs eficientes se ajustam muito bem com nossas próprias pesquisas.

Em contraste, a liderança da Mattel havia estreitado seu foco antes da invasão da Bratz em função de uma crise interna. Depois da desastrosa aquisição, em 1999, do produtor de *software* educacional The Learning Company, que custou US$ 3,8 bilhões e levou a empresa ao seu primeiro déficit em mais de uma década, o CEO Robert Eckert foi recrutado na Kraft, em maio de 2000, para dar novos rumos à Mattel. Ele trabalhou intensivamente em várias iniciativas com o objetivo de "dar estabilidade e previsibilidade" à empresa.[9]

Este tipo de crise tende a concentrar atenções, reduzir a visão periférica e criar uma cultura focada no desempenho de curto prazo (desempenho da organização), em lugar de no longo prazo e na exploração mais ampla (organização que aprende). Embora as reduções de custos da Mattel tenham efetivamente aumentado suas margens de lucros, suas vendas brutas nos EUA apresentaram uma queda de 11% em 2003, com as vendas da Barbie, só nos EUA, caindo 15%.[10] A empresa tornou-se crescentemente eficiente num negócio em que sua fatia do mercado apresentava forte redução. Um escopo mais amplo, incluindo inteligência competitiva sobre as mudanças não apenas em brinquedos, mas igualmente em *videogames*, música, filmes e outras formas de entretenimento, poderia ter ajudado a Mattel a identificar mudanças no mercado com maior antecipação.

Qualquer organização necessita da apropriada orientação e suporte de seus líderes para conseguir ampliar sua visão periférica. Uma vez que a periferia tem poucos líderes, é, por natureza, uma área enganosa e de alto risco. Poucos soldados estarão dispostos a se aventurar na periferia a menos que o comando sênior claramente endosse e recompense semelhantes incursões. A liderança é, acima de tudo, saber determinar a visão de longo prazo, estar acima de preocupações menores e ter a coragem de assumir riscos capazes de afetar os empregos dos líderes. Poucos são os administradores suficientemente seguros de si e da situação a ponto de adotar esta postura.

Conquanto a visão periférica no topo da pirâmide hierárquica seja vital em qualquer organização, precisa-se de liderança em todos os outros níveis. Embora muitos entendam a liderança como algo fluindo do topo para a base, Michael Useem e outros têm destacado a importância da "liderança ascensional".[11] Essa liderança é particularmente importante quando chega à periferia porque os empregados lá no ponto mais baixo da organização podem ter as perspectivas mais originais ou os *insights* mais profundos quanto a mudanças na periferia. Eles podem estar mais perto do cliente ou da concorrência e, nessa condição, entender melhor as mudanças no mix de canais. O seu insight, no entanto, precisa merecer uma adequada atenção para que a organização venha a dele beneficiar-se. Liderança efetiva requer tanto a vontade de conduzir a organização em novas direções quanto a humildade de dar ouvidos e atenção às desafiadoras perspectivas muitas vezes presentes na periferia. James Collins caracterizou esta paradoxal combinação de audácia e humildade como a "liderança de nível 5", em seu livro *Good to Great*.[12]

Uma abordagem inquisitiva do desenvolvimento de estratégias

Depois da visão periférica do líder, o segundo componente da capacidade de visão periférica da empresa é uma abordagem inquisitiva do pensamento e planejamento estratégicos. Uma organização com forte visão periférica tende a ter um processo estratégico mais flexível, com horizontes de prazos mais amplos, incorporando diversos inputs e fazendo uso de instrumentos como planejamento de cenários, pensamento de opções reais e acompanhamento dinâmico.

Em contraste com o planejamento de orçamento rígido imperante na maioria das organizações, algo que tende a manter os gerentes focados nos prazos, mercados e negócio atuais, o planejamento que fortalece a visão periférica deve ser flexível, orientado por questões e visão de longo prazo. Os gerentes devem ser incentivados a repensar suas suposições a respeito de planos e metas, sem qualquer penalização por isso. Questões sobre estratégia precisam ser compartilhadas amplamente e debatidas no âmbito da organização. O processo de implementação de estratégia também deveria incorporar inputs diversos, inclusive *insights* a respeito dos clientes e também deles procedentes, informação sobre a concorrência, visões de experts externos e novo pensamento a respeito de tecnologias emergentes com potencial para sacudir a rotina dos setores de atividades.

A Johnson & Johnson criou um processo de estratégia, chamado *FrameworkS*, destinado a examinar detalhadamente a volátil periferia. A empresa opera num mundo que é complexo e está em rápida mutação. Os gerentes devem prestar atenção não apenas nos mercados e na tecnologia que se renova, mas também nas regulamentações em constante mudança sobre saúde, cobertura de seguros e formulários, bem como sobre ações competitivas no segmento que podem ir desde produtos de varejo, como band-aids e tylenol, até lentes de contato descartáveis e produtos farmacêuticos e sua respectiva ética. Sua estrutura descentralizada, com mais de 200 empresas relativamente autônomas operando no mundo inteiro, ajuda a manter seus negócios de acordo com as necessidades dos respectivos mercados. Mas a empresa também criou um processo de planejamento que mantém um olhar bem focado sobre a periferia.

Como parte do seu processo *FrameworkS*, a Comissão Executiva e os integrantes da força-tarefa de estratégia estão continuadamente elaborando perguntas. Qual será o quadro demográfico imperante no ano de 2010? Qual será o perfil dos consumidores dentro de 20 anos? Como irá operar um consultório médico típico, isolado ou nos hospitais? Qual será o papel desempenhado pelos governos no setor da saúde? Como será a tecnologia no ano de 2010? Quais serão o papel e o poder dos pagantes? Questões desse tipo despertam uma profunda curiosidade com respeito à periferia.

A fim de aperfeiçoar a visão periférica, a formulação de estratégia deverá equilibrar investigações movidas por questões – ou hipóteses – com uma mente aberta e inquisitiva que seja capaz de detectar o inesperado. As questões da Johnson & Johnson poderão levar a organização a pensar em cenários e novas oportunidades radicalmente diferentes dos atuais. Mas, concretizar tudo isso exigirá um alto índice de tolerância em relação à ambigüidade, e mesmo uma disposição a adotar o paradoxo. Como se discutiu nos capítulos 2 e 5, o planejamento de cenários e outras técnicas de mapeamento do futuro podem ser especialmente úteis para ampliar o pensamento e planejamento estratégicos, porque incentivam perspectivas diversificadas e mantêm o processo aberto a múltiplas interpretações. Outras capacidades estratégicas, como a experiência na utilização de opções reais (discutida no Capítulo 5) e a capacidade de montar alianças, podem aumentar a capacidade de visão periférica da organização.

Os sócios de uma aliança constituem, em geral, uma valiosa fonte de informação sobre a periferia, contribuindo diretamente para o aprendizado organizacional. Ocorre que, a fim de captar este aprendizado, a organização precisa dispor da capacidade de gerenciar o conhecimento e *insights* gerados por essa parceria.[13]

O planejamento da Mattel, em contraste, era focado principalmente nas linhas de produtos existentes. Todos os anos, a Mattel lançava 150 diferentes Barbies e 120 novos conjuntos a fim de manter a boneca na última moda. Mas esta ênfase em melhorias incrementais no interior da marca acabava desviando a atenção daquela necessidade de se observar a diminuição de idade em seus segmentos principais de clientes. Grupos de foco com clientes atuais para refinar a linha Barbie não foram capazes de identificar as mudanças na base de clientes ou a deserção de meninas de mais idade que haviam deixado de ver na Barbie uma boneca atrativa ou relevante. Com um escopo mais amplo, a Mattel poderia ter aplicado diferentes instrumentos de exame em profundidade para observar a periferia com maior alcance. Poderia ter visto mais de perto os desertores e clientes insatisfeitos. Teria agido bem se tivesse tentado abordagens como o uso, pela Reebok e pela Nike, de "caçadores de tendências", para assim localizar indicadores de preferências fora da base tradicional de clientes. A Mattel também deveria ter providenciado incentivos para empregados e varejistas, a fim de que repassassem informações por eles detectadas no mercado.

Uma cultura flexível e inquisitiva

Uma vez que nem todos esses processos podem ser orquestrados com precisão, numericamente mensurados ou monetariamente recompensados, o terceiro componente da capacidade da visão periférica é uma cultura com normas que incentivem um comportamento apropriado. Culturas normalmente tendem a mudar com muita lentidão, normalmente em resposta ao sucesso observado nas mudanças em outras capacidades relacionadas à visão periférica. Muitas culturas corporativas são contrárias a qualquer tipo de risco, conservadoras, com limitada flexibilidade para explorar e analisar amplamente. Em conseqüência, a probabilidade de que cheguem a detectar dados significativos fora de seu campo de visão é quase sempre nula. A cultura de uma organização, contudo, pode proporcionar um contrapeso, ao incentivar o tipo de curiosidade que conduz a uma melhor visão periférica.

Os *blogs* (que discutimos como uma fonte de amplos *insights* no Capítulo 3) podem ser um mecanismo efetivo para incrementar e alentar a curiosidade organizacional. Por exemplo, a Sun Microsystems incentiva todos os seus 32 mil funcionários a criar *blogs online*. Embora apenas cerca de uma centena estejam ativamente empenhados nesse empreendimento, entre eles figura o presidente e diretor operacional Jonathan

Schwartz, que produz um blog acessado por cerca de 35 mil funcionários, clientes, sócios e até mesmo concorrentes. Ele faz uso do *blog* para compartilhar seus *insights* sobre mudanças nas tecnologias e na indústria como um todo. Embora Schwartz sustente que os *blogs* não são obrigatórios na empresa, da mesma forma que ninguém é obrigado a fazer uso dos e-mails, ele acrescenta: "Para mim, a essa altura é difícil aceitar que qualquer administrador consiga ser eficiente sem essas duas ferramentas".

Com freqüência ainda excessiva, no entanto, uma cultura organizacional limita a sua visão periférica. A cultura imperante no *New York Times* sob a liderança do editor executivo Howell Raines era configurada por um líder descrito como "um autocrata movido pelo próprio ego que liderava pelo medo... e odiava ouvir verdades indesejadas".[14] Embora o foco egocêntrico de Raines tenha ajudado o jornal a conquistar um número recorde de sete prêmios Pulitzer em apenas um ano, os limites dessa cultura contribuíram para os escândalos que envolveram o *New York Times* a partir dos plágios e invenções do repórter Jayson Blair. As mensagens crescentemente mais fortes da periferia indicando que havia problemas com os relatos de Blair foram simplesmente deixadas de lado por Raynes, que se veria forçado a pedir demissão quando o escândalo que isso acarretou não lhe deixou outra saída em junho de 2003. Da mesma forma, a poderosa mas impiedosa cultura da Enron, incentivada por uma diretoria que sempre olhava para o outro lado, permitiu o surgimento de escândalos em tais números e proporções que acabaram levando a empresa à desintegração.

Há muitas empresas em determinados setores que têm culturas naturalmente mais focadas na periferia. Empresas da indústria da moda ou aquelas que lidam com os volúveis mercados de consumo, por exemplo, são seguidamente compelidas a desenvolver forte visão periférica simplesmente para poderem sobreviver em ambientes impregnados por tamanho dinamismo.[15] Outras organizações são fortes no gerenciamento de sistemas de conhecimento e investigação.[16] Essas organizações têm modelos e abordagens que é conveniente emular.

A Mattel tinha uma cultura por demais focada em produto, à época do lançamento da Bratz. Seu foco interno estava evidente no manual de cento e tantas páginas que determinava todos os "pode" ou "não pode" no emprego da etiqueta Barbie. Por ser líder do mercado, a empresa adotava uma posição de resguardo, preservando a linha de produtos e fazendo sempre apenas melhorias de curto alcance, em lugar de verdadeiramente procurar entender as necessidades em evolução de sua clientela – e procurar ir além desse entendimento.

Criar uma Ecologia de Alerta para Difundir a Informação ao Longo da Organização. Essa cultura poderia ser utilizada para criar aquilo que a CIA batiza de uma *ecologia do alerta*. O objetivo é incentivar as pessoas a estarem sempre atentas aos sinais de alerta, mesmo que não tenham qualquer relação com as tarefas a elas destinadas. Um bombeiro, por exemplo, que entrar profissionalmente na residência de uma pessoa idosa poderá ser incentivado a reconhecer o atravancamento de móveis e outros objetos semelhantes cuja conseqüência venha a ser uma fratura de quadril. O bombeiro estaria pronto então para alertar os responsáveis pelos idosos ou encarregados da manutenção de suas casas a adotar as medidas voltadas para evitar semelhantes problemas. Normalmente, o bombeiro tem seu foco limitado à melhor maneira de reagir a um alarme de incêndio, mas, com uma cultura de dedicação a essas advertências ele passa igualmente a ajudar a prevenir futuros acidentes. As organizações devem se dedicar à busca de fórmulas capazes de incentivar suas redes ou sensores a compartilhar informações a respeito de sinais incipientes que venham a se mostrar importantes em outras áreas da organização. Essa cultura do alerta pode ser incentivada mediante a adoção de incentivos e facilidades de treinamento, como se analisa a seguir.

Sistemas de conhecimento para detectar e compartilhar sinais incipientes

Um supermercadista britânico ficou impressionado com os dados mostrando o declínio das vendas de seus queijos franceses de altos preços. No entanto, antes de simplesmente retirá-los de seus mostruários, a empresa optou por cruzar esta informação com os dados de seu banco de clientes. Graças aos cartões de fidelidade da clientela, esse varejista contava com detalhado conhecimento sobre os padrões de compra da maioria deles. O banco de dados revelou que, embora as vendas dos queijos franceses estivessem mesmo em um nível relativamente baixo, seus compradores eram os clientes de maior poder aquisitivo e que mais gastavam no supermercado. Resultado: a empresa manteve os queijos franceses disponíveis em suas lojas.[17]

Embora este exemplo demonstre os bons resultados de sistemas que concentram e exploram as informações sobre os clientes, ele revela igualmente suas limitações. Por exemplo, quais outros produtos, semelhantes aos queijos franceses, poderiam passar a ser oferecidos a fim de atrair novos clientes do mesmo padrão que nunca se atreveram a entrar numa das lojas dessa rede? Quais as tendências mais gerais existentes na sociedade que fomentam o interesse pelos queijos franceses, e de que forma a empresa conseguiria passar a explorá-las em benefício próprio? Já existem concorrentes tirando vantagem desta e de outras tendências, tais como gostos mais sofisticados, refeições pré-prontas ou produtos orgânicos? Os cartões de fidelidade e outros sistemas de coleta de dados sobre a clientela proporcionam um quadro detalhado, mas apenas parcial, dos atuais clientes; um mundo muito maior está lá fora, com suas oportunidades. Ler e entender os sinais incipientes dos clientes atuais e dos concorrentes é um primeiro passo, mas ver e interpretar os difusos sinais incipientes emitidos pelo mundo externo é um desafio de proporções bem maiores.

Organizações com boa visão periférica possuem sólidas capacidades em sistemas de conhecimento, particularmente a identificação de sinais incipientes em meio à avalanche de dados presente no nosso mundo digital. E essas organizações sabem como compartilhar essa informação no cruzamento dos limites organizacionais. Em função da exploração de dados, muitas empresas já ergueram incontáveis montes Everest de dados que às vezes não conseguiram escalar; as empresas vêm se tornando ricas em dados e pobres em capacidade analítica. A rede varejista britânica Safeway, por exemplo, eliminou seu cartão de lealdade dos clientes depois de constatar que não dispunha da capacidade necessária para tirar proveito dos dados que esses mesmos cartões geravam. Além da informação sobre clientes e concorrentes, são imensas as massas de dados geradas no interior da empresa, como *insights* proporcionados pelos representantes de vendas.

William Gibson outrora disse: "O futuro está aqui. Só falta saber distribuí-lo com sabedoria". As organizações precisam criar canais para a distribuição de informação e *insights* sobre o futuro que já existem no âmbito interno. Como se discutiu no Capítulo 3, as empresas precisam explorar a informação presente em seu plano interno. Cada vez mais as organizações procuram armazenar fontes de informação em sistemas de gestão de conhecimento de fácil acesso. E, naturalmente, aí está a fantástica e aparentemente ilimitada expansão da World Wide Web. As empresas já tratam de focar seus "telescópios Hubble" neste imenso, inestruturado e ainda inconfiável universo a fim de fazer brilhar *insights* específicos. A maneira de gerenciar esta avalanche de dados é o verdadeiro centro da capacidade de compartilhamento de informação.

Os gerentes precisam saber se há, em seus sistemas de informação, *brechas estruturais* importantes, áreas que deveriam estar recebendo informação mas não recebem, em função das diversas redes sociais que se entrechocam.[18] Se tais brechas realmente existem, eles podem tentar preenchê-las por meio do aperfeiçoamento dos sistemas organizacionais que realmente tenham sentido. Da mesma forma, os gerentes podem indagar se suas organizações sofrem de *buracos negros*, áreas que constituem verdadeiros poços de afundamento da informação. Da mesma forma que os buracos negros na astrofísica, esses são arquipélagos (isto é, grupos, departamentos ou funções) dos quais nenhuma luz ou informação jamais emana; essas unidades absorvem muita informação, mas raramente a compartilham. Quando sinais débeis encontram buracos negros ao longo de sua irregular trajetória desde a simples insignificância até a situação de informação valiosa, podem ser contidos em seus trilhos. E quando determinadas partes da organização são isoladas demais de outras mais reconhecidas, podem se transformar em buracos estruturais que não conseguem reconhecer, melhorar e agir a partir de informação periférica relevante para o conjunto do empreendimento.

Os tropeços da Mattel na concorrência com a Bratz não se deveram à inexistência de dados. A empresa coleta incansável e eficazmente dados sobre vendas; recebe pesquisas de mercado de nada menos de cinco empresas especializadas; e organiza grupos de foco, pesquisas em *shoppings* e até mesmo visitas a instituições que cuidam de crianças a fim de tentar entender e compreender os padrões de mudanças em andamento. A empresa detectou os primeiros sinais da diminuição da idade desde a manifestação dessa tendência, no começo da década de 1980. No entanto, os seus sistemas de informação no ano 2000 consistiam de 200 fragmentados sistemas empresariais que eram incapazes de compartilhar dados de forma eficaz porque a maior parte desses dados era customizada. Numa conferência telefônica com analistas em 2002, Joseph Eckroth, o novo CIO (chefe executivo em informação), disse que esses sistemas atrapalhavam a produtividade, reduziam a eficiência operacional e a capacidade de a empresa reagir às mudanças surgidas no seu ambiente de negócio. Logo no começo do ano de 2002, a Mattel desencadeou uma revisão do seu sistema de informações. Mas, talvez desviada de foco pelos problemas financeiros, não conseguiu "juntar os pontos" e, menos ainda, reagir com rapidez àquilo que conseguiu detectar. Com suas décadas de investimentos na Barbie, a Mattel também tinha muito mais a perder, e isso resultou numa atitude ainda mais cautelosa. Quando lançou sua linha Diva Starz, talvez exageradamente ousada para seus padrões, enfrentou a rejeição dos seus clientes. Além disso, a Barbie ainda crescia quando a Bratz chegou, e mesmo assim já havia enfrentado e superado, a essa altura, ameaças anteriores. Uma boneca Pequena Sereia que havia tido sucesso, por exemplo, foi simplesmente jogada de volta ao mar por uma Barbie com cauda de sereia.[19] Empresas no comando de seus respectivos mercados são especialmente sensíveis a novos riscos quando não dão atenção a forças periféricas que chegam a transformar a paisagem.

A estrutura organizacional da Mattel também não incentivava as comunicações internas. Antes da criação da Mattel Brands, em 2003, as divisões para meninos e meninas da Mattel operavam como se fossem, respectivamente, grupos de escoteiros e de bandeirantes inteiramente independentes e isolados. (Mesmo bem antes do seu badalado rompimento, Barbie e Ken sequer falavam um com o outro.) Era quase inexistente a interação dessas divisões, sendo igualmente escassa a movimentação de carreiras ao longo das diversas marcas da empresa. A estrutura da nova Mattel Brands, instituída em 2003, foi projetada com o objetivo específico de criar maior interação das organizações de meninos e meninas, mas a essa altura a Bratz já estava firmemente entrincheirada e consolidada nesse terreno.

Elimine ou Desafie os Silos. Os gargalos organizacionais podem bloquear ou facilitar a troca de informações. Por exemplo, enquanto a descentralização das responsabilidades de *marketing* na Starbucks garantia que os gerentes estivessem ligados e sempre atentos às preferências e gostos locais, ela igualmente tornava mais difícil para a organização central detectar e reconhecer o surgimento de mudanças de maior escopo. Mesmo sendo considerada uma das organizações de alcance global com *marketing* mais imaginativo, a verdade é que ela não dispunha de um grupo estratégico de *marketing*, muito menos contava com um diretor principal de *marketing*. As responsabilidades pelo setor eram divididas entre três grupos separados (pesquisa de mercado, de categorias e grupos de *marketing*). Em 2002, isso impediu a empresa de reconhecer que a marca estava sofrendo de um envelhecimento debilitador; que sua cambiante base de clientes passava a englobar clientes mais jovens, com menor nível educacional e renda mais baixa, e que a satisfação dos clientes havia entrado em declínio. A informação a respeito dessas tendências não foi reunida com a indispensável velocidade. Os *insights* mais importantes só passaram a ser reconhecidos com grande lentidão.[20] As empresas podem expandir os horizontes dos seus gerentes mediante a reformatação dos gargalos ou pela criação de estruturas integradoras em torno deles.

Capte Sinais Incipientes. A capacidade de gerenciar dados de consumidores está em constante aperfeiçoamento. As empresas utilizam informação atualizada para, por exemplo, ajustar preços. Estão igualmente acrescentando às suas credenciais capacidades analíticas de previsão que ajudam a antecipar determinadas tendências. Mas esses dois avanços são relacionados prioritariamente com dados estruturados sobre o empreendimento atual, que se situa principalmente na visão focal da organização. O real desafio é lidar igualmente com aqueles dados mais difusos, imprecisamente estruturados. As organizações precisam conceder as devidas atenções aos sinais externos e aparentemente fracos que são freqüentemente filtrados através dos sistemas que buscam *insights* definitivos.

A disciplina da gestão do conhecimento emergiu com a finalidade de ajudar a lidar com a sobrecarga de informação, a partir de abordagens tradicionais de arquivamento e metodologias mais modernas de suporte às decisões. O desafio em todos esses sistemas é decidir aquilo que merece armazenamento antes mesmo que tomemos conhecimento de sua real relevância e da melhor maneira de, posteriormente, quando se fizer necessário, extrair esse conhecimento do seu arquivo. Trata-se de uma tarefa especialmente difícil para a informação periférica, que tende a ser incompleta, ambígua e aparentemente de menor relevância. Armazenar todos esses sinais mais débeis seria tolice, mas tratar sempre de filtrar entre os mais significativos deles é algo com possibilidade de gerar sinais especialmente importantes.

Uma maneira de identificar ameaças significativas é designar um executivo encarregado de "coletar a paranóia". Precisa ser uma pessoa suficientemente conhecedora dos negócios e tradições da empresa a ponto de ganhar a confiança da organização, garantindo que a informação negativa, ameaçadora, seja sempre levada suficientemente a sério. Outra abordagem da melhor maneira de captar e agir a partir de sinais mais débeis consiste em formar grupos de busca de duas ou três pessoas provenientes de diferentes departamentos. Esses grupos deveriam então lidar com essa questão: qual seria o pior prejuízo para a nossa nova linha de produtos este ano? Uma vez identificadas tais ameaças, o grupo pode elaborar a partir delas uma lista de sinais de alerta. Depois de examinar o potencial de desastre de cada um desses sinais, o grupo estaria igualmente em condições de analisar qual seria o maior benefício para a empresa. Isso sem dúvida deixaria a organização mais atenta aos sinais incipientes e aumentaria a capacidade dos gerentes de rapidamente "juntar as pontas soltas".

Use Mecanismos de Mercado e Análise Avançada para Divisar o Quadro Geral. Um ex-diretor da CIA chegou a propor a constituição de um mercado para o terror, a fim de que tanto os funcionários do governo quanto o público pudessem acompanhar e analisar de perto de que maneira personagens bem-informados avaliam as possibilidades de ocorrência de vários atentados terroristas (como a destruição da Torre Eiffel, em Paris, ou do Big Ben, em Londres). A oposição política ao apostar nas possibilidades de sucesso do terror e da destruição rapidamente jogou essa idéia na lata de lixo oficial, embora o conceito de painéis de especialistas e mercados de opinião tenha muitos méritos a recomendar sua adoção. A pesquisa acadêmica tem demonstrado amplamente a sabedoria de mercados ou multidões.[21] Semelhantes mercados virtuais podem ser encarregados de seguir e recompensar *insights* avançados a respeito de qualquer tópico. Por exemplo, existe um mercado extremamente exato de previsão dos resultados de eleições presidenciais, em que as pessoas investem dinheiro e reputação.

A chave do sucesso é o desenvolvimento de uma constelação de instrumentos tanto especializados quando genéricos de coleta de inteligência que monitorem a periferia de uma maneira muito parecida àquela pela qual a inteligência militar desvenda tanto a superfície quanto os horizontes globais em busca de ocorrências fora do comum. Os gerentes cercam-se de tecnologias de processamento de informações cada vez mais poderosas para a detecção, codificação, armazenamento, transmissão e mesmo interpretação de dados. Embora muitas diretorias executivas se inclinem a estreitar cada vez mais o foco dos negócios, sistemas mais amplos podem ser projetados a fim de acompanhar fatos fundamentais em desenvolvimento na periferia, e se consegue reunir painéis de experts que, a distância, compartilham e emitem vereditos a respeito de informação ainda ambígua. O WebFountain da IBM (discutido no Capítulo 3) é talvez a tentativa mais ambiciosa e sistemática no âmbito do setor privado para codificar a periferia mediante a constante detecção de dados do ciberespaço e outras fontes. Tecnologias que vão desde o reconhecimento de padrões até armazenamento e retenção de informação para codificação continuam a aumentar a capacidade das organizações de localizar informação valiosa na periferia.

Desenvolva configuração organizacional e processos capazes de incentivar a exploração da periferia

Liderança, processos de planejamento estratégico, cultura e sistemas de compartilhamento de conhecimento que incentivem a visão periférica precisam ser apoiados por uma arquitetura organizacional adequada. Depois do ataque da Bratz à Barbie, a Mattel lançou um centro de inovação, chamado de Projeto Platypus, que tem como principal missão unir equipes diversificadas a fim de criar novas idéias de produtos. O projeto tem a ambição de desenvolver novos produtos de sucesso, em vez de simplesmente a mais nova geração da Barbie ou reações do tipo "eu também sei fazer" à Bratz. Os mais de dez integrantes do projeto estão constantemente se afastando de suas funções rotineiras, normalmente para temporadas de três meses num estúdio que é desenvolvido para estimular criatividade e ação. Eles formam equipes que saem em missões de campo para observar as crianças brincando, entrevistar os pais, e depois se juntar criativamente até surgirem com novos conceitos de produtos.[22] As pessoas então discutem e defendem as idéias pelas quais se inclinam. Essa iniciativa não tem simplesmente o propósito de criar idéias para projetos e inovações de mercado. Mediante o constante revezamento de novos participantes, ela igualmente passa a difundir suas abordagens da criatividade ao longo do conjunto da organização.

Este tipo de iniciativa tem ajudado a empresa a criar produtos verdadeiramente novos, como o Ello, um original "sistema de criação" voltado para meninas de cinco a dez anos de idade, e que pode ser usado para montar praticamente tudo, desde casas até pessoas e gravatas. O Ello ajudou a aumentar as vendas do departamento "Other Girls Brands" da Mattel em 5%, globalmente, em 2003. Ao estabelecer o Projeto Platypus, a empresa, em essência, criou novas células fotorreceptoras destinadas a detectar oportunidades na periferia com maior antecipação, e reconfigurou a empresa para permitir que esses *insights* fossem transformados em novos produtos. Da mesma forma, a Procter & Gamble estabeleceu um sistema que licencia temporariamente os gerentes de suas funções e os desafia a criar um plano de prototipagem rápida para um novo negócio significativo em tempo realmente escasso. (veja o quadro "Campo de trabalho da desativação".) Iniciativas semelhantes a esta conseguem, muitas vezes, agitar e expandir o foco normalmente limitado dos gerentes.

Outras estruturas organizacionais também podem contribuir para a visão periférica. Como vimos no Capítulo 5, a CIA criou um fundo externo de projetos, o In-Q-Tel, para localizar e avaliar tecnologias emergentes que sirvam, hoje ou no futuro, aos seus propósitos específicos. As empresas têm criado fundos de investimento, como o Intel Capital, cujo objetivo é manter um acompanhamento muito próximo das tecnologias emergentes. Outros aspectos fundamentais da configuração organizacional interna capazes de ajudar a fortalecer os *insights* periféricos incluem a contratação de funcionários com currículos comprobatórios de sua capacidade de expandir a curiosidade e diversidade das perspectivas da organização, e a criação de incentivos destinados a recompensar a visão periférica dos indivíduos. Atribuir uma clara credibilidade à periferia é importante, como discutiremos no próximo capítulo.

Contratar, Treinar e Recompensar pela Curiosidade. Há pessoas dotadas de uma capacidade inata de examinar a periferia que as demais não revelam. Quando você comparece a uma festa ou recepção, o que consegue anotar em relação à periferia? Quem fala com quem, quem sai mais cedo, e onde parece haver riso ou tensão? Há indivíduos capazes de notar tudo o que acontece, enquanto outros deixam aquela festa sem recordar de nada, mesmo em relação às poucas pessoas com as quais conversaram durante o evento. A fim de aperfeiçoar a curiosidade organizacional, a função dos recursos humanos – que lida com recrutamento, treinamento, promoção e remuneração – pode tornar-se um importante estágio na mudança da composição dos indivíduos que integram a organização.

As organizações podem planejar a busca da diversidade ao longo da sua força de trabalho e igualmente de uma forte visão periférica individual entre seus novos contratados, duas qualidades que normalmente contribuem para o alcance organizacional. Ao contratar novos funcionários, questões específicas devem ser apresentadas ou testes aplicados para avaliar o interesse e capacidade das pessoas de examinar a periferia sem que isso signifique que estejam desviando o olhar do objetivo principal. Ao determinar avaliações de desempenho, é preciso distinguir com quanta freqüência e sucesso foram notados itens da periferia. E, em programas de treinamento, incluir workshops sobre pensamento crítico e inovador, planejamento de cenários, monitoração dinâmica e detecção de sinais incipientes. É preciso educar e treinar os funcionários em relação aos filtros e preconceitos cognitivos dos quais todos nós, em diferentes ocasiões, nos tornamos vítimas à medida que tentamos buscar sentido no mundo exterior.

Campo de trabalho da desativação

A Procter & Gamble criou uma abordagem intitulada Campo de Provas da Desativação, nome que, no entendimento de seus criadores, emitia um claro sinal de que o trabalho ali empreendido deveria, no mínimo, desafiar o status quo. Durante o campo de provas, os gerentes são levados a trabalhar fora dos seus ambientes rotineiros e desafiados a criar uma idéia original de produto em curto prazo. Muitos inovadores tinham, outrora, de esboçar suas idéias em guardanapos e semelhantes, mas a tecnologia atual é uma grande ajuda no processo de prototipar novas idéias. O uso de simulações proporciona aceleração da informação e ajuda na criação de protótipos primitivos de vídeo que descrevem o conceito proposto. Um protótipo de comercial de televisão tem condições de tornar uma área inimaginada rapidamente muito mais real e esclarecer seu potencial de uma maneira muito visceral. Esta abordagem proporciona aos gerentes envolvidos e aos avaliadores do conceito a oportunidade de determinar se o atrativo do conceito será suficientemente poderoso e diferenciado para merecer o tempo e os recursos necessários a um desenvolvimento mais integral de todo o processo. Os avaliadores dessas novas idéias têm também, dessa forma, a oportunidade de descobrir alguma coisa que jamais iriam encontrar num plano padrão de negócios, um sentimento de paixão e entusiasmo a respeito da idéia. Seria este um negócio com poder?

Todo esse processo é muito mais rápido e bruto do que as fórmulas pelas quais processos são normalmente desenvolvidos. Quando se está explorando a periferia, a meta não é divisar em tudo os grandes detalhamentos, mas, sim, determinar em tempo hábil se o objeto em mira é digno de atenção mais detalhada por parte da organização. Essas abordagens, em essência, permitem à organização lançar um rápido olhar lateral sobre alguma coisa a fim de determinar quando será chegado o momento de dedicar maior atenção a esse conceito ainda marginal. *

* Larry Huston, "Mining the Periphery for New Products", *Long Range Planning* 37 (2004), 191-196.

CONCLUSÃO: FAZENDO A COISA CERTA

Os componentes que dão forma à capacidade de uma organização em matéria de visão periférica são altamente interligados, como mostra a Figura 7-2. É preciso que sigam fortalecendo continuamente uns aos outros, tendo a liderança como tema predominante. Uma liderança forte é importantíssima para transformar a periferia em realidade ao longo da organização.

Às vezes, no entanto, as interações são complexas ou sutis. Uma força em determinada área que parece melhorar a visão periférica pode, na verdade, fazê-la definhar ao limitar a flexibilidade e a curiosidade. Por exemplo, a capacidade da Cisco

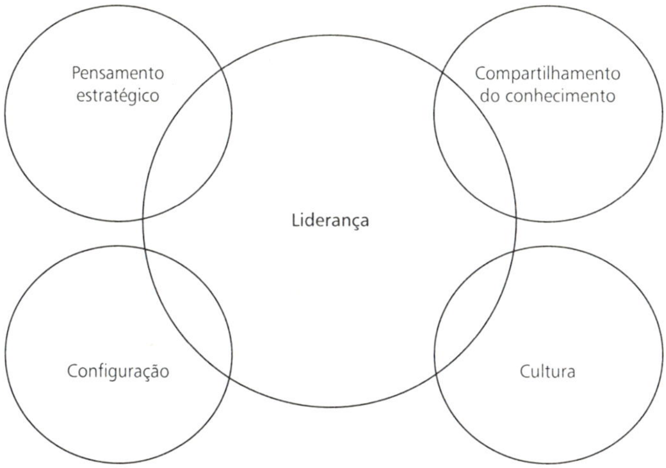

FIGURA 7.2 Componentes da capacidade de visão periférica.

de fechar as contas em tempo real ao longo de um "fechamento virtual" fez com que parecesse altamente adaptada com seu ambiente. Em vez de esperar durante um mês, ou mais, para conhecer o desempenho de suas unidades de negócios, a empresa conseguia definir claramente sua situação no dia-a-dia, o que lhe dava a condição de sentir o pulso financeiro dos negócios. Embora isso focasse sua atenção no negócio do momento em tempo real, não significava necessariamente ajudar a empresa a reconhecer as mudanças mais amplas no entorno que, no final das contas, acabaria realmente afetando seus negócios. A empresa não teve a agilidade necessária para identificar a recessão que se seguiu ao colapso das empresas ponto.com nos EUA, forçando a Cisco a padecer sob uma carga de estoques de produtos inúteis de bilhões de dólares em 2001. Talvez não houvesse maneira de ter evitado isso, mas a verdade é que fechar as contas em tempo real acabou proporcionando à empresa um espelho retrovisor extremamente acurado, mas não uma visão clara da estrada à sua frente. A verdade é que tais sistemas de gerenciamento de tempo real podem criar um falso sentimento de segurança.

Ainda que cada uma das recomendações deste capítulo tenha, por suas próprias forças, condições de melhorar a visão periférica, é provável que uma abordagem integrada consiga gerar força muito maior. Ao projetar organizações inquisitivas, os administradores devem adotar uma visão de sistema em que o conjunto represente mais do que apenas a soma de suas partes. Haverá sempre várias forças organizacionais internas lutando pela manutenção do *status quo* e se opondo a qualquer fonte de mudança. A teoria do elástico se aplica muito bem aqui. Qualquer pequena mudança isolada é algo parecido com esticar levemente um elástico e soltá-lo. O elástico voltará rapidamente ao seu estado original, e assim também a organização, se o projeto de reforma não contar com mudanças capazes de consolidá-lo. Cada uma das recomendações aqui apresentadas pode consolidar as demais. Mas, para tanto, as empresas precisam determinar e pôr em prática o adequado equilíbrio entre os recursos alocados tanto à visão periférica quanto à visão focal. No capítulo a seguir, proporcionamos *insights* mais detalhados sobre como avaliar e aperfeiçoar a visão periférica na sua organização, especialmente no que diz respeito ao papel do líder.

Capítulo Oito

Liderança

Programa de Ações

"Abandonar a ilusão de poder prever o futuro é uma forma de libertação. O máximo que alguém pode fazer é dotar-se da capacidade de reagir à única coisa real da vida – a incerteza. A criação dessa capacidade vem a ser o real propósito da estratégia."

—Lorde John Browne, Executivo-Chefe do Grupo BP[1]

DEIXANDO LONDRES VIA AÉREA, uma executiva da BBC mantinha o olhar fixo no exterior, admirando os futurísticos contornos da controvertida Millennium Dome ao longo do Rio Tâmisa. Sua organização, refletia ela, precisava equilibrar as tradições resistentes que se enroscam como as curvas do rio com os desafios de um mundo digital que cresce com toda a agitação e a mesma promessa de incertezas que parece sempre representar a branca abóboda da estrutura. À medida que o jato deixava para trás e para baixo essa complexa paisagem da cidade e da BBC, ela não parava de pensar: "O que teremos de fazer para abrir caminho neste novo mundo e ao mesmo tempo continuar tendo importância para o público que nos sustenta?"

A BBC, a organização pública de serviços de rádio e televisão britânica, sustentada por fundos públicos, enfrentava, à época, um complexo elenco de problemas. Ao longo de 2004, a BBC parecia estar sempre em grandes dificuldades.[2] Dois de seus principais executivos renunciaram depois de uma amarga sindicância em torno de uma matéria não-comprovada a respeito da suposta "manipulação" das informações secretas que levaram à guerra no Iraque. Houve igualmente amplas críticas a respeito do pagamento da taxa de uso – um imposto compulsório pago pelos 24 milhões de domicílios britânicos com um aparelho de televisão (isso que tal imposto sustenta todos os serviços nacionais e regionais britânicos de TV, rádio, serviços *online* e interativos). E a tecnologia continuava avançando. À medida que a televisão digital habilitava mais de quatrocentos canais – em comparação com quatro, até os anos 1980 – as concorrentes da BBC ficavam ainda mais iradas pela maneira que isso era financiado. Em 2005, nesse clima de grande agitação, a BBB negociava a sua carta de autorização, o documento que autoriza a existência do serviço e a cobrança de taxas de licenciamento que geram o grosso de sua receita operacional de três bilhões de libras (US$ 5,6 bilhões). Essa é a fonte que sustenta os oito canais de televisão, dez redes de rádio, e o aclamado serviço *online* da BBC ao longo do Reino Unido e da Commonwealth. Receitas adicionais são geradas por duas divisões comerciais – a BBC Worldwide Ltd. e o BBC Ventures Group Ltd. – que vendem produtos e serviços no mundo inteiro.

A programação da BBC é uma experimentação constante, e os gostos do público, muitas vezes, quase impossíveis de prever. Por exemplo, em 2003 a estação de música clássica da BBC, a Radio 3, passou toda uma semana tocando cada composição da autoria de Beethoven, em paralelo com documentários e programas de apoio na televisão. Foi um sucesso gigantesco e imprevisto. Foram feitos 620 mil *downloads* das cinco sinfonias nos primeiros cinco dias dessa programação especial (e 1,4 milhão de *downloads* ao final, contando todas as nove sinfonias), o que teria colocado o compositor nos primeiros cinco lugares do ranking de *downloads* – à frente, portanto, das mais "*hots*" entre as "*hots*" das bandas *pop* modernas.

Uma das maiores mudanças, contudo, foi a revolução digital, com uma proliferação de dispositivos e conteúdos disponíveis numa ampla variedade de plataformas digitais. Em 2005, já havia transmissões disponíveis via televisão digital, Internet e outros dispositivos móveis. Os ouvintes conseguiam igualmente sintonizar milhares de estações internacionais. Essas tendências tecnológicas estimularam a fragmentação da audiência e ajudaram a agilizar transformações nos hábitos de ouvintes e telespectadores. A organização teve de equilibrar P&D e novas mídias para levar adiante seus objetivos criativos, democráticos, sociais e culturais. De que forma poderia a BBC agir sobre esta ampla e cambiante periferia sem se tornar neurótica e dispersiva?

EXPLORANDO E TRABALHANDO A PERIFERIA

A BBC enfrenta um conjunto muito amplo e ambíguo de ameaças e desafios na sua periferia. Ela precisa "trabalhar" uma ampla periferia e agir de maneira a entender e a capitalizar todas as mudanças importantes ali registradas, especialmente em termos de distribuição e hábitos de consumo do público.[3] Isso requer atenções e ações *divergentes* simultaneamente em muitas áreas. Em contraste, ao tratar com um segmento muito bem definido da periferia, como a ameaça dos LEDs à indústria da iluminação (discutimos o tema no capítulo 6), os líderes têm a possibilidade de levar a organização a "explorar" numa área específica. Explorar exige um foco mais *convergente* sobre uma área específica da periferia e, ainda, que se desenvolva com rapidez a capacidade para reagir a tal necessidade. (Claro, há várias outras mudanças com as quais os administradores devem se preocupar na indústria da luminárias, além dos LEDs. Por exemplo, qual será o impacto cumulativo da poluição das lâmpadas de mercúrio quando comparado com o das lâmpadas mais tradicionais?)

O maior perigo para uma organização que procura se ocupar de uma periferia mais ampla consiste numa eventual dissipação de suas atenções. A BBC conseguiu evitar esta possibilidade ao incentivar seus quadros a encarar a periferia de determinadas maneiras – isto mobilizou a organização a se tornar mais inquisitiva e dirigiu atenções para desafios específicos, com isso conseguindo, no conjunto, definir características e preferências. A estratégia do cuidado especial com a periferia teve também outras dimensões, mas, no momento, permitam-nos examinar três delas em maior detalhamento, para melhor avaliar as respectivas abordagens.

Mobilizar a organização tornando-a mais inquisitiva

Ao ser nomeado Diretor-Geral da BBC em junho de 2004, Mark Thompson fez questão de deixar extremamente claro para todos a necessidade de focar a atenção organizacional na rapidez com que o mundo externo evoluía. Contou que, ao entrar numa lojinha de artigos eletrônicos, divisou uma câmera HDTV a preço muito convidativo. A BBC estava, àquela altura, recém falando sobre HDTV. E já havia consumidores fazendo uso desse dispositivo. O futuro está aqui, pensou ele, ainda na lojinha, e a BBC precisa desesperadamente de um melhor entendimento de tudo que isso pode significar. Com isso em mente, anunciou então uma reestruturação do comitê executivo e lançou uma revisão de métodos que foi um verdadeiro desafio para as operações de negócios. Ainda que a organização, no todo, precisasse reduzir custos, ele deixou claro que o foco maior deveria concentrar-se na formulação de questões capazes de desafiar e aperfeiçoar a maneira pela qual todos os integrantes da BBC imaginavam a empresa. Como ele deixou claro na mensagem aos 28 mil integrantes da BBC no Reino Unido em seu primeiro dia no cargo: "Entramos nessa de mente verdadeiramente aberta, mas a verdade é que existem dúvidas que não desaparecerão tão cedo. Se não as examinarmos com todo o cuidado possível nós mesmos, outros acabarão tendo de fazer isto por nós... Nossa missão será mudar a BBC mais rápida e radicalmente ao longo dos próximos três a cinco anos do que em qualquer momento anterior da história desta organização".[4]

Pelo fato de a organização dispor de uma periferia imensamente ampla, era importante que ele não desse aos funcionários respostas determinantes e definitivas. Pelo contrário, ele se dedicou a desafiar a organização inteira a entender cada vez melhor os diversificados aspectos da periferia. Thompson lançou, por exemplo, uma iniciativa denominada de *Futuro Criativo*, destinada a incentivar cada setor da organização a focar suas atenções nos desafios que iriam definir seu próprio futuro.

O objetivo maior era botar todo mundo na organização a pensar e examinar a periferia externa – especialmente as novas tecnologias, canais e comportamento dos consumidores –, com isso se capacitando a entender cada vez melhor como e quanto a parte de cada um nesse ambiente poderia mudar. Foi uma verdadeira mudança de cultura, passando do foco concentrado na produção de notícias e outros conteúdos a um foco muito mais atento e diversificado. Isso incentivou a organização como um todo a comprometer-se na busca e compartilhamento de informação, e na criação de espaço organizacional para discutir tudo o que esses sinais estariam a indicar.

Essa mudança de cultura proporcionou diversos *insights* e ações em inúmeros setores da organização. Por exemplo, na tentativa de entender melhor o público jovem, o pessoal do *marketing* da BBC acabou descobrindo que, embora os telespectadores jovens gostassem realmente de determinados programas, não chegavam a relacionar tais sucessos com a "marca" BBC. A empresa passou então a desenvolver campanhas de consolidação de imagem corporativa destinadas a aumentar a percepção, pelo público, de sua presença, e também para fazer esse público entender que inúmeros dos seus programas favoritos de TV eram produzidos pela BBC – e por nenhuma outra empresa do setor. O desafio implícito na campanha era chegar a esse público jovem no seu próprio meio e com a linguagem por ele entendida e utilizada.

Focar a atenção em desafios específicos

A dificuldade maior de tratar com uma ampla periferia é o fato de facilmente a organização ficar sobrecarregada e com isto ter suas atenções infrutiferamente dispersadas.

Há uma necessidade vital de priorizar e focar áreas específicas de interesse, ao mesmo tempo em que se batalha pela ampliação dos horizontes pretendidos. Sempre que discute visão periférica, o executivo Larry Huston, da Procter & Gamble, recorda a maneira como aprendeu, criança ainda, a estar sempre procurando cabeças de flechas e outros artefatos dos índios norte-americanos enquanto os agricultores lavravam seus campos na região leste do estado da Pennsylvania. Uma busca indireta como esta raramente apresentava sucesso, por isso o pai de Huston o ensinou a usar uma vara, cuja ponta ia fincando aleatoriamente no campo enquanto focava os olhos exclusivamente em sua extremidade. Embora a área explorada continuasse assim ampla, a ponta da vara mantinha a atenção dele concentrada numa área adequadamente estreita para que pudesse detectar a presença de eventuais peças indígenas assim perdidas numa escala bem mais ampla.

Na BBC, Thompson criou iniciativas específicas para focar a atenção organizacional no entendimento detalhado das mudanças presentes no horizonte. Tais iniciativas não eram tão aleatórias quanto a vara de Huston, mas serviram ao propósito similar de direcionar atenção para áreas mais definidas, mais significativas, da periferia. A tecnologia digital era uma dessas áreas de foco. (Embora tenha começado como uma área relativamente pequena em termos de atenções, no momento a tecnologia digital está no centro das maiores atenções, tanto dentro quanto fora – no mundo inteiro – da BBC.) Uma semana depois de assumir o cargo, Thompson e o presidente Michael Grade divulgaram um manifesto de nove pontos como parte da campanha de Renovação do Compromisso para mudar a organização no sentido de adaptá-la às exigências e às oportunidades da era digital. Eles divisavam um mundo em que todos no Reino Unido acabariam tendo acesso igual aos serviços digitais – por demanda, móveis e personalizados – e em que "o tráfego tradicional de mão única entre a emissora e o consumidor evoluirá para um diálogo verdadeiramente criativo, no qual o público deixará de ser aquelas audiências passivas, passando a constituir participantes ativos e inspirados".[5] O documento criou um contexto para que a organização pudesse cuidar adequadamente das implicações dessas tecnologias e para poder avançar em termos de oportunidades relacionadas ao mundo digital.

A BBC trabalhou também com consultores independentes a fim de examinar algumas das mudanças em andamento no mundo externo e encaminhar algumas mudanças culturais que se faziam necessárias no âmbito da organização. Isto levou a empresa a se dar conta de que o seu público estava muito adiantado em relação à própria BBC em matéria da adoção de novas tecnologias, como gravadores digitais de vídeo, *wikis* (espaços comuns para acesso e compartilhamento rápido de informações), mensagens de texto e telefones celulares. Os fatores de como, quando e por que os consumidores acessam mídias e entretenimento passaram por mudanças radicais.

A BBC passou a desenvolver uma variedade de experiências para responder a comportamentos profundamente diferentes de seu público, entre os quais o *download*, a integração, a manipulação e a criação conjunta de conteúdo. A companhia de transmissão de rádio e TV desenvolveu um *player* que proporciona acesso sem limitação de tempo a conteúdos transmitidos pela web. Isto, em contrapartida, deu origem ao Interactive Media Player e a um MyBBC Player com os quais o assinante do respectivo serviço tem busca e acesso a conteúdo nos arquivos da BBC. Todas essas iniciativas constituem testes da vida real na periferia.

Identificar ativamente tendências e preferências

A BBC igualmente investiu nos talentos dos caçadores de tendências, especialistas, como diz sua qualificação, em identificar, buscar e alimentar todo aquele processo de produção criativa. Buscou também precursores. Seu executivo-chefe de tecnologia (CTO) é um visitante freqüente e muito interessado da Coréia do Sul e outras partes da Ásia conhecidas como precursoras do tipo de mundo digital que a BBC está desenvolvendo no Ocidente. Esse CTO procura especificamente por *insights* para os negócios da própria BBC. Por exemplo, que impacto tenderia uma determinada nova tecnologia a exercer sobre a maneira pela qual os consumidores reúnem notícias, entretenimento e informação? Quais são os mais importantes canais quando se consomem notícias e música via celulares, computadores e televisão? E quanto aos *podcasts*? Que tipo de conteúdo funciona melhor via quais canais de distribuição? (Por exemplo, estão criando agora "mobisodes", compactos de *shows*, enviados para fones celulares.) De que maneira essa experiência poderá ser diferente, ou não, no Reino Unido?

A BBC igualmente prestou atenção às mudanças ocorridas na sociedade, mais especificamente, no plano doméstico, o que a levou a inesperados *insights*. Uma das principais tendências assim identificada foi a de que cada vez é maior o número de pessoas que vivem sozinhas. Isso leva a um menor número de famílias assistindo a programas e outros itens, e a um número muito maior de assistentes isolados. Mesmo em residências com muitos membros, a compra de múltiplos televisores significa que as pessoas estão vivendo no seu próprio "bloco de informação", o que diminui as oportunidades de compartilhamento de experiências. Este *insight* criou oportunidades para nova programação com os requisitos necessários para reunir famílias em torno de um televisor. Por exemplo, a BBC relançou o *Dr. Who*, que em outros tempos chegou a ser um grande sucesso apesar de ter sido lançado num horário "morto" – 19 horas de sábado – principalmente por se tratar de um programa considerado capaz de atrair as atenções de toda a família. Foi surpresa para toda a indústria que a noite de sábado não seja ainda uma "zona morta", e também que, mesmo numa era de mídia fragmentada, ainda houvesse mercado para um entretenimento de características tradicionais, tanto que consegue juntar pessoas em frente a um aparelho de TV.

Os *blogs* também mudam as relações da BBC com seu público no Reino Unido e no resto do mundo. O jornalismo cidadão vem sendo um importante fato novo, quando turistas fotografam e compartilham fotos de tsunamis e mesmo de bombardeios, os *bloggers* atualizam os noticiários, e a mídia interativa ganha força. Fatos derivados da tecnologia, como os citados, estão claramente alterando as interações da BBC com seu público. E são mudanças que também despertam sérios desafios a respeito de garantir que os valores centrais da BBC – integridade, imparcialidade e confiança – são consistentes e continuarão a ser mantidos neste novo mundo "wiki".

Os exemplos que acabamos de citar são apenas alguns dentre aqueles que comprovam o cuidado que a BBC vem dedicando à sua periferia mais do que ampla. Na prática, a distinção entre cuidar e explorar a periferia passa a ser uma questão de gradação. Cada organização precisa prestar atenção a áreas menores, de seu específico interesse, sem com isto perder a visão e a noção daquele quadro maior em que se insere, junto com a concorrência.

SEIS LIÇÕES DA PERIFERIA

Quais são os princípios orientadores para os líderes, como Mark Thompson, da BBC, cuja missão seja comandar suas organizações na periferia? Elaboramos um elenco de lições centrais a partir da nossa discussão das páginas anteriores, lições essas habilitadas a ajudar tanto organizações quanto seus administradores a agir melhor na periferia sem chegarem a se tornar, com isso, pesadas e confusas.

> *Lição 1: Visão periférica tem mais de antecipação e alerta do que de previsão.*[6] Um dos princípios soberanos da efetiva visão periférica diz que ela sempre será menos nítida do que a visão focal. A periferia é cinzenta, não é pintada em cores. Sinais débeis são, por definição, fracos. O futuro é basicamente uma incógnita e imprevisível. Mesmo com todas essas limitações, a visão periférica proporciona duas espécies de antecipações: preparar-se em face da incerteza e agir antes de qualquer outro

concorrente o faça. Esperando-se até o momento em que uma previsão ou antecipação claramente delineada for viável, provavelmente se terá esperado demais. As organizações que monitoram a periferia têm condições de nela situar-se com sabedoria. Embora tenhamos todos uma ansiedade característica humana por certeza e exatidão, precisamos também nos adaptar a um mundo que é difuso, se pretendermos chegar a enxergar alguma coisa além da nossa visão focal.

Lição 2: O problema não está numa falta de dados, mas, sim, numa ausência de boas questões. Os administradores tratam de compensar eventuais falhas reunindo informações em volume sempre maior do que aquele já disponível, mas, a não ser que consigam focar esse acúmulo na expansão do campo de visão, por mais cuidadosamente que se dediquem a olhar para elas não conseguirão divisar as oportunidades e ameaças, a menos que seu escopo seja adequadamente ampliado. As boas questões norteadoras conseguirão voltar a atenção do conjunto da organização para os pontos de interesse e, ao mesmo tempo, deixarão de lado aquilo que constitui apenas ruído sem significado.

Lição 3: É preciso monitorar ativamente mas sempre de mente aberta, porque a periferia nem sempre virá até você. Jamais espere a periferia vir até você; na maior parte das vezes, você é que precisa explorá-la. Colombo não chegou à América simplesmente fixando seu olhar no horizonte; ele içou as velas. Embora o monitoramento passivo desempenhe importante papel na visão periférica, é preciso igualmente explorar ativamente a periferia por meio de hipotéticas incursões dirigidas e aleatórias rumo ao desconhecido. De maneira especial, vale utilizar diversas ferramentas para concentrar atenções em partes específicas da periferia – por exemplo, mudanças dos clientes ou tecnologias emergentes – que tenham maior importância para a empresa interessada ou para a questão em estudo. O monitoramento ativo não é um evento único nem mesmo anual. Deve ser um processo em tempo real que se alimenta e se reforça a partir de um amplo repertório de técnicas e abordagens.

Lição 4: Para melhor entender a periferia, use a triangulação. Da mesma forma que o olho usa triangulação para proporcionar profundidade e significado, é preciso contar com múltiplas perspectivas sobre a periferia a fim de entendê-la. Se a periferia causar confusão, é melhor passar a visualizá-la de diferentes ângulos. Isso se consegue com maior facilidade juntando ao processo em andamento pessoas com visões diversificadas, e usando nesse mesmo processo métodos e técnicas múltiplos. Isso é especialmente importante por ser a periferia inerentemente difusa e incompleta. Os conflitos e diferenças de pontos de vista, bem como as múltiplas hipóteses, podem ajudar a jogar luz sobre as diferentes partes do quadro visado. Desta forma, a organização consegue pensar criativamente a fim de "juntar as pontas soltas".

Lição 5: Sempre que se apanhar reflexos da periferia, é decisão sábia testá-los em profundidade antes de se render ao significado presumido. Não confie sempre e irrestritamente naquilo que você consegue ver com o canto do olho. É importante não saltar a conclusões precipitadas, sendo preferível usar o tempo para aprender mais a respeito da periferia. É preciso amplificar os sinais débeis da periferia com testes direcionados. Também precisamos agir com prudência sempre que confrontados com um enorme elenco de opções reais e experimentos a fim de manter a flexibilidade até a incerteza tornar-se mais tolerável.[7]

Lição 6: Equilibrar a visão periférica e a visão focal é um dos principais desafios da liderança. Os recursos e atenções dedicados à periferia são muitas vezes extraídos dos investimentos na área focal. As organizações precisam atingir o equilíbrio ideal entre visão focal e visão periférica. O olhar abre seu caminho mediante uma combinação de inputs das células dos bastonetes que estão examinando a periferia e das células dos cones – receptores fotossensíveis da retina – usados para visão focal em boas condições de iluminação. Tanto bastonetes quanto cones têm suas funções; da mesma forma, as organizações não devem entender as atividades periféricas como uma distração, ou desvio, de escassos recursos que deveriam ser dedicados às preocupações focais. Os líderes precisam chegar ao equilíbrio adequado, aquele com base nas necessidades da organização e do ambiente em que atua. Alguns precisarão de uma organização rigidamente focada, enquanto outros precisarão desenvolver uma organização verdadeiramente "ambidestra", capaz tanto de administrar pequenos avanços incrementais quanto de liderar mudanças revolucionárias.

A AGENDA PARA O APERFEIÇOAMENTO

Se a organização tem vulnerabilidades em sua visão periférica, precisa urgentemente desenvolver um programa para o seu aperfeiçoamento. Uma vez identificadas essas debilidades, são muitas as formas de encaminhar sua reabilitação, da mesma forma que existe uma ampla gama de opções para o tratamento de fraquezas na visão periférica humana (veja o quadro "Tratando da visão periférica fraca"). Os capítulos anteriores oferecem estratégias específicas para os processos e capacidades que podem fortalecer a visão periférica de uma organização.

Tratando da visão periférica fraca

Como costumam ser tratados defeitos na visão periférica? Entre os tratamentos para doenças como retinite pigmentosa, que reduz a visão periférica, citamos (com seus paralelos empresariais entre parênteses):

- Transplante de células das retinas de doadores (contratando funcionários ou consultores para apresentar novos *insights*)
- Transplante do conjunto do olho (contratação de um novo CEO ou lançamento de uma substancial reestruturação destinada a mudar as perspectivas)
- Usar células-tronco para incentivar o crescimento de tecido ocular (criar programas internos de treinamento e iniciativas no sentido de ampliar as perspectivas existentes na organização)
- Usar acessórios eletrônicos ou artificiais (usar tecnologia para aumentar, ampliar e organizar a informação presente no entorno a fim de enfrentar e desafiar as perspectivas existentes)

Examine a sua visão

No mesmo espírito com que o oftalmologista envia aos clientes um cartão recordando a necessidade de uma revisão anual da visão, adquira o hábito de regularmente avaliar a visão periférica de sua organização, utilizando-se para tanto do Exame do Olhar Estratégico (veja o Apêndice A). Terá o seu ambiente evoluído de maneira a ampliar a importância da visão periférica? Você está realmente progredindo na implementação das suas capacidades organizacionais? Os choques e surpresas encontrados pelo caminho têm diminuído ou aumentado? Faça uso desse exame com os administradores em toda a organização. Acima de tudo, o exame pode ajudar a fazer sentir a importância da visão periférica. Em segundo lugar, pode representar uma ferramenta de provocação de debates. Muitas vezes encontramos amplas diferenças entre integrantes de uma equipe sênior de gestão nas respostas dadas a questões específicas em função das diferenças na maneira pelas quais eles monitoram, até que ponto o fazem, e o muito ou pouco que estão ligados às questões da periferia. Ao fazer emergir e questionar as diferentes suposições utilizadas – e ao torná-las explícitas – a equipe aumenta sua sensibilidade em relação à periferia. Em terceiro lugar, o exame é capaz de servir como ferramenta de ensino ou definição, ajudando as equipes seniores de gestão a entender melhor o escopo e a complexidade de sua periferia.

À medida que as organizações passarem a reconhecer a importância da visão periférica, é provável que passem a fazer este tipo de avaliação com freqüência maior do que uma ou duas vezes por ano. Acelerando esse processo, talvez cheguem à etapa de substituir os atuais painéis de controle por um radar estratégico mais abrangente.[8] Semelhante radar viria a ser usado para descobrir quando um concorrente está prestes a lançar um ataque de proporções e para determinar se as nuvens que se acumulam no horizonte são sinais de chuvas passageiras ou de tempestade que se aproxima.

Cuidando da falha

O *Exame do Olhar Estratégico* no *Apêndice* A terá grande utilidade na arregimentação e avaliação da falha de vigilância entre as capacidades atuais de visão periférica e as reais necessidades de cada empresa/segmento. Da mesma forma que os atletas, as organizações podem ter trazido do berço determinadas forças e debilidades de visão periférica, a partir de sua história, estrutura e do setor industrial em que atuam. Mas podem igualmente treinar e aperfeiçoar para melhorar essa visão periférica (com facilidade provavelmente maior que a dos atletas, pois o corpo humano é bem menos maleável que uma organização).

Se a falha na vigilância revelar grandes proporções, as iniciativas estratégicas a seguir resumidas, presentes nos capítulos anteriores, certamente ajudarão a reduzi-la:

- *Ampliar ou ajustar o alcance.* É preciso revisar o processo de planejamento estratégico a fim de deixá-lo orientado mais para o mundo externo, inclusive explorando-se, para tanto, os limites do negócio. De que formas a organização presente estreita a visão do mundo? Existem silos, filtros e pontos cegos na organização? Qual a melhor maneira de reenfocá-los nos objetivos apropriados?

- *Consolidar o exame.* Determinar a melhor maneira pela qual a empresa possa examinar diferentes partes da periferia com maior efetividade. É possível para a organização criar e desenvolver um sistema dinâmico de monitoramento de eventos externos, especialmente aqueles que não se ajustam a um determinado padrão? Seria essa a oportunidade de avançar do painel de controle corporativo para o radar estratégico que capta sinais intermitentes na periferia?

- *Aperfeiçoar a interpretação.* É preciso procurar maneiras de elaborar *insights* adicionais que acrescentem profundidade ao quadro existente. Integrar esses pontos de vista diferentes dentro e fora da organização numa visão coerente de mundo. O segredo do sucesso dessa fórmula é triangular usando uma variedade de métodos.

- *Promover ativamente a testagem.* Determinar de que maneira a empresa pode agir para observar mais de perto sinais fracos mas promissores. Como se poderá consolidar a criação de opções que permitam que a organização explore sinais intermitentes sem chegar a um comprometimento irreal com seus eventuais resultados?

- *Agir com sabedoria.* Com base no desafio existente na periferia, deve-se equilibrar as ações da empresa com o nível de incerteza no ambiente e as ameaças da concorrência. Adotar mentalidade de opções reais à medida que se prosseguir posicionando a empresa para múltiplos futuros.

- *Reconfigurar a organização.* Organizações vigilantes necessitam de lideranças que promovam crescentemente um foco mais amplo na periferia, uma abordagem inquisitiva na elaboração das estratégias, uma cultura flexível e interessada que incentive e recompense a exploração das fronteiras, sistemas de conhecimento para detectar e compartilhar sinais fracos, e uma configuração e processos organizacionais que promovam a exploração da periferia. Entre as áreas provavelmente necessitadas de uma reconsideração estão os sistemas de incentivos (será que eles motivam as pessoas a se dedicar ao estudo e compartilhamento de sinais da periferia?), canais para o compartilhamento de conhecimentos, e políticas de contratação e avanço na carreira. Situa-se a empresa entre aquelas que tendem a confiar em funcionários que têm naturalmente forte visão periférica, ou suas políticas de emprego e treinamento tendem a recompensar funcionários com escassa especialização e faixas limitadas de concentração? Qual é o equilíbrio adequado? Se a falha é ampla, repensar a organização é uma questão de especial importância. Em especial, o programa de aperfeiçoamento deveria concentrar-se nos três níveis mais importantes que descobrimos em nossa pesquisa: liderança, incentivos e uma configuração que realmente promova o compartilhamento da informação.

- *Reenfocar a liderança.* Acima de tudo, liderança é essencial. Os líderes precisam estar presentes em todas as partes, colocando em prática essa liderança, demonstrando interesse pela periferia e recompensando os *insights* periféricos dos funcionários. As organizações deveriam concentrar-se em explorar áreas específicas da periferia e em cuidar de áreas maiores de interesse. A organização deve igualmente lançar programas que despertem a consciência e treinem as pessoas para sensibilizá-las em relação à periferia, bem como instituir instrumentos e ferramentas para uma visão periférica mais ampliada. Além de uma liderança com sólida visão periférica, a organização precisa de uma diretoria que seja verdadeiramente ambidestra (isto é, eficiente em lidar com as questões centrais e ao mesmo tempo com a periferia). Como é normal com qualquer iniciativa de mudança, um programa efetivo de mudanças tem as seguintes características:

1. Envolve a organização inteira, de alto a baixo.
2. Concentra-se nas condições que capacitam as pessoas a obter bons resultados.
3. Reconhece que a mudança de cultura é uma derivação da mudança comportamental.
4. Valoriza mais a prática do que o discurso.[9]

Como é natural, cada organização necessitará de seu próprio plano de ação, quase sempre inteiramente diferente de qualquer outro – dependendo, entre outros fatores, da extensão da falha, de sua cultura e de seus recursos.

Atribuir responsabilidade

Todos os integrantes de uma organização podem contribuir para a visão periférica do grupo; mas a verdade inescapável é que sempre que a responsabilidade é geral, acaba se transformando em responsabilidade de ninguém. Uma questão central ao se configurar a organização é a atribuição de responsabilidades. Quem na organização é responsável por prestar atenção à periferia? De que forma a organização deve projetar seus "olhos" sobre a periferia? Entre as configurações viáveis, citamos:

1. *Atribuir a responsabilidade a um grupo funcional existente.* Grupos como os de desenvolvimento corporativo, inteligência competitiva, pesquisa de mercado ou previsão de tecnologias estão perfeitamente aptos à missão de examinar a periferia. O risco é que esses grupos de escalão intermediário se limitem a coletar e processar dados a partir de domínios bem conhecidos, em lugar de examinar mais amplamente e de contribuir para interessar outros setores em tudo aquilo que assim possam ter constatado.
2. *Mobilizar grupos de questões específicas.* O CEO ou o comitê executivo, juntamente com toda a diretoria, poderiam identificar as questões mais prementes e a partir daí organizar forças-tarefa separadas para tratar de

cada uma dessas questões. Esse processo é em geral orientado por uma análise de cenário destinada a identificar as principais incertezas a serem investigadas e a seguir passar a monitorá-las com eficiência.

3. *Criar um acompanhamento de alto nível.* A IBM conta com um programa chamado Crow's Nest (Torre de Vigia), encarregado de examinar áreas específicas da periferia e de compartilhar os *insights* assim detectados com a administração superior. Essas áreas podem incluir compressão do tempo, diversidade da clientela, globalização, ou redes de empresas. A responsabilidade do grupo é pairar acima de questões funcionais ou relativas a produtos, como uma torre de vigia dos navios antigos, em que os encarregados ficavam vigilantes em busca de terra à vista ou do surgimento de eventuais recifes no caminho do navio.

4. *Criar iniciativas capazes de virar o jogo.* A fim de impulsionar os gerentes em direção à periferia, a Royal Dutch/Shell lançou o GameChanger em 1996. Tratava-se de um programa projetado para incentivar os gerentes a desenvolver e testar hipóteses a respeito de novas oportunidades que se estendessem além do seu centro normal de atenções. Nos seus primeiros seis anos, o programa colocou em prática nada menos de 400 novas idéias, comercializou mais de 30 tecnologias e criou três novas empresas.[10] Outras empresas, inclusive a New York Life Insurance, passaram a desenvolver iniciativas similares, muitas delas com ótimos resultados.

5. *Investir em projetos promissores.* Inúmeras grandes empresas no setor de tecnologia têm um pool de capitais para investimentos em projetos inéditos, promissores, e este fundo pode ficar encarregado de monitorar o que vai pela periferia. Esses investimentos são em geral modestos, mas quase sempre suficientes para estabelecer uma visão bem clara de tecnologias e mercados emergentes. Quando um projeto inédito torna-se um sucesso, quem investe pode exercer a sua opção de compra. A Sony, por exemplo, tem uma carteira de empreendimentos promissores de cerca de 900 empresas.

6. *Terceirizar.* A empresa também deve terceirizar a responsabilidade pelo exercício da visão periférica a consultores contratados, capacitados a apresentar *insights* sobre aqueles fatores com possibilidades de, algum dia, transformar a natureza de uma indústria inteira. Embora esses sócios externos consigam proporcionar perspectivas não preconcebidas sobre o negócio, a empresa deve manter-se cuidadosa com a coordenação a fim de garantir que esses "detetives" estejam focados nas áreas realmente

desejadas e que a informação por eles transmitida seja realmente compartilhada em toda a organização.

Criar uma visão coerente

Ao longo deste livro, fixamos nossa atenção em sete etapas capazes de melhorar o processo da visão periférica organizacional e de consolidar capacidades e lideranças que para tanto contribuam. Como fomos repetidamente alertados, contudo, a visão periférica requer um elenco de processos altamente iterativos. O monitoramento afeta o escopo, que, por sua vez, se reflete na interpretação, triagem e ação. Embora tenhamos separado esses estágios da visão periférica para fins de conseguir detalhá-los e apresentá-los, não é desta forma que os desafios surgem perante os administradores na prática. Os estágios são inter-relacionados – a visão e a ação ocorrem em tempo real, e o tempo disponível para avaliação e reação é limitado. Na visão humana, uma coisa é entender o processo da visão, e outra, bem diferente, colocar todas as suas etapas em ação simultânea de modo, por exemplo, a completar um arremesso de costas no jogo de basquetebol. O mesmo é válido para as organizações.

A natureza iterativa da visão periférica é algo que pode ser entendida como um conjunto de questões inter-relacionadas, como mostra a Figura 8-1. Começamos por perguntar 'quais são mesmo as perguntas certas nas quais focar as atenções?' Ao exercer este tipo de curiosidade, a organização começa a identificar eventuais respostas, decide o que aprendeu até ali, e age a partir desse conhecimento. Organizações ágeis irão igualmente refletir sobre suas verdadeiras debilidades, com base em pontos cegos ou oportunidades perdidas do passado. À medida que passam a prestar atenção à periferia, os administradores precisam fazer as seguintes perguntas:

- Quais são as perguntas que devemos fazer (definindo o escopo)?
- Como fazer para encontrar as respostas (determinando estratégias de monitoramento)?
- O que tudo isso significa (extraindo significado dos resultados iniciais)?
- O que devemos fazer a seguir (desenvolver posições flexíveis para agir)?

No centro de tudo está um processo para definir como e quando é preciso examinar a periferia. Ao fazer e responder cada uma dessas perguntas, a organização ganha *insight* na periferia e desperta novas perguntas capazes de aprofundar sua visão periférica.

Este processo de questionamento é sustentado por um conjunto de questões organizacionais, como mostrado no centro da figura, sobre o que deve ser monitorado,

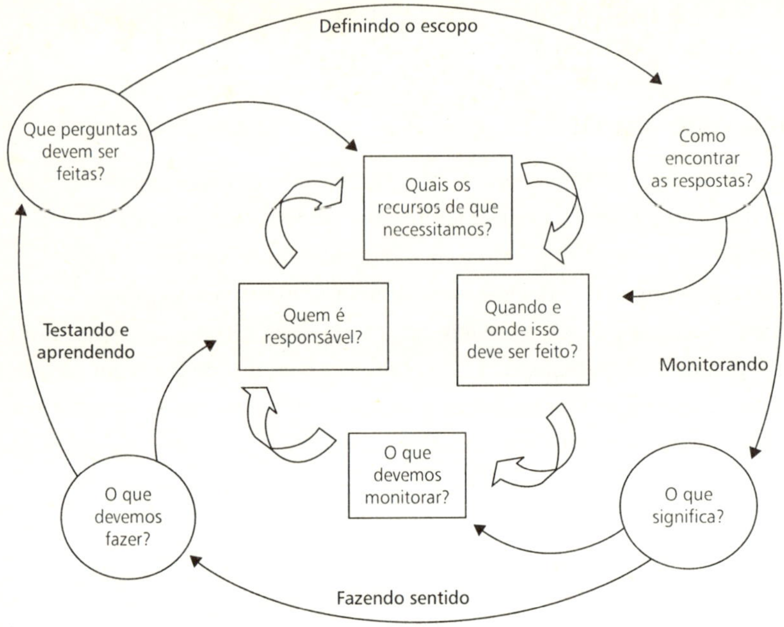

FIGURA 8.1 Testando e aprendendo mais sobre a periferia.

onde e quando isto deve ser feito, quem é o/a responsável, e quais os recursos necessários para tanto. As respostas a essas questões é que acabarão definindo a maneira pela qual os administradores passarão a examinar a periferia.

Por último, as organizações devem equilibrar a visão periférica com a visão focal a fim de desenvolver uma imagem coerente do mundo. É a organização, e, em especial, seus líderes máximos, a entidade que reúne e dá equilíbrio a essas duas maneiras de ver o mundo. Os líderes decidem como aplicar os recursos para a obtenção do melhor rendimento, e de que maneira os *insights* procedentes da periferia e do empreendimento principal devem vir a ser integrados.

A SOBREVIVÊNCIA DOS MAIS APTOS

Em algum ponto de sua organização provavelmente existe alguém com conhecimento de um sinal ainda fraco mas, ao mesmo tempo, potencialmente importante sinalizador de mudanças na periferia. Mas, até que ponto está a sua organização capacitada a captar e compartilhar esta mudança? Todos temos os nossos limites – individuais ou como organização – sobre até onde conseguimos enxergar e quanto à capacidade de detectar e agir com relação a sinais fracos da periferia. Inevitavelmente, alguns desses sinais se perderão, pois reconhecê-los sempre exigiria que tivéssemos a capacidade de ver através das paredes. Super-heróis com visão de raios X são, como sabemos, reais exclusivamente em ficção científica e nas histórias em quadrinhos.

O que também precisamos entender é a diferença entre a visão periférica e a visão focal. O processo da visão periférica exige capacidades e abordagens diferentes daquelas da visão focal. Os sinais são menos claros, e isso exige, naturalmente, um tipo diferente de atenção. A visão periférica não é atributo automático das organizações, pelo contrário, precisa de recursos e cuidados para ser reconhecida e apoiada.

Ainda que a complexidade da visão periférica signifique um desafio a todas as receitas mais simples, o nosso trabalho deixa muito claro que ela pode ser fortalecida usando-se as estratégias e enquadramentos apresentados ao longo deste livro. Mesmo que você não seja capaz de enxergar através da parede, com ela você se capacitará a reconhecer, muito antes dos seus concorrentes, o que lhe reserva o futuro.

Da mesma forma que uma onda gigante indica a proximidade do tsunami, saber reconhecer os sinais de alerta presentes no entorno dos negócios pode significar a vida ou morte de uma organização. Aquela organização eficiente no desenvolvimento da visão periférica provavelmente estabelecerá tremendas vantagens em relação aos concorrentes, pois estará habilitada a reconhecer oportunidades e agir com relação a elas sempre em tempo hábil. Poderá evitar ser ofuscada pelo mercado, pela tecnologia, pelas regulamentações e pelos próprios concorrentes. É preciso ter habilidade para fazer tudo isso adequadamente, mas à medida que o ambiente de negócios ganha velocidade e se torna cada dia mais pleno de incertezas, a única certeza é que as recompensas implícitas em uma forte visão periférica tendem a se tornar cada dia mais significativas. Como Charles Darwin observou, “não serão os mais fortes das espécies os sobreviventes, nem os mais inteligentes, mas, sim, os mais aptos a reagir às mudanças”.

Apêndice A

Exame do Olhar Estratégico

Qual é a Falha de Vigilância na Sua Organização?

O EXAME DO OLHAR ESTRATÉGICO a seguir apresentado (instrumento de avaliação A-1) é projetado para ajudar as equipes de gestão a entender melhor o significado da visão periférica. Além disso, o estudo que o fundamenta avalia a lacuna existente entre a necessidade de visão periférica de determinada organização e a capacidade deste mesmo grupo de avaliar os sinais mais distantes presentes em seu entorno. A sua necessidade irá depender da estratégia e da natureza do seu negócio, e do entorno em que a sua indústria opera. Sua capacidade de visão periférica é determinada por suas forças nos cinco fatores identificados no Capítulo 7. Embora o exame possa ser completado individualmente, é evidente que será bem mais esclarecedor obter as impressões de vários administradores do primeiro escalão, ou de um grupo ainda mais amplo, a respeito de suas conclusões. A abordagem que sugerimos tem esta configuração:

1. Solicite aos integrantes da equipe sênior de gestão que elaborem respostas individuais ao Exame do Olhar Estratégico.
2. Cada item do exame tem escore entre 1 a 7. Complete todos os itens da Parte 1 (Necessidade) e então da Parte II (Capacidade) para cada executivo.

3. Procure diferenças significativas de escores entre os integrantes da equipe e discuta quais teriam sido as causas desta particularidade.

4. Examinando em conjunto tanto os escores gerais em Necessidade (Seção D) e Capacidade (Seção J) e as questões individuais, procure chegar a um julgamento de consenso (ou, se isto parecer impossível, faça a média dos escores entre os membros das equipes).

5. Some os escores das seções A, B e C para chegar ao escore total em Necessidade, e some as seções E e I para obter o escore total em Capacidade.

6. Use a Figura A-1 a fim de determinar se a sua organização é vulnerável, vigilante, focada ou neurótica. Os seus dois totais irão situar a organização em um desses quatro quadrantes. Um escore de 95 em Necessidade separa alto de baixo. Um escore de 80 é o valor de admissão na dimensão de Capacidade.

7. Se a sua organização é vigilante ou concentrada, não precisa fazer nada no momento, embora deva se manter alerta em relação a mudanças no ambiente que venham a aumentar sua necessidade de visão periférica. Sendo a sua organização neurótica, deve buscar meios de aumentar sua concentração/foco. Tratando-se de organização vulnerável, deveria cultivar ativamente uma melhor visão periférica, começando com as questões delineadas neste exame e as estratégias debatidas neste livro.

		Força da capacidade (processo estratégico, cultura, configuração, capacidade)	
		Baixo (<80)	Alto (>80)
Necessidade de visão periférica (complexidade e volatilidade do ambiente e agressividade da estratégia)	Alto (>96)	Vulnerável	Vigilante
	Baixo (<96)	Focado	Neurótico

FIGURA A.1 A visão periférica e o ambiente.

8. Você pode receber dados atualizados comparando os seus escores com os de cerca de outras 150 empresas, fazendo a pesquisa eletronicamente no endereço www.thinkdsi.com.

Exame do olhar estratégico

A necessidade, ou não, de mudança de visão periférica de sua organização irá depender de sua atual capacitação, bem como da necessidade de observação periférica derivada da sua estratégia, da natureza do seu negócio e do ambiente de sua indústria.

Usando os escores do Exame do Olhar Estratégico a seguir, temos condições de avaliar a necessidade de aperfeiçoar a visão estratégica de sua organização. Para tanto, é indispensável que suas respostas sejam as mais honestas e completas possíveis.

INSTRUMENTO DE AVALIAÇÃO A.1 Exame do Olhar Estratégico

Antes de dar início à pesquisa, escolha a perspectiva organizacional adotada:

A) Unidade Estratégica de Negócios
B) Divisão
C) Toda a Organização
D) Outra

Parte I: Sua Necessidade de Visão Periférica

A. Natureza da Estratégia

1. Foco da estratégia	Limitado (Nicho protegido)	1 2 3 4 5 6 7	Ampla (global)
2. Orientação ao crescimento	Modesta e orgânica	1 2 3 4 5 6 7	Agressiva e aquisitiva
3. Número de empresas a serem integradas	Poucas	1 2 3 4 5 6 7	Muitas
4. Foco na reinvenção	Mínimo	1 2 3 4 5 6 7	Grande (50% da receita devem proceder, em três anos, de novos produtos)

(continua)

Exame do Olhar Estratégico *(continuação)*

B. Complexidade do Ambiente

1. Estrutura da indústria	Poucos concorrentes, facilmente identificáveis	1 2 3 4 5 6 7	Muitos concorrentes de fontes mais inesperadas
2. Estrutura dos canais	Simples e direta	1 2 3 4 5 6 7	Mix de canais alongados e complexos
3. Estrutura dos mercados	Limites estabelecidos e segmentação simples	1 2 3 4 5 6 7	Limites confusos e segmentação complexa
4. Tecnologias habilitadoras	Poucas e amadurecidas (sistemas simples)	1 2 3 4 5 6 7	Muitas e convergentes (sistemas complexos)
5. Regulamentações (federais, estaduais, etc.)	Mínimas ou estáveis	1 2 3 4 5 6 7	Muitas ou em rápida mutação
6. Visibilidade pública da indústria (mídia)	Quase sempre ignorada	1 2 3 4 5 6 7	Acompanhada de perto pela mídia ou grupos de interesses especiais
7. Dependência do governo em apoio político e acesso a financiamentos	Baixa: opera quase que totalmente independente dos governos	1 2 3 4 5 6 7	Alta: sensível ao clima tanto político quanto financeiro
8. Dependência da economia global	Baixa: foco interno e isolado	1 2 3 4 5 6 7	Alta: afetada pelas condições globais

C. Volatilidade do Ambiente

1. Número de surpresas por eventos de alto impacto nos últimos três anos	Zero	1 2 3 4 5 6 7	Três ou mais
2. Exatidão das previsões passadas	Alta: pequenos desvios do rumo atual	1 2 3 4 5 6 7	Baixa: as atuais diferem em muito das previsões
3. Padrão de crescimento do mercado	Lenta e estável	1 2 3 4 5 6 7	Rápido e instável
4. Oportunidades de crescimento	Reduzidas radicalmente nos últimos três anos	1 2 3 4 5 6 7	Aumentaram radicalmente nos últimos três anos
5. Rapidez e orientação da mudança tecnológica	Previsíveis	1 2 3 4 5 6 7	Imprevisíveis

(continua)

Exame do Olhar Estratégico *(continuação)*

6. Reação de competidores principais, fornecedores e sócios	Muito previsível	1 2 3 4 5 6 7	Altamente imprevisível
7. Posição de concorrentes-chave	Mentalidade de viva e deixe viver	1 2 3 4 5 6 7	Hostil (agressiva)
8. Suscetibilidade às forças macroeconômicas	Baixa sensibilidade às mudanças de preços, moedas, ciclos de negócios, tarifas, etc.	1 2 3 4 5 6 7	Alta sensibilidade em relação a preços, moedas, ciclos de negócios, tarifas, etc.
9. Dependência dos mercados financeiros	Baixa	1 2 3 4 5 6 7	Alta
10. Influência dos clientes e canais	Baixa	1 2 3 4 5 6 7	Alta
11. Sensibilidade às mudanças sociais (moda, valores)	Baixa: principalmente mudança gradual em relação ao passado	1 2 3 4 5 6 7	Alta: fortes possibilidades de grandes perturbações e mudanças nos modelos de negócios
12. Potencial de grandes perturbações nos próximos cinco anos	Baixa: poucas surpresas esperadas; geralmente situações controláveis	1 2 3 4 5 6 7	Alto: vários choques importantes são esperados, mas ainda indefinidos

D. Necessidade Geral Auto-atribuída de Visão Periférica

1. Hoje (no presente)	Baixa	1 2 3 4 5 6 7	Alta
2. Durante os últimos cinco anos	Baixa	1 2 3 4 5 6 7	Alta
3. Ao longo dos próximos cinco anos	Baixa	1 2 3 4 5 6 7	Alta

PARTE II: SUA CAPACIDADE DE VISÃO PERIFÉRICA

E. Orientação da Liderança

1. Importância da periferia na agenda dos líderes do negócio	Baixa prioridade	1 2 3 4 5 6 7	Alta prioridade
2. Horizonte geral de prazo	Ênfase no curto prazo (dois anos, ou menos)	1 2 3 4 5 6 7	Ênfase no longo prazo (cinco anos ou mais)

(continua)

Exame do Olhar Estratégico *(continuação)*

3. Atitude, na organização, em relação à periferia	Limitada ou míope (poucas pessoas se preocupam)	1 2 3 4 5 6 7	Ativa e curiosa (verificação sistemática da periferia)
4. Vontade de testar e desafiar pressupostos básicos	Principalmente defensiva	1 2 3 4 5 6 7	Muito inclinada a testar conceitos-chave ou idéias amplamente disseminadas

F. Processo de Estratégia

1. Experiência com estratégias de redução de incertezas (i.é., opções reais)	Limitada	1 2 3 4 5 6 7	Extensiva
2. Utilização do planejamento de cenário para orientar o processo da estratégia	Nunca	1 2 3 4 5 6 7	Freqüente
3. Número de sócios de aliança	Escassos	1 2 3 4 5 6 7	Muitos
4. Flexibilidade do processo estratégico	Rígida, orientada pelo calendário, com orçamento	1 2 3 4 5 6 7	Flexível, processos orientados por temas
5. Recursos dedicados a investigar a periferia	Negligível	1 2 3 4 5 6 7	Extensiva
6. Integração da informação cliente/concorrente em plataformas de tecnologias futuras e planos de desenvolvimento de novos produtos	Integração escassa e esporádica	1 2 3 4 5 6 7	Integração sistemática e plena

G. Sistema de Gestão do Conhecimento (Especialmente Bancos de Dados de Inteligência Competitiva/Clientes)

1. Qualidade dos dados sobre eventos e tendências na periferia	Escassa: cobertura limitada e quase sempre desatualizada	1 2 3 4 5 6 7	Excelente: cobertura ampla e atualizada
2. Acesso a dados ao longo de limites organizacionais	Difícil; conhecimento limitado do material disponível	1 2 3 4 5 6 7	Relativamente fácil: amplo conhecimento do material disponível
3. Utilização de bancos de dados para negócios existentes	Limitada	1 2 3 4 5 6 7	Extensiva

(continua)

Exame do Olhar Estratégico *(continuação)*

4. Tecnologias para examinar bancos de dados	Antigas e de difícil utilização	1 2 3 4 5 6 7	Sistemas de busca de ponta
H. Configuração (Estrutura e Incentivos)			
1. Responsabilidade por detectar e agir sobre sinais imponderáveis	Ninguém é responsável	1 2 3 4 5 6 7	A responsabilidade é atribuída claramente à equipe de projeto ou grupo encarregado
2. Sistemas e procedimentos de alerta antecipado	Nenhum	1 2 3 4 5 6 7	Extensiva e eficiente
3. Incentivos para recompensar uma visão mais ampla	Nenhum	1 2 3 4 5 6 7	Reconhecimento pela direção e recompensas diretas
I. Cultura (Valores, Crenças e Comportamentos)			
1. Disposição para ouvir relatórios de exploradores da periferia	Bloqueada: atenção desincentivada	1 2 3 4 5 6 7	Aberta: atenção incentivada
2. Disposição do pessoal de contato com os clientes a adiantar informação ao mercado	Ausente	1 2 3 4 5 6 7	Excelente
3. Compartilhamento de informações sobre a periferia entre as diversas funções	Ausente: informação ignorada ou confundida	1 2 3 4 5 6 7	Excelente: partilha constante de informação entre os múltiplos níveis
J. Capacidade Geral de Visão Periférica			
1. No momento – hoje	Baixa	1 2 3 4 5 6 7	Alta
2. Cinco anos atrás	Baixa	1 2 3 4 5 6 7	Alta

RESULTADOS COMPARATIVOS DO EXAME DO OLHAR ESTRATÉGICO

Consultamos inúmeras fontes ao longo da elaboração do Exame do Olhar Estratégico, entre as quais nosso próprio trabalho de avaliação das capacidades organizacionais, em especial aquelas destinadas a sentir o mercado e a administrar incertezas (algumas são descritas no Apêndice B). As escalas que desenvolvemos são projetadas para superar um persistente problema das mensurações de pesquisas, especificamente o fato de que respondentes diferentes podem usar um contexto diferente ao responder a uma questão. Ao proporcionar descrições concretas aos pontos finais de cada escala, ajudamos os respondentes a entender o que queremos dizer, e com isso a ancorar suas respostas numa estrutura comum.

Desenvolvemos este instrumento de avaliação para que pudesse satisfazer costumeiras exigências de validade do construto, consistência interna e validade externa.[1] Para melhor entender a estrutura subjacente da pesquisa, testamos o Exame do Olhar Estratégico com mais de 150 gerentes de diversas empresas que participavam participando de programas executivos na Wharton e na Cedep, no Insead, bem como 50 gerentes seniores de uma empresa industrial global altamente respeitada (para avaliar resultados internos da empresa).

O Exame do Olhar Estratégico apresenta uma visão granular de nossos dois conceitos focais, Necessidade e Capacidade, e relaciona múltiplos itens mesmo quando existe uma superposição e correlação com outros itens. Pela retenção de múltiplos itens, reconhecemos que tanto capacidade quanto ambiente englobam múltiplas facetas que são embutidas e entrelaçadas. Uma análise fatorial com padrão de rotação Varimax confirmou que não existe forte superposição nessas dimensões. Não revelou uma clara estrutura subjacente na qual alguns fatores básicos expliquem adequadamente ou o ambiente ou os itens de capacidade. Ambos são constructos complexos, multivariados. Por isso, entendemos ser melhor manter um número de itens para captar as muitas facetas e complexidades da periferia. Também acrescentamos as seções D (de Necessidade) e J (de Capacidade) a fim extrair medidas holísticas e compará-las ao longo das linhas de tempo.

As constatações mais interessantes surgiram da regressão dos itens individuais Necessidade e Capacidade nos respectivos julgamentos gerais pelos administradores que completaram a pesquisa. As correlações primárias do conjunto de Necessidade de visão periférica ao longo dos próximos cinco anos (D3) foram, em ordem de significância estatística:

- C2: O potencial de grandes perturbações ao longo dos próximos cinco anos (a média foi 4,2 entre 7, mas o desvio padrão ficou em 1,5) (p<.007)
- A4: Foco na reinvenção (p <.02)
- C6: Comportamento de concorrentes principais (p <.06)
- B7: Dependência de financiamento governamental (p <.08)

As mais importantes correlações da Capacidade (J1) presente de visão periférica foram:

- E3: (Liderança) atitude em relação à periferia ($p<.08$)
- I3: Partilha de informação ($p <.05$)
- H3: Incentivos para recompensar visão mais ampla ($p <.05$)

Nosso tratamento no livro reflete essas correlações, especialmente a discussão dos componentes de uma capacidade de visão periférica (Capítulo 7).

Apêndice B

Fundamentos da Pesquisa

ESTE APÊNDICE resume os fundamentos e origens acadêmicas de nossa abordagem.[1] Como não existe ainda – até onde vai nosso conhecimento – um modelo de aceitação generalizada da visão periférica nas organizações, sintetizamos idéias e *insights* de múltiplas disciplinas.[2] Entre as nossas incontáveis fontes, abastecemo-nos de *insights* dos campos da tomada de decisões, *marketing*, estratégia, teoria da organização e economia, e também de áreas mais aplicadas como planejamento de cenários, inteligência competitiva, pesquisa de mercado, monitoramento dos ambientes e previsão de tecnologia.

Nosso modelo conceitual de visão periférica na verdade se fundamenta numa visão particular do aprendizado organizacional, como mostrado na figura B-1. Este modelo reflete as realidades descritivas do aprendizado organizacional mas serve igualmente a uma finalidade prescritiva em nosso livro.[3] Nossa abordagem do aprendizado organizacional integra modelos altamente normativos sobre o desenvolvimento de novos conhecimentos e *insights* coletivos com modelos descritivos da maneira pela qual indivíduos e organizações na verdade processam a informação.[4]

Nossa abordagem geral é franca e direta. Entendemos os indivíduos como os receptores da organização e que os processos internos das organizações são aqueles que

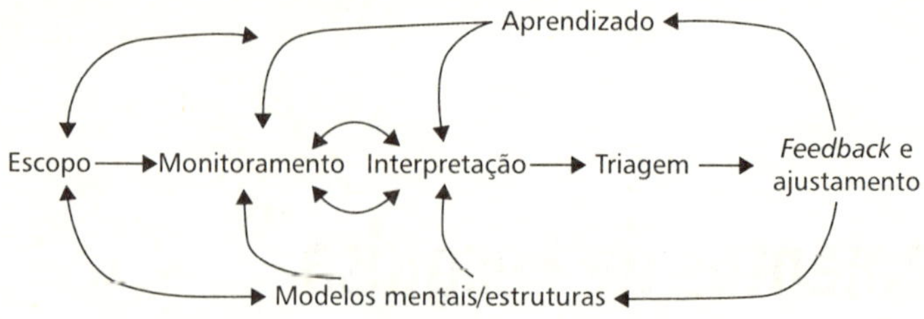

FIGURA B.1 A visão periférica como um processo de aprendizagem.

acabam por determinar as questões merecedoras das maiores atenções. Desafios de peso existem em relação nos níveis individual, de grupo e organização para que sejam sempre abordadas as questões certas no momento exato. A fim de apreciar essas questões, incorporamos vários conhecidas tendências de julgamento e escolha em nível individual com as dinâmicas organizacional e estratégica em nível de empresa. Dois amplos paradigmas intelectuais fundamentam nossa abordagem da visão periférica. O primeiro deles é um paradigma de processamento de informação do processo de decisão tanto individual quanto organizacional. O segundo é um paradigma complementar de aprendizagem que examina de que maneira empresas muito ou nada complexas se adaptam a um ambiente em permanente mutação. Vejamos rapidamente cada um desses paradigmas e então tentemos relacioná-los com o nosso modelo especial para a melhoria da visão estratégica.

PARADIGMA DO PROCESSAMENTO DA INFORMAÇÃO

Desde o surgimento do trabalho clássico de Alan Newell e Herbert Simon sobre a resolução de problemas humanos, muitos mestres em matéria de ação administrativa têm se mostrado inclinados por uma visão baseada no processamento da informação da tomada de decisões organizacionais.[5] Este paradigma foi aplicado em nível organizacional no clássico trabalho de Richard Cyert e James March, e mais tarde por March e Johan Olsen, e vários outros.[6] James Thompson, John Steinbruner e Jay Galbraith adotaram uma visão cibernética das organizações na tentativa de explicar a ampla variedade de formas de projetos organizacionais observadas ao longo de mercados e com o passar do tempo.[7] George Huber da mesma forma usou esse modelo para entender o processo de decisão e a estratégia organizacionais.[8] Graças a Newell e a Simon, o paradigma do processamento da informação também atingiu grande proeminência no nível individual, em que os psicólogos cognitivos imaginaram o cérebro como um computador com limitada capacidade de armazenagem, recuperação e computação.[9] Daniel Kahneman e Amos Tversky trabalharam a partir desta abordagem ao estudar a natureza da busca e processos de estimação empregados no julgamento e escolha.[10] A natureza heurística do racionalização humana aparece como tema dominante na psicologia cognitiva, embora persistam questões profundas irresolvidas sobre a interação da emoção e cognição nos níveis tanto deliberativo quanto subconsciente.

Quando aplicado ao problema da visão periférica, o paradigma do processamento da informação sugere quatro estágios básicos: percepção, julgamento, ação e *feedback*. No nível organizacional, os estágios paralelos deste processo podem ser descritos como aquisição de informação, disseminação da informação, interpretação compartilhada, ação coordenada e aprendizado coletivo. Podemos gerar muitas variações em torno desta estrutura básica, diferindo por tipo de aprendizado (é adaptativo ou generalizante?), número de estágios (a disseminação é parte da interpretação?), e o papel da representação mental (padrão de reconhecimento versus construção objetiva). Muitas questões de pesquisa persistem a respeito do mix do processamento deliberativo *versus* cognitivo inconsciente a cada estágio; a influência da heurística e vieses; e o papel da esquematização, modelos mentais e outras estruturas simplificadoras de interpretação.

Como reconhecimento da diferença entre aprender a partir da periferia e aprender no âmbito da área focal da organização, ampliamos o processo básico a fim de incorporar o escopo – decidir onde olhar – como um previsor explícito, em vez de implícito, para o estágio da aquisição da informação. O exame no âmbito do alcance inicial pode ser passivo ou ativo, dependendo de se a organização espera a informação chegar a ela ou costuma desfechar ofensivas em busca das informações. O passo seguinte consiste em disseminar e interpretar a informação para dela extrair *insights* proveitosos. Por fim, uma avaliação precisa ser feita sobre se a informação deveria ser usada agora, armazenada ou ignorada, seguida pelo aprendizado das ações adotadas. Em todos os estágios, o processo é guiado por um elenco de modelos mentais, ou esquemas, profundamente arraigados na organização.

PARADIGMA DO APRENDIZADO ORGANIZACIONAL

A segunda maior perspectiva intelectual que configurou nossa abordagem da visão periférica foi o paradigma de aprendizado organizacional, que tem muitos antecedentes e igualmente pontos de intersecção com a visão do processamento da informação. O livro A *Quinta Disciplina*, de Peter Senge, pode ser visto como um ponto de partida na consolidação da apreciação da importância de um foco de aprendizagem para uma ampla audiência de gestão.[11] Senge dá seguimento a trabalhos anteriores de Kurt Lewin, Edgar Schein, James March, e outros, combinando esses *insights* com outros pontos de vista, notavelmente a importância dos sistemas de pensamento, em uma ampla visão da organização do aprendizado. Trabalhos relacionados de John Stermin, Chris Argyris e outros ajudaram também a formatar o aprendizado organizacional como uma perspectiva intelectual diferente. Uma visão básica desse aprendizado é complexa, muito mais do que simples ou automatizada, em entornos dinâmicos.[12] *Feedback* ambíguo, reações demoradas, múltiplas causas parciais, atribuições auto-utilizáveis, dados ausentes, efeitos do tratamento, ruídos aleatórios e ilusões de controle, tudo isso complica as tentativas organizacionais de avaliar exatamente o que e por que aconteceu.

Quando acrescentamos a esse quadro a baixa probabilidade e natureza ambígua dos sinais periféricos, o problema adquire proporções bem maiores. Hillel Einhorn e Robin Hogarth, entre outros, demonstraram que as pessoas costumam exibir forte aversão à ambigüidade ao enfrentar opções envolvendo riscos desconhecidos.[13] As pessoas preferem o diabo que conhecem e temem àquele que não conhecem. Conseqüentemente, nunca se detêm nem aprendem adequadamente em ambientes de alta ambigüidade. Esse viés pode ser exacerbado ao nível organizacional, em que a racionalidade e a previsibilidade são esperadas e desejadas. Ainda assim, novas oportunidades muitas vezes significam um alto nível de incerteza e, conseqüentemente, exigem alta tolerância à ambigüidade. Projetar culturas que consigam aprender em ambientes complexos é algo que pode exigir princípios de administração e valores diversos daqueles necessários para maximizar a organização central. Assim, surge um conflito entre as culturas de aprendizado e de desempenho no âmbito das organizações, e a cúpula administrativa precisa sair a campo para encontrar o equilíbrio mais adequado.

Para reconhecer o papel crucial do aprendizado no aperfeiçoamento da visão periférica, nosso modelo contém múltiplos enlaces de feedback. Tentamos captar os passos complexos que seres humanos e organizações empreendem, a partir de estímulos iniciais e até a reação final, que envolve grande aprendizado iterativo. No livro, cobrimos cada enlace de fase e *feedback* com *insights* e remédios de campos como ciências da decisão, teoria de organização, estratégia, marketing e sociologia. Embora existam amplos estudos de aprendizagem individual e organizacional, o aconselhamento desenvolvido nas áreas centrais dessas disciplinas pode não se estender facilmente à periferia, em que, por definição, a atenção consciente e a inferência são limitadas. Em conseqüência, vemos os conselhos dos campos anteriormente mencionados como sinais normativos com capacidade de proporcionar orientação unicamente limitada.

ESTÁGIOS DO PROCESSO DE APRENDIZAGEM

Embora pesquisas sobre processamento de informação e aprendizado organizacional tenham orientado nosso trabalho de maneira mais ampla, também buscamos subsídios em diversos campos de entendimento e abordagem de cada estágio do processo de aprendizagem (ver a Figura B-1).

Escopo

Qual deveria ser o alcance máximo do campo de visão? Por definição, a visão periférica requer uma ampla definição de escopo, estendendo-se para além da área de foco da organização. Assim, isso significa prestar atenção a muitas áreas que a organização normalmente deixaria passar despercebidas. Com um reconhecimento dos custos deste foco ampliado, o desafio é expandir o escopo o suficiente para incluir todas as partes relevantes do ambiente, mas não mais do que isto (ver Figura B-2). Em geral, quanto maior a incerteza do ambiente, mais provável será a existência de ameaças da periferia e, portanto, maior o escopo necessário.

Há um importante paralelo entre a decisão de escopo e de monitoramento e o trabalho extensivo de regras de busca em pesquisa econômica e operacional. Quando George Stigler publicou seus marcantes artigos sobre economia da informação, no começo da década de 1960, examinou o caso de um consumidor que tentava encontrar o melhor preço para um determinado artigo comum.[14] Ele supôs que os preços deste produto variassem entre as lojas de acordo com uma probabilidade conheci-

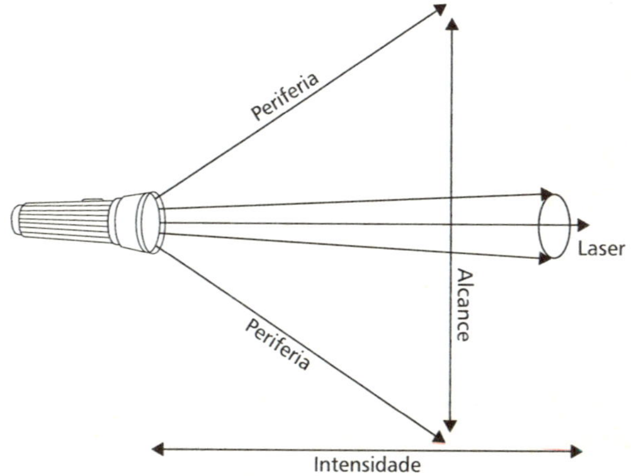

FIGURA B.2 Lanterna ou laser: *trade offs* entre escopo e intensidade.

da de distribuição e então perguntou quantas lojas o consumidor deveria percorrer, aleatoriamente, a fim de encontrar o melhor preço. Stigler então calculou, antes de iniciar a jornada, o número ótimo de lojas a serem visitadas. O ponto ótimo é aquele em que o custo marginal de visitar uma loja a mais excede o benefício esperado da redução do preço. Outros expandiram as idéias de Stigler mediante o reconhecimento de que seria subótimo para um consumidor determinar um número fixo de lojas antes de dar início ao processo de busca aleatória.[15] Devido a ser o ótimo fixado previsto sobre uma distribuição presumida de diferenças de preços, o simples ato da amostragem serve para uma atualização da distribuição anterior. Assim, a estratégia ótima é resolver o problema de busca mais uma vez depois de tomar conhecimento do preço oferecido numa nova loja, de acordo com um processo de atualização bayesiano. Esta regra flexível de busca é, naturalmente, muito mais complexa, mas, ao mesmo tempo, produz melhores resultados.

As tarefas de escopo e monitoramento são similarmente relacionadas. Há uma decisão inicial de escopo baseada na melhor informação disponível sobre a distribuição de sinais relevantes no ambiente externo. Então a empresa examina no âmbito desse ambiente e aprende mais alguma coisa sobre a real proporção sinal/ruído com base nessa amostragem. Isso deveria, por sua vez, conduzir a uma revisão do escopo até o ponto em que os dados da amostragem são significativos em contraste com a presumida função de densidade a priori. Para uma busca ótima, necessitamos de regras variáveis, em vez de regras fixas.

Podemos argumentar que a empresa deveria fazer amostragens além do seu escopo ótimo, tão-somente para validar o limite de seu escopo. Deveria encontrar uma proporção mais baixa sinal/ruído além dessa fronteira, e, sendo isso inviável, a fronteira deveria ser redefinida. Todas as decisões sobre escopo deveriam ser provisórias, sujeitas a revisão sempre que nova informação for adquirida. A baixa proporção sinal/ruído deixa essa atualização contínua como algo difícil de modelar. O problema é o mesmo de companhias de seguros que se especializam em eventos de baixa probabilidade real (como uma inundação que dure um ano, um terremoto catastrófico, ou o derretimento de uma usina nuclear) tentando atualizar seus modelos de tarifas com base exatamente na muito rara ocorrência de perdas catastróficas. No final, precisamos depender, aqui, das opiniões dos gerentes seniores.

Ao estabelecer o escopo de seu aprendizado, a organização precisa conduzir uma avaliação inicial do ambiente a fim de determinar de onde poderão surgir ameaças e oportunidades verdadeiramente relevantes. Um processo de planejamento estratégico com base em cenários pode ser um instrumento valioso para examinar, e também ao se buscar tirar sentido e agir com base nos sinais fracos da periferia.[16] Isto tudo ajuda a determinar o escopo mais relevante possível em termos de prazos, visão do mercado, perspectiva tecnológica, questões econômicas e políticas, preocupações legais e do ambiente, e outros fatores.

Monitorando

Uma vez definido o escopo, o aprendizado começa com o monitoramento, que pode ser concentrado em exploração ou sondagem.[17] Uma preferência pela exploração leva a buscas diretas no âmbito de um domínio bem definido e razoavelmente familiar. O exame de sondagem, em contraste, destaca a periferia cada vez mais além e deriva daquela curiosidade intensa típica das organizações verdadeiramente dedicadas ao aprendizado.[18] O desafio aqui é manter a mente aberta e uma visão muito ampla.

Exames de sondagem podem ser tanto ativos quanto passivos. Na modalidade passiva, a equipe de gestão mantém suas antenas ligadas, atenta para receber sinais externos. Embora a organização possa parecer, sob esta abordagem, em sintonia com a periferia, nem sempre isso é verdade. Como a maior parte dos dados procede de fontes familiares ou tradicionais, esta modalidade de exame tende a consolidar, em vez de contestar, as modalidades e crenças imperantes. O perigo desta posição passiva está em que ela repele sinais débeis imprevistos, isto quando chega a recebê-los.

Monitoramentos ativos têm questões específicas que pretendem responder em torno da periferia que estão sondando. Tais monitoramentos são movidos por hipóteses, e, quando envolvem questões muito complexas, é preciso que se faça a testagem de múltiplas hipóteses.[19] As organizações envolvidas em monitoramento ativo são mais inclinadas a organizar grupos de pesquisa valendo-se de equipes formadas dentro e fora do grupo, o que proporciona a utilização de uma ampla gama de métodos.

Os exames de sondagem cobrem terreno mais amplo porém menos detalhado, o que os torna eficientes para visões globais, generalizadas, do mundo. O monitoramento exploratório, em contraste, exige maior profundidade e recursos suficientes para uma abordagem abrangente. Qual é o equilíbrio adequado entre o monitoramento exploratório e a sondagem? Uma das abordagens possíveis é prestar atenção tanto aos detalhes quanto ao quadro geral, usando a uma forte visão de cima para baixo a fim de identificar áreas que precisam de maior atenção. Esta estratégia exige também recursos para aprendizagem a distâncias maiores da visão focal, tendo ao mesmo tempo um mecanismo para desencadear atenção mais enfocada sempre que necessária. (O uso pelo FBI da "visão homogênea", discutida no Capítulo 3, é um exemplo desta abordagem.)

Nossa discussão de abordagens de monitoramento para diferentes partes da periferia (Capítulo 3) se abastece de diversas fontes:

- *Clientes e canais*. A obra *The Market Driven Organization**, de George Day, oferece uma visão geral de abordagens a fim de identificar mudanças nos clientes e nos canais, com referências a outros trabalhos.[20] Por exemplo, empresas que buscavam ativamente novas oportunidades de produtos na periferia do escopo de seu mercado podem empregar análise de usuários-líderes, utilização de metáforas e outras técnicas para fazer emergir necessidades latentes. Gerald Zaltman oferece uma variedade de abordagens para a identificação de necessidades latentes.[21] Um crescente elenco de pesquisas constatou que empresas voltadas para o mercado normalmente são mais lucrativas que suas rivais, conclusão esta sustentada por uma variedade de mensurações e métodos.[22] Um estudo ilustrativo descobriu que negócios voltados para mercados eram 31% mais lucrativos que empresas autocentradas, enquanto que aquelas tidas como orientadas para os clientes mas que não se preocupavam com os concorrentes eram 18% mais lucrativas do que aquelas voltadas para seus próprios interesses.[23]

- *Concorrentes e complementadores*. Existe uma variada literatura sobre inteligência competitiva que é principalmente (e apropriadamente) voltada para o entendimento das capacidades e intenções dos concorrentes focais.[24] Neste livro, procuramos investir no exame dos concorrentes na periferia.

- *Tecnologias*. Há uma variedade de estratégias para examinar e desenvolver tecnologias emergentes. Nossa discussão trabalha sobre *insights* de especialistas acadêmicos e práticos em diversas áreas em *Wharton on Managing Emerging Technologies*, a partir do trabalho do William and Phyllis Mack Center for Tecnological Innovation, da mesma Wharton.[25]

Interpretando

As organizações, por princípio, devem ser mais eficientes que os indivíduos no desenvolvimento de múltiplas hipóteses a respeito do significado dos sinais débeis da periferia. Infelizmente, no entanto, bom senso em termos organizacionais é algo que normalmente acaba tendo um significado único. A maneira pela qual interpretamos sinais é profundamente afetada pelos nossos modelos ou limitações mentais e estes, por seu turno, influenciam nossas hipóteses e indagações em andamento. Assim, os desafios cognitivos na periferia são muito mais amplos do que nossas áreas focais porque existem escassos dados com os quais trabalhar e mais espaço para que idéias preconcebidas

* N. de R.: Publicado no Brasil pela Bookman Editora com o título *A Empresa Orientada para o Mercado*.

e distorções acabem nos levando por rumos diferentes. Por exemplo, reconhecer o potencial ou ameaça da periferia é algo que pode exigir uma mudança em nossos modelos mentais. Precisamos estar preparados para dar saltos criativos e nos envolver em debates de idéias atualizadas sobre possibilidades. Isto exige uma abordagem menos rígida e formalizada para filtrar aquilo que estaríamos dispostos a aplicar às áreas focais.

Ironicamente, um dos maiores impedimentos à interpretação criativa da periferia é a necessidade de impor ordem demasiada sobre um quadro inerentemente ambíguo. Como os seres humanos não apreciam a ambigüidade, tendemos a rapidamente nos aferrar a uma determinada visão do mundo. Uma vez que essa limitação se concretiza – como quando a interpretação de uma ilusão de óptica salta para o foco das atenções – torna-se extremamente difícil reverter o processo e não ver a imagem que acabamos de interpretar. A capacidade de suspender o foco ou julgamento e variar entre visões diferentes é fundamental para interpretar a periferia. As organizações muitas vezes tentam tirar um sentido que ainda não existe de um ambiente inerentemente ruidoso. Elas ganhariam mais se se dedicassem ao desenvolvimento de visões múltiplas.

Triagem e ação

Embora as organizações tenham óbvia necessidade de enxergar e interpretar com amplidão, igualmente precisam ser muito mais cautelosas com base em input procedente da periferia. Como discutimos nos Capítulos 5 e 6, são três as abordagens primárias sobre como reagir aos sinais incipientes da periferia.[26]

- *Observar e esperar.* Esta abordagem passiva é apropriada sempre que existir alta incerteza decorrente de informação conflitante e do fato de a empresa ter os recursos para ser uma seguidora ágil e por isso costumar deixar que outros assumam a vanguarda. Como Constantinos Markides e Paul Geroski destacam, ser um "segundo lugar ágil" é às vezes financeiramente mais compensador do que ostentar o título de vanguardista.[27] No entanto, o desafio deste posicionamento não é torná-lo tão freqüente que acabe se tornando uma justificativa para ignorar fatos externos. Isto acabará transformando a organização numa seguidora nada ágil. O verdadeiro desafio é examinar cada sinal incipiente em termos de seus potenciais impactos e probabilidades. Isto exigirá forte debate conceitual entre pessoas familiarizadas com a situação e possivelmente uma completa análise do tronco das decisões quando tudo acabar ficando complexo demais (isto é, incertezas múltiplas presentes, da mesma forma que decisões de cima para baixo). O valor da nova informação, que se poderá obter por intermédio de ação renovada ou simplesmente pela passagem do tempo, pode ser avaliada de uma maneira formal.[28]

- *Faça a Triagem e Aprenda.* À medida que a incerteza se ameniza ou que o custo da inação aumenta, faz-se necessária uma abordagem mais agressiva.[29] Isto pode variar desde explorações dirigidas de mercados com avançados métodos de pesquisa à negociação de acordos de opção real para garantir os direitos da primeira recusa a uma tecnologia emergente.[30] O objetivo de tais iniciativas é criar ou adquirir opções reais. Embora possa custar mais em termos de tempo e atenção avaliar opções depois que venham a ser geradas, as organizações em geral não sofrem do problema de gerar um elenco por demais variado e rico de opções. Mais seguidamente, elas sofrem de uma pobreza de opções criativas. Não é possível aqui revisar o rico elenco de técnicas para eficiente ação cerebral, criatividade ou geração de opções, mas o fato é que essas abordagens podem expandir significativamente o seu pacote de possíveis opções.[31]

- *Acreditar e liderar.* O compromisso de plena escala é garantido quando a oportunidade é muito promissora ou a ameaça iminente, e a organização se mostra suficientemente convencida disso pelas evidências disponíveis. Justificar essa posição arriscada requer uma convergência de sinais da periferia e de apoio para as suposições que favorecem a ação arrojada. Existe igualmente a avaliação dos riscos implícitos da ação, ou da inação, com base no normalmente confuso input procedente da periferia.

Para cada uma dessas três posições, a organização precisa desenvolver capacidades flexíveis de reação. Entre as abordagens capazes de ajudar uma ação rápida e flexível figuram a criação de um estilo de gestão baseado em captação-reação; reduzir os riscos mediante uma prototipagem rápida, experiências modestas e trabalho em rede; adotar uma perspectiva de opções ao agir sobre a periferia (desenvolver uma carteira de opções, em lugar de apostar tudo numa opção única); e pôr em prática a agilidade organizacional.

Aprendendo e adaptando

Uma vez tendo-se começado a agir e a obter feedback, as oportunidades para o aprendizado e ajustamento só fazem aumentar. Os bebês refinam sua visão e suas ações mediante a concentração e o toque nas coisas que enxergam. A interação entre ações, percepções e reações organizacionais servirá para refinar o entendimento, pela organização, do seu ambiente. Dependendo do tipo de feedback que obtiver, uma imagem mais profunda do mundo pela organização poderá vir a precisar de ajustes, com a organização ficando também na obrigação de modificar sua visão focal.

Uma vez que os processos organizacionais de racionalização e de decisão são altamente afetados pelos modelos mentais de seus administradores, aprender na periferia pode ser algo que exija uma profunda mudança também nesses modelos mentais. Em lugar de resolver problemas bem definidos numa maneira linear usando para tanto o poder da análise convergente, o aprendizado periférico exige pensamento lateral, elaboração de questões inconformistas, depender da intuição e examinar os dados através de lentes múltiplas. Isto tudo exige um processo iterativo continuado de escopo, monitoramento, interpretação, ação, aprendizado e ajustamento, pelo qual os indivíduos e a organização definem e mudam sua visão. Este processo tem inúmeros enlaces de feeback e é decididamente não-linear. Os resultados são um melhor entendimento da atual periferia e um processo da periferia em direção ao centro da visão, quando necessário.

Organizações vigilantes

Capacidades são um conjunto de habilidades, tecnologias e aprendizado cumulativo tão fortemente integradas e por isso tão profundamente arraigadas na organização que não podem ser negociadas ou imitadas.[32] A discussão de organizações vigilantes se alimenta do nosso Exame do Olhar Estratégico e de uma variedade de estudos que prestaram atenção a importantes características de empresas operadas nos ambientes ou organizações de rápido avanço que são projetadas para aprender.[33] David DeLong e Liam Fahey discutem a importância da cultura e de suas inúmeras facetas, entre as quais os valores, normas, modelos mentais e comportamentos.[34] Existem compensações entre vários tipos de culturas organizacionais, e cada uma delas tem mecanismos diferentes para processar e agir com respeito à informação a respeito do ambiente em permanente mutação do mercado.[35]

Outros livros relevantes

Por fim, o nosso trabalho se inspira em muitos e diversos livros sobre gestão que observaram a periferia a partir de inúmeras perspectivas (entre as quais a da inteligência competitiva, pesquisa de mercado, exame do ambiente, e previsão de tecnologia). A importância de observar a periferia tem sido destacada em livros populares como *The Innovator's Dilemma*, de Clayton Christensen, *Only the Paranoid Survive*, de Andy Grove, e *Creative Destruction*, de Richard Forster e Sarah Kaplan.[36] O *best-seller The Tipping Point*, de Malcolm Gladwell, destacou o fenômeno relacionado dos produtos, idéias ou mensagens da periferia que assolam a sociedade como se epidemias fossem, graças a redes informais de pessoas.[37] Outros livros, como *Wide Angle Vision*, de Wayne Burbank, e *Blindsided*, de Jim Harris, também analisaram aspectos deste tema.[38]

Há igualmente uma variedade de trabalhos acadêmicos sobre temas relacionados, como *Information Management for the Intelligent Organization*, de Chun Wei Choo; o clássico *Sensemaking in Organizations*, de Karl Weick, e um trabalho mais recente do mesmo Weick, em colaboração com Kathleen Sutcliffe, intitulado *Managing the Unexpected.*[39] Uma interessante coleção de ensaios sobre sinais emergentes e como fazê-los ter sentido aparece em *Managing the Future: Foresight in the Knowledge Economy*, de Haridimos Tsoukas e Jill Shepherd.[40] Um relato histórico dos pontos cegos governamentais, e suas várias causas, é apresentado em *Blind Spot*, de Timothy Naftali.[41] Este livro deveras abrangente examina os fatores que impediram que setores de segurança nacional detectassem os sinais emergentes indicadores do massacre perpetrado na Vila Olímpica de Munique em 1972, da destruição do QG dos marines (fuzileiros navais americanos) em Beirute, em 1983, e da tragédia do 11 de setembro de 2001, em Nova York. Ele também descreve alguns complôs desbaratados, como uma tentativa de assassinato do general Dwight Eisenhower em 1944, e da interceptação de terroristas que pretendiam atacar vários alvos em Los Angeles durante as celebrações da passagem do milênio.

Seeing What's Next, o mais recente trabalho de Clayton Christensen em co-autoria com Scott Anthony e Erik Roth, tem como foco a ajuda a gestores individuais para que consigam antecipar-se à evolução de tecnologias desestabilizadoras.[42] *Seeing What's Next* identifica padrões específicos de desestabilização de indústria, enquanto que o nosso livro examina o processo e capacidades que as organizações necessitam para reconhecer tais padrões ou outras mudanças significativas em seus respectivos ambientes. O recente livro *Predictable Surprises*, de Max Bazerman e Michael Watkins, explora as condições cognitivas e sociais que conduzem a sinais perdidos, e *Blue Ocean Strategy*, de W. Chan Kim e Renée Mauborgne, destaca as oportunidades no desenvolvimento de espaços em mercados periféricos que não chegam a ser reconhecidas por indústrias detentoras de posições de liderança.[43] Outros livros, como *The Power of Impossible Thinking**, de Jerry Wind e Colin Crook, destacam o poder dos modelos mentais na formatação das oportunidades que divisamos – ou não – no trabalho e na vida.[44]

São, as acima referidas, apenas algumas das muitas e diversificadas fontes que contribuíram para e inspiraram nossos debates nos capítulos anteriores. Esta visão geral não pretende esgotar essa relação – o que é praticamente impossível no que diz respeito a um tema tão amplo e amorfo quanto a periferia. Esperamos, porém, que nossa breve excursão por este elenco de materiais de base sirva para reconhecer a riqueza das fontes que contribuíram para o nosso entendimento desse tema, e também para apontar caminhos àqueles leitores interessados em aprofundar suas explorações a respeito.

---

* N. de R.: Publicado no Brasil pela Bookman Editora com o título *A Força dos Modelos Mentais*.

Apêndice C

Notas sobre Visão como uma Metáfora para as Organizações

METÁFORAS buscam realçar características pertinentes de determinado fenômeno de interesse geral por intermédio de analogias e do imaginário. Todos sabemos que a visão envolve um complexo processo que se estende muito além das características de hardware do olho ao complexo *software* existente no cérebro. Por analogia, enxergamos a organização como uma entidade complexa em que a racionalização é conduzida via instrumentos de input cujos sinais são então combinados e sintetizados em significados. Por termos feito uso da metáfora da visão periférica para explorar esse complexo processo no nosso livro, faz sentido agora fazer um resumido exame das suas características mais salientes, bem como das suas inerentes limitações.

A maioria das pessoas, ao ouvir falar em *visão periférica*, logo a associa com percepção do canto do olho. Entende-se que este tipo de visão é imprecisa, como num piscar de olhos, e que processos inconscientes são aqueles que ditam majoritariamente se devemos ou não dar maior atenção ao que é assim visto, para tanto virando a cabeça. Pela imensa quantidade de estímulos que atingem nossa retina periférica, mal podemos deixar de dedicar atenção a esses estímulos. Lá no mais fundo do cérebro é que se decide o que merece atenção, processo esse sujeito a uma limitada supervisão estratégica. Mesmo assim, ao dirigirmos um carro em meio ao pesado trânsito citadino, por exemplo, podemos determinar qual o objetivo merecedor da nossa maior atenção e cuidado, entre ciclistas, crianças ou animais porventura atravessando a faixa, além, é claro, de carros ou motos. Desta forma, criamos condições de criar um campo estratégico de percepção que influencia tanto a abertura de nossa visão (quão ampla ou estreitamente enxergamos) quanto a espécie de sinais periféricos que se infiltram em nosso subconsciente.

COMO FUNCIONA A VISÃO

É essencial reconhecer que a visão no centro de atenção (a área focal) é diferente naquela voltada para a periferia. Como sintetizado na Figura C-1, a natureza do sinal, a clareza da interpretação e outras características da visão são muito diferentes entre si. Existem no olho receptores variados da visão focal em relação à visão periférica, com diferentes perfis de forças e fraquezas. Fisiologicamente, o processo da visão começa com a ativação das células de bastonetes e cones, que são ambas sensíveis à luz, mas de maneiras diferentes. Enquanto as células de cones (usadas na visão focal) proporcionam uma imagem clara em cores vívidas, as células de bastonetes (usadas na visão periférica) são cegas à cor (sendo este o motivo de não distinguirmos cores em ambientes de luz escassa). Os seres humanos têm células de cones vermelhas, azuis e verdes, que se destinam a absorver diferentes comprimentos de ondas de luz. As células de bastonetes não proporcionam imagens precisas, mas são adequadas à detecção de movimentos à margem de nossa visão, funcionando como postos avançados de percepção continuadamente em prontidão e à espreita de sinais merecedores de uma preocupação mais detalhada.

O hardware é apenas parte da história. A visão é o resultado de um processo complexo. Quando a luz bombardeia os olhos, as numerosas células de cones e bastonetes reagem sem uma filtragem muito precisa.[1] A imagem inicial criada pelo campo visual pode ser comparada com os pixels em uma tela de computador que se acendem de acordo com graus variados. Este ciclo inicial de percepção sensitiva é então seguido por uma segunda onda, na qual a mente busca significado, como uma câmara de autofoco que tenta encontrar um determinado objetivo em meio aos muitos pixels. Este segundo ciclo é verdadeiramente subjetivo por refletir as expectativas, esperanças e temores da pessoa. Depende pesadamente de reconhecimento de padrão, que funcio-

Visão Focal	Características	Visão Periférica
Sinais fortes e constantes (alta visibilidade e credibilidade)	← Natureza do sinal →	Sinais débeis intermitentes (baixa visibilidade, surpresa)
Sinal forte/baixo ruído	← Sinal/grau de ruído →	Muito ruído/baixo sinal
Muitos, bem conectados em redes	← Receptores →	Poucos, amplamente dispersos e escassamente interligados
Enquadra-se em domínios de risco ou incerteza	← Incerteza/ambigüidade do sinal →	Enquadram-se nos domínios de ambigüidade ou caos
Interpretações familiares com base em experiência anterior	← Capacidade de distinguir padrões em meio aos sinais →	Muitas interpretações plausíveis, possíveis, nas quais é difícil "ligar os pontos"
Alta (utilizando as suposições de partilha)	← Acurácia da interpretação →	Baixa (poucas suposições específicas a serem extraídas)
Bom para acuidade (ver claramente)	← Vantagem comparativa (visão humana) →	Bons para a detecção de visão em movimento e noturna
Crítica para exploração (organização em desempenho)	← Vantagem comparativa (para a organização) →	Fundamentais para a exploração (aprendizado organizacional)
Muita análise recebida em estratégia, marketing, etc.	← Qual o grau de entendimento nas organizações? →	Terra incógnita (escasso entendimento)

FIGURA C.1 Diferenças em visão no centro e na periferia.

na como um tipo de software mental. Quando se é acostumado a ver cães em vez de gatos no dia-a-dia, um estímulo ambíguo denotador de qualquer um deles seria interpretado quase que certamente como um cão no segundo ciclo. Há uma constante renovação das imagens criadas pelas ondas iniciais e secundárias, com a freqüência da utilização (como um grau de enquadramento) dependendo de quanta mudança ocorre realmente no campo visual. À medida que esses enquadramentos seqüenciais vão sendo atualizados e renovados, passam a concorrer por armazenamento na memória visual, que é um processo muito parecido com aquele em que o ganhador leva tudo. Os limites da memória visual são o motivo pelo qual conseguimos divisar com clareza apenas parte do campo de visão.

Na visão humana, este processo funciona em grande parte no piloto automático. Quando se caminha em um passeio movimentado, a maior parte dos sinais periféricos acaba sendo filtrada e excluída, mas uma imagem incomum, acelerada – por exemplo, um batedor de carteira correndo depois de assaltar uma nova vítima – pode atrair atenção suficiente para fazer com que a pessoa acabe virando a cabeça. Ao longo da evolução, o olho humano desenvolveu um equilíbrio adequado entre processamento de sinais periférico e central, com um número muito maior de células dedicadas à periferia, e não à visão focal. Quando os predadores atacam, tudo o que o olho precisa é de um sinal de alerta de faixas de aproximação, para que a opção entre reagir ou fugir possa ser definida só depois de a visão (focal) central estabelecer uma imagem mais precisa da situação e respectivas circunstâncias.

Bastonetes e cones são ligados a outros neurônios retinianos de maneira diferente. Por exemplo, até uma centena de bastonetes podem ligar-se a um único gânglio de célula.[2] Como resultado, o output de bastonetes é considerado como um todo, o que leva a uma visão ao mesmo tempo vaga e indistinta. Em contraste, cada cone no buraco do olho tem um caminho exclusivo e direto a uma célula de gânglio. Como resultado, cada cone tem essencialmente uma "linha direta" exclusiva para os centros visuais superiores. Essas "linhas diretas" para os diferentes sentidos ajudam o cérebro a diferenciar entre visão, som, cheiro, toque e gosto, pois não há como distinguir distinguir os impulsos elétricos propriamente ditos. Um sinal procedente do nervo óptico é, pois, interpretado como sendo luz. (É por isso que, quando se leva um soco, ou outro golpe qualquer, no olho, a percepção inicial pode ser a de um raio de luz, em vez de dor.)

Além da visão, os seres humanos dependem de outros quatro sentidos que os ajudam a dar sentido a um quadro geral predominantemente indistinto. As espécies são diferentes, é claro, tanto no tipo de aparelho sensorial que possuem quanto na importância atribuída a cada um deles, desde que apresentem informações conflitantes. Os seres humanos são fortemente dependentes do visual, em comparação, por exemplo, com morcegos ou enguias. Muitos animais noturnos têm apenas células de bastonetes, que são melhores para visão noturna, mas um falcão tem mais células de cones exatamente para contar com um foco preciso que lhe permita distinguir, das alturas, as presas que distingue e depois captura em vôos rente ao chão.

Analogias organizacionais

Qual a maneira adequada de interpretar a analogia da visão no contexto de uma organização? Uma abordagem possível é a de simplificar a organização como uma entidade autônoma (com um cérebro central) que vê determinadas partes do seu entorno com extrema clareza, outras com menor clareza, e outras, ainda, simplesmente não consegue distinguir. Essa parte escassamente percebida constitui a periferia da organização; boa parte dela é ignorada, mas alguns nacos são considerados dignos de alguma atenção. Ao contrário do olho humano, em que o processo de prestar atenção é majoritariamente automático e rápido (isto é, detectamos alguma coisa com o canto do olho e em seguida já estamos em busca de uma visão mais aproximada, virando o pescoço ou indo em direção a esse detalhe), a organização pode ser mais decidida a respeito daquilo que examina e da maneira que faz esse exame (uma nota mais positiva) mas ao mesmo tempo será mais lenta ao virar a cabeça em função da inércia organizacional (uma nota negativa). Podemos testar essas noções pela mensuração do tempo que leva para reagir depois da introdução de novos estímulos em seu campo visual. Embora o olho humano reaja numa fração de segundo, os tempos de reação das organizações podem variar de horas (quando em estado de crise) a semanas, ou meses, quando o sinal é detectado nas profundezas ou nos limites da organização.

É realmente tentador imaginar as pessoas integrantes da organização como sendo as células de bastonetes e cones. Mas, ao contrário dos bastonetes e cones, que são fisiologicamente limitados e com *design* único, os seres humanos podem, até certo ponto, desempenhar ambos os papéis – alargar a visão focal e melhorar a visão periférica. Tarefas diferenciadas sempre exigirão um equilíbrio diferente entre funções do tipo de bastonetes e/ou cones, sejam as de raio laser focado na tarefa em andamento, sejam as de um posto avançado recolhendo sinais de grande distância e fronteiras alargadas. Um gerente de operações no comando de uma fábrica normalmente precisará de um foco mais centrado no desempenho, enquanto um planejador estratégico empenhado na criação de novos cenários ou um especialista em marketing contratado como caçador de tendências precisarão ter necessariamente um sólido foco periférico. Os seres humanos têm capacidade tanto para visão focal quanto periférica, embora em graus diferenciados, de tal maneira que conseguem transferir o foco de suas atenções de um para outro, dependendo da função desempenhada.

Além disso, nas organizações, os bastonetes e cones exibem interação muito maior antes de passarem a informação para a unidade central de processamento do cérebro. E não está claro se conseguimos enxergar com proveito uma organização como ondas pulsantes de experiência que se alternam entre exames objetivos de estímulos externos e uma onda de interpretação que busca significado naquele animado campo de pixels. Mas, de algumas formas, as organizações realmente tentam sondar seu ambiente com objetividade, e é depois disso que sempre ocorre alguma interpretação e esclarecimento do quadro de percepções. Mas o processo não é tão sincronizado nem unificado quanto aquilo que ocorre com a visão humana, em que apenas uma imagem é buscada. Assim, precisamos evitar a todo custo a falácia de tratar nossos funcionários como se fossem bastonetes ou cones.

As partes mais salientes da metáfora da visão para os nossos objetivos são como a seguir resumidos:

1. Significado é criado a partir de inputs sensoriais, que, por sua vez, dão seguimento a processos cognitivos de mais alto nível. Os olhos são

os instrumentos desse *input*, e o cérebro, o criador do significado. Nas organizações, as pessoas funcionam tanto como receptores quanto como intérpretes, o que dá origem a um quadro um tanto mais complexo. O desafio estratégico passa a ser saber em que parte das organizações se concentram estão suas fraquezas – aparecem elas indistintamente, ou interpretam aquilo que todos só conseguem ver de maneira indistinta?

2. O olho humano evoluiu de tal forma que as células receptoras neurais são especializadas em duas espécies: cones para a visão central e bastonetes para a periferia. Há muito mais bastonetes do que cones, e diferem em matéria das características de cada objeto a que reagem (em termos de cor, forma, movimento, etc.). Isso indica que as organizações podem igualmente necessitar de diferentes receptores e princípios de *design* para o confronto visão central *versus* visão periférica. Provoca também o debate sobre se cabe ou não às organizações investir mais fortemente na exploração da periferia.

3. O olho humano pode sofrer de uma variedade de limitações e distorções (miopia, glaucoma, cegueira noturna, etc.), que têm como resultado diferentes falhas em sua percepção. As organizações, de maneira semelhante, podem sofrer de problemas distintos de visão, muitas vezes corrigíveis à medida que forem sendo entendidos.

4. A visão periférica tem importância maior ou menor de acordo com as tarefas em que é empenhada. Em ambientes de movimentação rápida, como nos esportes ou trânsito pesado nas estradas, a visão periférica tem importância maior do que uma boa visão central. Podemos desenvolver e treinar nossa visão periférica (da maneira como Bill Bradley fez em benefício do seu desempenho no basquetebol) e então transformá-la numa grande vantagem competitiva. A chave da boa visão periférica é desfocar (visão espalhada) antes de concentrar-se em determinado objetivo e fazer uma triagem mais profunda em busca de melhor insight.

OS LIMITES DA METÁFORA

Todas as metáforas têm suas limitações, e as diferenças ressaltam alguns aspectos característicos da visão periférica das organizações. Claramente, características salientes da visão humana – como a distinção entre visão central e visão periférica – comportam uma analogia com a vida organizacional. Empresas e seus líderes vêem algumas coisas com muita clareza, e outras, porém, sem a indispensável limpidez. Da mesma forma, a visão periférica é essencial tanto para indivíduos quanto para organizações – cada um deles precisa de algum grau de visão periférica a fim de poder prosperar na vida. A metáfora só se desintegra é no grau de controle estratégico que é possível exercer. Embora os seres humanos possam treinar sua visão periférica ou aperfeiçoá-la artificialmente mediante o uso de retrovisores, óculos ou outros inventos semelhantes (como os óculos de visão noturna), o *hardware* da visão humana é em grande parte fixo (e, na verdade, passível de deterioração). Em contraste, as organizações podem incrementar sua abertura visual de acordo com a plenitude de sua vontade por serem menos contidas por limitações de *hardware*. Equipes especiais, novas fontes de dados, reuniões estratégicas e grupos de foco, são, todos, instrumentos passíveis de utilização para a melhoria da percepção mais além da área focal da visão. Isto significa que as organizações contam com uma considerável flexibilidade para o desenvolvimento da visão periférica, apesar de nem sempre dela tirarem proveito. A razão disto pode estar no fato de que a evolução organizacional – ao contrário da revolução humana, que é projetada para a sobrevivência a longo prazo das espécies – é geralmente enfocada no desempenho de curto prazo e na sobrevivência. Investimentos em visão periférica precisam ser comparados e pesados em relação a investimentos com capacidade de produzir retornos mais imediatos.

A metáfora também perde força quando examinamos o mapeamento dos estímulos externos sobre significado. No olho, fica perfeitamente claro se um sinal é periférico ou focal; isso depende da extensão em que as ondas de luz ativam células de bastonetes e cones. O olho humano tem uma mistura completa de células de bastonetes e de cones, exceto na fóvea central, em que as células se concentram exclusivamente; isto é, a proporção entre células de cones e de bastonetes varia de muito baixa para 100% à medida que andamos do canto para o centro do olho. Para uma organização, podemos, de forma similar, entender que isto seja uma média pesada. Por exemplo, podemos medir quantas pessoas registraram um sinal, até que ponto esse sinal é central para cada pessoa interessada, e qual a posição de controle ou o grau de centralismo cada uma dessas pessoas ocupa na organização. A partir daí poderíamos computar um escore equilibrado em termos de quanto uma determinada percepção pende para a periferia ou para o centro da escala. Mas isto é um tanto forçado, e as proporções podem ser mudadas por sanção executiva (ao contrário do que ocorre com o olho humano). Nosso Exame do Olhar Estratégico (no Apêndice A) faz a mensuração do verdadeiro desenvolvimento das variadas capacidades organizacionais que dão suporte à visão periférica (em relação à necessidade dessa visão, que depende do entorno). Algumas dessas capacidades operam ao nível dos cones e bastonetes (isto é, melhores receptores na organização), mas a maioria delas lida com o nível muito mais importante da interpretação e da triagem estratégica. Para tanto, precisa-se, acima de tudo, de liderança. Nas organizações, como ocorre com a visão humana, a pessoa no centro desta atividade visual é quase sempre a maior responsável por tudo aquilo que é visto, como é interpretado, e o que a partir dali se consegue realizar.

Notas

Introdução

1. J. Leonard Fuld, "Be Prepared", *Harvard Business Review*, November 2003, 1-2. A pesquisa foi realizada pela Academia de Inteligência Competitiva Fuld-Gilad-Herring.

2. Ver, nos agradecimentos, os nomes de destacados acadêmicos e outros profissionais que nos ajudaram nesta jornada rumo ao entendimento.

Capítulo 1

1. Andrew S. Grove, *Only the Paranoid Survive: How to Exploit the Crisis Points that Challenge Every Company*. (New York: Currency Doubleday, 1999), 110.

2. Todas as citações de Melchiorre são baseadas em comunicações pessoais com os autores.

3. Melanie Warner, "Low Carbs? Who Cares? Sugar Is the Latest Supermarket Demon". *New York Times*, May 15, 2005, 1.

4. Melanie Warner, "Is the Low-Carb Boom Over?". *New York Times*, December 5, 2004, Section 3, 1.

5. *The Vanishing Potato: Understanding the World of Low-Carb Dieting from a Consumer Perspective*. The Hartman Group, summer 2004.

6. Uma pesquisa de auto-avaliação usando itens escalonados de 1 a 7. As estatísticas se baseiam em respostas de mais de 150 participantes de programas de gestão sênior na Wharton e no Cedep, em Insead. O diagnóstico do Exame do Olhar Estratégico usado para estimar esses resultados está no Apêndice A. O dado de 80% é uma comparação entre a futura necessidade, pelos gerentes, de visão periférica e a sua capacidade atual.

7. Sidney G. Winter, "Specialised Perception, Selection and Strategic Surprise: Learning from the Moths and Bees", *Long Range Planning* 37 (2004), 163-169.

8. Ambientes complexos e rapidamente mutáveis em geral tendem a forçar os limites de nossa visão. Astronautas relataram que durante a rápida aceleração sentiram-se como se estivessem sendo lentamente puxados para trás. Campos magnéticos mutantes produziram uma percepção de feixes luminosos e poços de luz durante os vôos do programa Apolo na década de 1960, e o excesso de oxigênio na cabina da nave criou visão de túnel, distorcendo a visão periférica dos astronautas em um redemoinho de formatos. Em função de armadilhas semelhantes causadas pelo ambiente, astronautas e pilotos de aviões a jato são ensinados a não confiar unicamente nos próprios olhos, mas a usar os sistemas de navegação a fim de averiguar a posição de suas naves. Tema discutido em Lael Wertenbaker, *The Eye Window to the World* (New York: Torstar Books, 1984), 146.

9. Ver Manfred Kets de Vries e Danny Miller, *The Neurotic Organization: Diagnosing and Changing Counterproductive Styles of Management* (San Francisco: Jossey-Bass, 1984).

10. A visão focal é em geral referida como "visão central" em oftalmologia. Ver, por exemplo, Nicholas J. Wade e Michael Swanston, *Visual Perception* (East Sussex, UK: Psychology Press, 2001).

11. John McPhee, *A Sense of Where You Are: Bill Bradley at Princeton* (New York: Farrar, Strauss and Giroux, 1999).

Capítulo 2

1. Kathleen M. Sutcliffe e Klaus Weber, "The High Cost of Accurate Knowledge", *Harvard Business Review*, May 2003, 74-82.

2. Peter Schwartz, *The Art of the Long View: Planning for the Future in an Uncertain World* (New York: Currency Doubleday, 1996).

3. Alguns desses temas foram sugeridos numa discussão privada com Arthur Caplan, diretor do Center for Bioethics da University of Pennsylvania.

4. Stephen Baker e Adam Aston, "The Business of Nanotech", *Business Week*, February 14, 2005, 71.

5. Stephan Herrera, "Mitsubishi: Out Front in Nanotech", *Technology Review*, January 2005, 34.

6. Max H. Bazerman e Michael D. Watkins, *Predictable Surprises: The Disasters You Should Have Seen Coming and How to Prevent Them* (Boston: Harvard Business School Press, 2004).

7. John Schwartz, "For NASA, Misjudgements Led to Latest Shuttle Woes", *New York Times*, July 31, 2005, Section 1,1.

8. "How CEMEX Innovates", *Strategy & Innovation* (November-December 2004), 6-8.

9. Andrew S. Grove, *Only The Paranoid Survive: How to Exploit the Crisis Points That Challenge Every Company* (New York: Currency Doubleday, 1999).

10. Clayton M. Christensen, *The Innovator's Dilemma* (Boston: Harvard Business School Press, 1997); Clayton M. Christensen, Scott D. Anthony e Erik A. Roth, *Seeing What's Next? Using the Theories of Innovation to Predict Industry Change* (Boston: Harvard University School Press, 2004).

11. Michael E. Porter, *Competitive Advantage: Creating and Sustaining Superior Peformance* (Nova York: Free Press, 1985).

12. Russell L. Ackoff, *Creating the Corporate Future: Plan or Be Planned For* (New York: John Wiley & Sons, 1981).

13. W. Chan Kim e Renée Mauborgne, *Blue Ocean Strategy: How to Create Uncontested Market Space and Make the Competition Irrelevant* (Boston: Harvard Business School Press, 2005).

14. Clayton M. Christensen e Michael Raynor, *The Innovator's Solution: Creating and Sustaining Successful Growth* (Boston: Harvard Business School Press, 2003).

15. Herman Kahn, *Thinking About the Unthinkable* (New York: Simon & Schuster, 1984).

16. Adrian Slywotzky, "Exploring the Strategic Risk Frontier", *Strategy & Leadership* 32 (2004), 11-19.

Capítulo 3

1. G. K. Chesterton, *The Scandal of Father Brown* (New York: Dodd, Mead & Company, 1935).

2. Isto vale também com relação ao sistema de métricas encontrado na estrutura do mapa estratégico do Balanced Scorecard para ilustrar a maneira pela qual a estratégia liga ativos intangíveis

a processos de criação de valor. Ver Robert S. Kaplan e David P. Norton, *Strategy Maps: Converting Intangible Assets into Tangible Outcomes* (Boston: Harvard Business School Press, 2004).

3. O estudo de caso pela definição de hipóteses prioritárias foi bem desenvolvido por James M. Utterback e James W. Brown, "Monitoring for Technological Opportunities", *Business Horizons*, October 1971, 5-15.

4. Wayne Burkan, *Wide-Angle Vision: Beat Your Competition by Focusing on Fringe Competitors, Lost Customers, and Rogue Employees* (New York: John Wiley & Sons, 1996), 85-96.

5. Esta seção é adaptada de "Market Sensing" em George S. Day, *The Market-Driven Organization* (New York: Free Press, 1999), cap. 5.

6. www.iconoculture.com

7. Para um aprofundamento nesses métodos, ver Gerald Zaltman, *How Customers Think: Essential Insights into the Mind of the Market* (Boston: Harvard Business School Press, 2003).

8. Para uma nova introdução, ver Stefan Thomke, "Note on the Lead User Research", material de ensino 6-669-014, Harvard Business School; Eric Von Hippel, Stefan Thomke e Mary Sennack, "Creating Breakthroughs at 3M", *Harvard Business Review*, September-October 1999, 47-57.

9. Melanie Wells, "Have It Your Way", *Forbes, February* 14, 2005, 78-86.

10. A penetração da banda larga na Coréia foi acelerada pelo apoio governamental, uma antiga história de fascinação cultural com o jogo, e por empresas eletrônicas de renome mundial, como a Samsung.

11. Malcolm Gladwell, "The Coolhunt", *The New Yorker*, March 17, 1997, 78-89.

12. Chidanand Apte, Bing Liu, Edwin P. D. Pednault, Padhraic Smyth, "Business Applications of Data Mining", *Communications of the* ACM 45 (August 2002): 49-53.

13. Existe uma farta literatura a respeito da inteligência competitiva que diz respeito principalmente (e da melhor maneira) ao entendimento das capacidades e intenções dos concorrentes focais. Ver Liam Fahey, *Competitors: Outwitting, Outmaneuvering, and Outperforming* (Nova York: John Wiley, 1999); Leonard M. Fuld, "The New Competitor Intelligence: The Complete Resource for Finding, Analyzing, and Using Information About Your Competitors" (New York: John Wiley, 1994); John E. Prescott e Stephen H. Millers, editores, *Proven Strategies in Competitive Intelligence: Lessons from the Trenches* (New York: John Wiley, 2000).

14. W. Chan Kim e Renée Mauborgne, "Creating New Market Space", *Harvard Business Review*, January-February 1999, 83-93.

15. Gary Hamel e C. K. Prahalad, *Competing for the Future* (Boston: Harvard Business School Press, 1994).

16. O papel dos complementadores ganhou ampla visibilidade a partir do trabalho de Adam M. Brandenberger e Barry H. Nalebuff, *Co-Opetition* (New York: Doubleday, 1996).

17. Num vídeoclipe de 1968, Doug Engelbart demonstra o uso de um novo instrumento de computador chamado "mouse". Levou algumas décadas para este instrumento mudar a interface da computação pessoal, apesar de ter estado lá, naquele filme de 1968, para quem quisesse vê-lo. Ver, a respeito, D. A. Levinthal, "The Slow Pace of Rapid Technological Change: Gradualism and Punctuation in Technological Change", *Industrial and Corporate Change* 7, nº 2 (1998): 217-247.

18. Don S. Doering e Roch Parayre, "Identification and Assessment of Emerging Technologies", em *Wharton on Managing Emerging Technologies*, editores G. S. Day e Paul J.H. Schoemaker (New York: *John Wiley & Sons*, 2000), 75-98.

19. Ron Adler e Daniel A. Levinthal, "Technology Speciation and the Path of Emerging Technologies", em *Wharton on Managing Emerging Technologies*, 57-74.

20. Sherwin Nuland, "Do You Want to Live Forever?" *Technology Review* (February 2005): 36-45; ver também Ray Kurzwell e Terry Grossman, *Fantastic Voyage: The Science Behind Radical Life Extension* (New York: Rodale Publishing, 2004).

21. Malcolm Gladwell, *The Tipping Point: How Little Things Can Make a Big Difference* (Boston: Little, Brown, 2000).

Capítulo 4

1. A história sobre o chefe tribal e a carga de bananas é detalhada em Arie de Geus, *The Living Corporation* (Boston: Harvard Business School Press, 1997).

2. "A Vital Job Goes Begging", *The New York Times*, February 12, 2005, A30.

3. Flo Conway e Jim Seligman, *Snapping: America's Epidemic of Sudden Personality Change* (Philadelphia: Lippincott, 1978).

4. Vincent Barabba, *Surviving Transformation: Lessons from GM's Surprising Turnaround* (Nova York: Oxford University Press, 2004).

5. Essas necessidades insatisfeitas foram identificadas em um estudo do *Wirthlin Worldwide* por meio de duas mensurações: a importância que os consumidores atribuíam aos fatores que acabavam influindo em sua decisão de compra, e seu nível de satisfação, no momento, com esses mesmos fatores.

6. Isto é extraído de um estudo sobre a maneira pela qual conceitos e metáforas do campo de visão podem ser aplicados a atividades de inteligência competitiva. Ver Michael Neugarten, "Seeing and Noticing: An Optical Perspective on Competitive Intelligence", *Journal of Competitive Intelligence and Management 1*, nº 1 (Spring 2003): 93-104.

7. Citado em Michael Michalko, *Cracking Creativity* (Berkeley, CA: Ten Speed Press, 2001).

8. Adaptado de George S. Day, "Assessing Future Markets for Emerging Technologies", em *Wharton on Managing Technologies*, eds. George S. Day e Paul J. H. Schoemaker (New York: John Wiley & Sons, 2000).

9. Para uma revisão gerencial sobre esta abrangente área, ver J. Edward Russo e Paul J. H. Schoemaker, *Winning Decisions* (New York: Doubleday, 2001).

10. Esta breve discussão de pensamento em grupo deve muito a um sumário mais adequado oferecido no capítulo 7 de "Winning Decisions", de Russo e Schoemaker. A referência clássica e original em matéria de pensamento em grupo é Irving Janis, *Groupthink: Psychological Studies of Policy Decisions and Fiascos*, segunda edição (Boston: Houghton Mifflin, 1992). Uma revisão crítica do pensamento de grupo como modelo psicológico pode ser obtida em Won-Woo Park, "A Review of Research on Groupthink", *Journal of Behavorial Decision Making* 3, nº 4 (October-December 1990): 229-246.

11. J. Patrick Wright, *On a Clear Day, You Can See General Motors* (Grosse Pointe, MI: Wright Enterprises, 1979), 67-68.

12. Modelos racionais que vão da análise bayesiana ao *bootstrapping* podem ser usados para formatar um julgamento baseado em informação procedente de fontes diversificadas. A análise bayesiana é um modo formal de revisar estimativas de probabilidades depois de recebidas novas amostragens de informação. Essa abordagem quantitativa da tomada de decisão é explicada mais

detalhadamente em Robert Nau e Robert Clemen, *Making Hard Decisions: An Introduction to Decision Analysis*, 2ª ed. (Boston: PWS-Kent, 1996), e também na obra clássica de Howard Raiffa, *Decision Analysis: Introductory Lectures on Choices Under Uncertainty* (Reading, MA: Addison-Wesley, 1968). Já o *bootstrapping* é a técnica de formar modelos de especialistas humanos e então superar seu desempenho com esse mesmo modelo em novas previsões. O modelo linear que subjaz na maioria dos estudos de bootstrapping tem uma história de bem mais de 50 anos. Um dos principais desses trabalhos é o de Paul Meehl, *Clinical versus Statistical Prediction* (Minneapolis: University of Minnesota Press, 1954). Um dos principais contribuidores do segundo trabalho é Robyn Dawes, da Carnegie-Mellon University. Dois dos seus trabalhos são especialmente acessíveis para leitores não profissionais: "Clinical versus Actuarial Judgement", em conjunto com David Faust e Paul Meehl, *Science* 243 (1989): 1668-1773, e "The Robust Beauty of Improper Linear Models in Decision Making", *American Psychologist* 34 (1979): 571-582. Uma excelente resenha dos estudos sobre bootstrapping é apresentado por Colin Camerer, autor de "General Conditions for the Succes of Bootstrapping Models", *Organizational Behavior and Human Performance* 27 (1981): 411-422. Uma discussão ampla das possíveis objeções à utilização de modelos lineares aparece na obra de Alison Hubbard Ashton, Robert H. Ashton e Mary N. Davis, "White-Collar Robotics", *Califórnia Management Review* 37, nº 1 (Fall 1994): 95-101. O caso para a combinação do julgamento humano e modelos estatísticos foi bem apresentado por Robert Blattberg e Steven Hoch, em "Database Models and Managerial Intuition: 50% Model + 50% Manager", *Management Science* 36, nº 8 (1990): 887-899.

13. Suponha que você receba informações desconcertantes sobre as ações de um novo concorrente, informações essas passadas por um colega de seu departamento, de outra divisão ou que trabalhe em uma companhia diferente. Qual a credibilidade que atribuiria a essa informação, em cada um dos casos? Uma teoria prevê que não damos o devido valor a informações originadas de distância exagerada (desde que outros fatores sejam iguais) em função de uma síndrome do "não foi inventada aqui", considerações de confiança e comportamento tipo clã. Contudo, outra visão plausível torna a previsão oposta, especificamente, a de que nos tornamos complacentes em relação àqueles que nos são muito próximos (isto é, a familiaridade gera o desprezo). Tanya Menon e outros pesquisadores têm explorado o impacto de variados relacionamentos entre o emissor e o receptor, inclusive aquele de ser o emissor parte do grupo de trabalho ou uma ameaça ao receptor em termos de progresso na carreira. Em um desses estudos, constatam que o conhecimento externo é mais valorizado que o interno porque os de fora tendem a desfrutar de status mais elevado, a oferecer apenas informação escassa ou desconhecida, e a ser pouco menos que uma ameaça competitiva no âmbito da organização. Ver Tanya Menon e Jeffrey Pfeffer, "Valuing Internal vx. External Knowledge: Explaining the Preference for Outsiders", *Management Science* 49, nº 4 (2003), 497-513; Tanya Menon e Sally Blount, "The Messenger Bias", *Research in Organizational Behavior* 24 (2003): 137-186. Ver igualmente M. B. Brewer e R. J. Brown, "Intergroup Relations", em *The Handbook of Social Psycollogy*, vol. 2, ed. Daniel T. Gilbert, Susan T. Fiske e Gardner Lindzcy (Boston: McGraw Hill, 1998), 554-594: R. T. Burt, *Structural Holes* (Cambridge, MA: Harvard University Press, 1992); R. B. Cialdini, *Influence* (Needham Heights, MA: Allyn & Bacon, 2001).

14. Larry Bossidy e Ram Charan, "Confronting Reality", *Fortune*, 18/10/2004, 225-229.

15. Um excelente tratamento filosófico de diversas abordagens da coleta e interpretação de informação é o livro clássico de C. West Churchman *The Design of Inquiring Systems* (New York: Basic Books, 1971).

16. James Surowiecki, *The Wisdom of Crowds* (New York: Doubleday, 2004).

17. Michael Mavaddat, comunicação pessoal com os autores, 2005.

18. A Royal/Dutch Shell usou planejamento de cenário como processo de aprendizado para ajudar a fazer emergir os modelos mentais implícitos na organização. Esta forma de aprendizado institucional pode ser vista como um caminho pelo qual as equipes de gestão possam vir a "mudar seus modelos compartilhados de suas empresas, seus mercados e seus concorrentes". Arie de Geus, "Planning as Learning", *Harvard Business Review*, March-April 1988, 70-74.

19. Diversas fontes cobrem o planejamento dos cenários de artes e ciências. Como introdução gerencial, ver Paul J. H. Shoemaker, "Scenario Planning: A Tool for Strategic Thinking", *Sloan Management Review* (Winter 1995): 25-40. Para uma perspectiva conceitual e comportamental, ver Paul J. H. Shoemaker, "Multiple Scenario Developing: Its Conceptual and Behavioral Basis", *Strategic Management Journal* 14 (1993): 193-213. Livros sobre planejamento de cenários com aplicações práticas: Peter Schwartz, *Art of the Long View* (New York: Currency Doubleday, 1991); Kees van der Heijden, *Scenarios: The Art of Strategic Conversation* (New York: John Wiley, 1996); Gill Ringland, *Scenario Planning* (New York: John Wiley, 1998); Liam Fahey e Robert Randall, eds., *Learning from the Future* (New York: John Wiley, 1998); Paul J. H. Shoemaker, *Profiting from Uncertainty* (New York: Free Press, 2002).

Capítulo 5

1. Todas as citações de John Carmon são extraídas de comunicações pessoais com os autores.

2. Patrícia Leigh Brown, "Eco-Friendly Burial Sites Give a Chance to Be Green Forever", *The New York Times*, August 13, 2005, A1-A8.

3. Don S. Doering e Roche Parayre, "Identification and Assessment of Emerging Technologies", em *Wharton on Managing Emerging Technologies*, eds. G. S. Day e Paul J. H. Shoemaker (New York: John Wiley & Sons, 2000), 75.

4. Este relato baseia-se em "The Breaking Point", de Peter Maass, *The New York Times Magazine*, August 21, 2005, 30-35.

5. Matthew R. Simmons, *Twilight in the Desert: The Coming Saudi Oil Shock and the World Economy* (Nova York: John Wiley & Sons, 2005).

6. G. Felda et al., "In-Q-Tel", Case 8-804-146 (Boston: Harvard Business School, 2004).

7. A Microsoft já estava fazendo inúmeras apostas em 1988. À época, a Apple estava em seu pico, com a interface de uso gráfico superior para o Macintosh, que deixava o DOS da Microsoft num distante segundo lugar. A Microsoft, contudo, operava em múltiplas frentes. Numa delas, desenvolvia o Windows; em outra, batalhava pelo OS/2, que desenvolveu em conjunto com a IBM. E, ao mesmo tempo, a Microsoft introduzia vários pacotes de softwares de aplicativos, entre eles o Excel e o Word, tanto para o Windows quanto para o Macintosh da Apple. Por último, a Microsoft entrava em parceria com a SCO, maior fornecedora de sistemas Unix para PCs: ver a respeito Eric D. Beinhocker, "Robust Adaptative Strategies", *Sloan Management Review* (Spring 1999): 95-106.

8. Rita Gunther McGrath e Ian C. MacMillan, "Discovery-Driven Planning", *Harvard Business Review*, July-August 1995, 44-54.

9. Esta seção é em grande parte adaptada de John P. Ranieri, "Real Options in Action at DuPont", um paper apresentado na conferência Investing in Emerging Technologies, November 21, 2003, University of Pennsylvania.

10. Esta seção se inspira em Paul J. H. Schoemaker, "Deliberate Mistakes: How Two Wrongs Can Make a Right" (original inédito).

11. Para maiores detalhes, ver J. L. Showers e L. M. Chakrin, "Reducing Uncollectible Revenues from Residential Telephone Customers", *Interfaces* 11 (1981): 21-31.

12. Arie de Geus, *The Living Organization* (Boston: Harvard Business School Press, 1997).

Capítulo 6

1. Em David Talbot, "LEDs vs. the Lightbulb", *Technology Review*, May 2003, 30/36.

2. Lighting Transformations, ww.lrc.rpi.edu/programs/lightingTransformation/LED/issues Options02.asp

3. Bruce Sterling, "10 Technologies That Deserve to Die", *Technology Review*, October 2003, 52-55.

4. As estatísticas procedem de Govi Rao e outras fontes na Philips Lighting Company.

5. Todas as citações de Govi Rao neste capítulo são de comunicações pessoais com os autores.

6. Peter Svensson, "LED Evolution Could Replace Light Bulbs", Associated Press, April 15, 2005.

7. Mark Kendall e Michael Scholand, *Energy Savings Potential of Solid State Lighting Applications* (Arlington, VA: Arthur D. Little, 2001), 8.

8. Entrevista com o Dr. Richard Stevens, da Universidade de Connecticut, no decorrer da Bridges in Light Conference, organizada pelo Lighting Research Center no Rensselaer Polytechnic Institute, em Troy, Nova York, novembro de 2004.

9. É ampla e abrangente a literatura a respeito da vantagem do primeiro avanço. Para uma visão geral, consultar, de Gerard J. Tellis e Peter N. Golder, *Will and Vision* (New York: McGraw-Hill, 2002). Como os autores destacam, boa parte da pesquisa pioneira que revelou lucro e vantagem em fatia de mercado para os pioneiros baseou-se em estudos de empresas sobreviventes. Ver, por exemplo, Robert D. Buzzell e Bradley T. Gale, *The PIMS Principle: Linking Strategy to Performance* (New York: Free Press, 1987); Glen Urban et al., "Market Share Rewards to Pioneering Brands: An Empirical Analysis and Strategic Implications", *Management Science* 32 (1986): 645-659.

10. Constantinos C. Markides e Paul A. Geroski, *Fast Second: How Smart Companies Bypass Radical Innovation to Enter and Dominate New Markets* (San Francisco: Jossey-Bass, 2004).

11. Geoffrey A. Moore, *Crossing the Chasm* (Nova York: HarperBusiness, 1991).

12. Markides e Geroski, *Fast Second.*

13. Marvin B. Lieberman e David B. Montgomery, "First-Mover Advantages", *Strategic Management Journal* 9 (1988): 41-58.

Capítulo 7

1. "Is Barbie Past Her Shelflife?", *BBC News*, April 21, 2004.

2. Mel Duvall e Kim S. Nash, "Mattel: How Barbie Lost Her Groove", *Baseline*, August 4, 2005, www.baselinemag.com/articlel2/0, 1397,1842984,00.asp.

3. Nicola Seare, "Barbie's Mid-Life Crisis", *BBC News*, July 21, 2004.

4. No ranking global das 100 marcas mais valiosas da Interbrand, a Barbie caiu da 84ª posição em 2001 para a 97ª em 2003, e um ano depois desapareceu da relação. De acordo com estimativas da Interbrand, o valor da marca caiu de US$ 2,23 bilhões no ano 2000 para US$ 1,87 bilhão em 2003, em dólares correntes. Em outras palavras, a marca Barbie perdeu mais de US$ 360 milhões em valor em dois anos.

5. Robert Cooper, *Winning at New Products: Accelerating the Process from Idea to Launch* (New York: Persus Publishing, 2001).

6. Relatório Anual da Mattel, 2003, Form 10-K, p. 19.

7. Focamos deliberadamente, neste livro, nas capacidades organizacionais porque essas tendem a ser uma fonte maior de diferenciação e vantagem que os ativos brutos, facilmente disponíveis no mercado aberto. Capacidades são profundamente arraigadas na organização, tornando-se difíceis de imitar, mesmo quando os concorrentes têm uma boa visão delas. Por exemplo, embora a maioria dos concorrentes pudesse examinar as capacidades logísticas da Wal-Mart, muito dificilmente conseguiam imitá-las. Como as capacidades tendem a ser de difícil imitação, podem se tornar escassas, duráveis e uma fonte de rendimentos superiores. Tendem a ser especialidade de uma empresa, o que torna difícil transacionar ou transferi-las. São muitas vezes complementares entre si, criando assim um sistema capaz de proporcionar rendimentos sobre os investimentos bem acima da média. Mas as capacidades precisam estar bem sintonizadas com a natureza e estrutura competitiva dos mercados e indústria da empresa. As capacidades precisam refletir e corporificar vantagens estruturais, políticas e de processamento. Ver, por exemplo, J. Barney, "Firm Resources and Sustained Competitive Advantage", *Journal of Management* 17, nº 1 (1991): 99-120; Faffi Amit e Paul J. H. Schoemaker, "Strategic Assets and Organizational Rent", *Strategic Management Journal* 14, nº 1 (1993), 33-46; D. J. Teece, G. Pisano e A. Shuen, "Dynamic Capabilities and Strategic Management", *Strategic Management Journal* 18, nº 7 (1997): 509-533.

8. Peter Grant, "Comcast's Big Bet on Content", *Wall Street Journal*, September 21, 2004, p. B1.

9. "Mattel's New Toy Story", *Business Week*, November 18, 2002, 72-73.

10. Relatório Anual da Mattel, p. 83.

11. Michael Useem, *Leading Up: How to Lead Your Boss So You Both Win* (New York: Crown Business, 2001).

12. Jim Collins, *Good to Great: Why Some Companies Make the Leap... and Others Don't* (New York: HarperBusiness, 2001).

13. Jeffrey H. Dyer, Prashant Kale e Harbir Singh, "How to Make Strategic Alliances Work", *Sloan Management Review* (Summer 2001): 37-43.

14. Warren Bennis, "It's the Culture", *Fast Company*, August 2003, 35.

15. Kathleen Eisenhardt, da Universidade Stanford, estudou, com colegas, a maneira pela qual empresas que operam em ambientes de alta rotatividade agem e como se capacitam a gerenciar no limite sem perder suas bases; *Competing on the Edge: Strategy as Structured Chaos* (Boston: Harvard Business School Press, 1998). Como ela, Peter Senge foi um dos primeiros proponentes da criação de organizações de aprendizado que examinem com maior amplidão, e muitas das características por ele identificadas se aplicam aqui; *The Fifth Discipline* (New York: Doubleday/Currency, 1990).

16. O filósofo C. West Churchman examinou até que ponto premissas filosóficas amplamente arraigadas influenciam os sistemas de verificação que as organizações constroem: *The Design of the Inquiring Systems* (New York: Basic Books, 1971). Mason e Mitroff ampliaram este trabalho examinando de que forma as personalidades e estilos psicológicos dos gerentes (como mensurados, por exemplo, utilizando-se o conhecido teste Meyers-Briggs) têm impacto sobre suas preferências por sistemas de dados e averiguação; ver R. D. Mason e I. I. Mitroff, "A Program for Research on Management Information Systems", *Management Science* 19, nº 5, (1973): 475-487. Pesquisas antropológicas sobre cultura organizacional conseguem iluminar mais amplamente a maneira pela qual valores e normas podem dificultar ou incentivar a visão periférica. Organizações nas quais a distância entre poderes é muito grande, a aceitação de incertezas muito alta, e a orientação para

o futuro muito fraca – isso para mencionar apenas três dimensões muito bem estudadas da cultura organizacional – provavelmente terão pobre desempenho quando confrontadas com sinais débeis da periferia ou dos níveis inferiores da própria organização. Para insights a respeito de cultura organizacional, veja-se Geert Hofstede, *Culture's Consequences: International Differences in Work-Related Values*, in press (Newbury Park, CA: Sage Publications, 1980); Robert J. House et al, eds., *Cultures and Leadership in Organizations: The GLOBE Study of 62 Societies* (Beverly Hills, CA: Sage Publications); Charles Hampden-Turner e Fons Trompenaars, *Building Cross-Cultural Competence: How to Create Wealth from Conflicting Values* (New Haven, CT: Yale University Press, 2000).

17. "A Golden Vein", *The Economist*, June 10, 2004, 22-23.

18. Ronald S. Burt, *Structural Holes* (Cambridge, MA: Harvard University Press, 1992); ver também John Seely Brown e Paul Duguid, *The Social Life of Information* (Boston: Harvard Business School Press, 2002).

19. Duvall e Nash, "Mattel".

20. Youngme Moon e John A. Quelch, *Starbucks: Delivering Customer Service*, Case 9-504-016 (Boston: Harvard Business School, 2004).

21. James Surowiecki, *Wisdom of Crowds: Why the Many Are Smarter than the Few and How Collective Wisdom Shapes Business, Economies, Societies, and Nations* (New York: Doubleday, 2004).

22. Chuck Salter, "Ivy Ross Is Not Paying Around", *Fast Company*, November 2004, 104.

Capítulo 8

1. Extraído de um pronunciamento de lorde John Browne na Bradford University, em 23/11/2001; o texto completo está em www.bp.com/genericarticle.do?categoryId=98&contentId =2000350.

2. Entre as fontes, *Office of Communications*, "The Communications Market 2004-Overview", 11/08/2004; BBC, *Annual Report of Accounts*, 2003/2004, *Department for Culture, Media and Sport, Review of the BBC's Royal Charter, A Strong BBC, Independent of Government*, March 2005; BBC, *Building Public Value; Reviewing the BBC for a Digital World* (sem data); "With One Bound, Auntie Was Free", *The Economist*, March 3, 2005, 55.

3. Os termos "cuidando" (minding) e "explorando" (mining) foram usados numa apresentação por John Seely Brown na conferência da Wharton sobre Visão Periférica, em maio de 2003, e no seu subseqüente ensaio "Minding and Mining the Periphery", *Long Range Planning* 37 (2004): 143-151.

4. "Change and Reorganisation – Signs of Things to Come as Thompson Becomes DG", BBC, 22/06/2004, www.bbc.co.uk/pressoffice/pressrelease/stories/2004/06_june/22/Thompson.shtml

5. "BBC Launches Its Vision of the Future and Manifesto for Action", Press releases BBC, 29/06/2004, www.bbc.co.uk/pressoffice/pressreleases/stories/2004/06_june/29/bpv.shtml.

6. Nossa abordagem da periferia é complementar à de Max H. Bazerman e Michael D. Watkins em *Predictable Suprises: The Disasters You Should Have Seen Comming and How to Prevent Them* (Boston: Harvard Business School Press, 2004), 1. Eles centram seu foco no mais previsível fim do continuum de incerteza e oferecem valiosos insights sobre os motivos pelos quais as organizações podem ser tomadas de surpresa pelos fatos "apesar de terem conhecimento prévio de toda a informação necessária para antecipar-se a tais fatos e suas conseqüências". Começamos a avançar em direção ao imprevisível fim do espectro e então formamos uma capacidade de adotar medidas antecipatórias em relação a ameaças e oportunidades.

7. Nós usamos *tolerável* no sentido do segundo nível de incerteza residual, tal como definido por Hugh Courtney, *20:20 Foresight: Crafting Strategy in an Uncertain World* (Boston: Harvard Business School Press, 2001), cap. 2.

8. Em um recente artigo a respeito, Scott Snyder e Paul J. H. Schoemaker criaram um modelo para semelhante sistema de radar. Descreve como desenvolver sistemas e métricas para expandir painéis de instrumentos a fim de abranger incertezas, testar possibilidades e entender sinais incipientes no contexto de cenários: "Strategic Action Radar: A Scenario-Based Tracking System to Sense and Adapt to a Changing World", white paper, Decision Strategies International, November/2004.

9. George S. Day, *The Market Driven Organization: Understanding, Attracting and Keeping Valuable Customers* (New York: Free Press, 1999); "Creating a Market Driven Organization", *Sloan Management Review* 41, nº 1 (Fall 1999): 11-22.

10. Gary Hamel, *Leading the Revolution* (Boston: Harvard Business School Press, 2000).

Apêndice A

1. D. T. Cambell e D. M. Fiske, "Convergent and Discriminant Validation by the Multitrait-Multimethod Matrix", *Psychological Bulletin* 56 (1959): 81-105.

Apêndice B

1. Este apêndice aprofunda um ensaio anterior dos mesmos autores, "Driving Through the Fog: Managing at the Edge", *Long Range Planning*, edição especial sobre "Peripheral Vision: Sensing and Acting on Weak Signals 37", nº 2 (April 2004): 117-121. (Os autores também editaram este número especial.)

2. Alguns intelectuais examinaram o tema da periferia e tentaram ligá-la ao do desempenho geral, entre eles R. L. Daft, J. Jormunen e D. Parks, "Chief Executive Scanning, Environmental Characteristics and Company Performance: And Empirical Study", *Strategic Management Journal* 9 (1988): 123-139.

3. Consideramos nossa abordagem similar à maneira pela qual a assessoria prescritiva se desenvolveu no campo das ciências de decisão – modelos descritivos foram combinados com modelos normativos, tais como a teoria do lucro esperado, a fim de orientar o desenvolvimento de abordagens prescritivas mais práticas; ver a respeito Paul Kleindorfer, Howard C. Kunreuther e Paul J. H. Schoemaker, *Decision Sciences: An Integrative Perspective* (Cambridge, GB: Cambridge University Press, 1993).

4. Embora os pesquisadores tenham enfrentado dificuldades para definir e estudar a aprendizagem organizacional, é razoável a aceitação da visão do processamento da informação aqui adotada, que data de Richard M. Cyert e James G. March, *A Behavorial Theory of the Firm* (Englewood Cliffs, NJ: Prentice Hall, 1963). Ver também, a respeito, Barbara Levitt e James G. March, "Organizational Learning", *Annual Review of Sociology* 14 (1988): 319-340; K. Imai, I. Nonaka e H. Takeuchi, "Managing the New Product Development Process: How Japanese Firms Learn and Unlearn", em *The Uneasy Alliance*, eds. K. Clark, R. Hayes e C. Lorenz (Boston: Harvard Business School Press, 1985): 337-376; George Huber, "Organizational Learning: The Contributing Processes and Literature", *Organization Science* 2 (1991): 88-115.

5. Allan Newell e Herbert Simon, *Human Problem Solving* (Englewood Cliffs, NJ: Prentice Hall, 1972). Ver também, a respeito, Herbert Simon, *Sciences of the Artificial* (Cambridge, MA: MIT Press, 1969); David A. Garvin, "Building a Learning Organization", *Harvard Business*

Review, July-August 1993, 79-81: Karl E. Welck, *Sensemaking in Organizations* (Thousand Oaks, CA: Sage Publications, 1995).

6. James G. March e Herbert A. Simon, *Organizations* (New York: John Wiley, 1958); Richard M. Cyert e James G. March, *A Behavioral Theory of the Firm* (Englewood Cliffs, NJ: Prentice Hall, 1963); James G. March, *Decision and Organizations* (New York: Blackwell, 1988).

7. James D. Thompson, *Organizations in Action* (New York: McGraw-Hill, 1967); D. Steinbruner, *The Cybernetic Theory of Decision* (Princeton, NJ: Princeton University Press, 1974); Jay Galbraith, *Designing Complex Organizations* (Reading, MA: Addison-Wesley, 1973), e *Designing Organizations* (San Francisco: Jossey-Bass, 2002).

8. George P. Huber, "Organizational Learning: The Contributing Process and Literatures", *Organization Science* 2 (February 1991): 88-115.

9. Roy Lachman, Janet L. Lachman e Earl C. Butterfield. *Cognitive Psychology and Information Processing* (New York: John Wiley & Sons, 1979).

10. Reconhecer plenamente as contribuições de Daniel Kahneman e Amos Tversky não cabe no escopo deste livro. Contudo, seus ensaios mais importantes e muitos outros relacionados, de autoria de alunos e colegas, estão reunidos em Daniel Kahneman e Amos Tversky, eds., *Choices, Values and Frames* (New York: Cambridge University Press/Russell Sage Foundation, 2000). Seus primeiros trabalhos, igualmente com artigos a eles relacionados, estão reunidos em Daniel Kahneman, Paul Slovic e Amos Tversky, eds., *Judgement Under Uncertainty: Heuristics and Biases* (New York: Cambridge University Press, 1982).

11. A ênfase sobre o desenvolvimento de culturas de aprendizado nas organizações foi destacada em caráter pioneiro por Peter Senge em seu conhecido livro *The Fifth Discipline* (New York: Currency/Doubleday, 1990). Uma versão resumida é encontrada em Peter Senge, "The Leader's New Work: Building Learning Organizations", *Sloan Management Review* 32 (Fall 1990): 7-23; e, para ensaios mais abrangentes e sofisticados, ver Sarita Chawla e John Renesch, *Learning Organizations: Developing Cultures for Tomorrow's Workplace* (Portland, OR: Productiviy Press, 1995). O significado estratégico do aprendizado – especialmente sobre o futuro – é mais explorado em Gary Hamel e C. K. Prahalad, *Competing for the Future* (Boston: Harvard University School Press, 1994). Obstáculos organizacionais ao aprendizado e à mudança são abordados e explorados por Chris Argyris, *Strategy, Change and Defensive Routines* (Boston: Pitman Publishing, 1985). No reinado das novas tecnologias, esses obstáculos adquirem proporções formidáveis, como mostrado por Clayton M. Christensen, *The Innovator's Dilemma* (Boston: Harvard Business School Press, 1997).

12. John D. W. Morecroft e John D. Sterman, *Modeling for Learning Organizations* (Portland, OR: Productivity Press, 1994). Um tratamento integrado de modelagem de dinâmica de sistemas é proporcionado por John D. Sterman, em *Business Dynamics: Systems Thinking and Modeling for a Complex World* (Columbus, OH: McGraw-Hill/Irwin, 2000). Para um aprofundamento em modelos mentais, ver Rob Ranyard, *Decision Making: Cognitive Models and Explanations* (New York: Routledge, 1997): Robert Axelrod, ed., *The Structure of Decision: The Cognitive Maps of Political Elites* (Princeton: Princeton University Press, 1976); Josh Klayman e Paul J. H. Schoemaker, "Thinking About the Future: A Cognitive Perspective", *Journal of Forecasting* 12 (1993): 161-168. As referências clássicas a modelos mentais e suas funções cognitivas são Dedre Gentner e Albert L. Stevens, eds., *Mental Models* (Hillsdale, NJ: Laurence Erlbaum Associates, 1983); Philip N. Johnson-Laird, *Mental Models*, 2ª ed. (Cambridge, MA: Harvard University Press, 1983).

13. O trabalho clássico sobre tomada de decisão em condições de ambigüidade é de Daniel Ellsberg, "Risk, Ambiguity and the Savage Axioms", *Quarterly Journal of Economics* 75 (1961): 643-

699, com base em sua seminal dissertação de doutorado, mais recentemente republicada (com uma ampla nova introdução por Isaac Levi) como *Risk, Ambiguity, and Decision* (New York: Garland, 2001). Decisões com probabilidades desconhecidas têm sido estudadas por muitos, entre os quais Hillel J. Einhorn e Robin M. Hogarth, "Decision Making Under Ambiguity", *Journal of Business* 59, nº 4, pt. 2 (1986): S225-255; M. Cohen, J. Jaffray e T. Said, "Individual Behavior Under Risk and Under Uncertainty: An Experimental Study", *Theory and Decisions* 18 (1985): *203-228;* Paul J. H. Schoemaker, "Choices Involving Uncertain Probabilities: Tests of Generalized Utility Models", *Journal of Economic and Organizational Behavior* 16 (1991): 295-317.

14. George Stigler, "The Economics of Information", *Journal of Political Economy* 69 (1961), 213-225.

15. Jack Hirshleifer e John G. Riley, *The Analytics of Uncertainty and Information, Cambridge Surveys of Economic Literature* (Cambridge, GB: Cambridge University Press, 1992).

16. Para uma descrição mais abrangente deste instrumento, ver Paul J.H. Schoemaker, "Scenario Planning: A Tool for Strategic Thinking", *Sloan Management Review* 36 (Winter 1995): 25-40. Para uma perspectiva conceitual e comportamental, ver Paul J. H. Schoemaker, "Multiple Scenario Developing: Its Conceptual and Behavioral Basis", *Strategic Management Journal* 14 (1993): 193-213. Para aplicações de cenários gerenciais, ver Peter Schwartz, *The Art of the Long View* (New York: Doubleday, 1991); Kees van der Heijden, *Scenarios: The Art of Strategic Conversation* (New York: John Wiley, 1996); G. Ringland, *Scenario Planning* (New York: John Wiley, 1998); Liam Fahey e Robert M. Randall, eds., *Learning from the Future* (New York: John Wiley, 1998); Paul J.H. Schoemaker, *Profiting from Uncertainty: Strategies for Succeeding No Matter What the Future Brings* (New York: Free Press, 2002).

17. James G. March, "Exploration and Exploitation in Organizational Learning", *Organizational Learning* 2 (February 1991): 71-87.

18. Senge, *The Fifth Discipline*.

19. A argumentação pela existência de hipóteses prévias é apresentada persuasivamente por James M. Utterback e James W. Brown, "Monitoring the Technological Opportunities", *Business Horizons* 15 (outubro 1971): 5-15.

20. George S. Day, *The Market-Driven Organization: Understanding, Attracting, and Keeping Valuable Customers* (New York: Free Press, 1999), especialmente o capítulo 5.

21. Gerald Zaltman, *How Customers Think: Essential Insights into the Mind of the Market* (Boston: Harvard Business School Press, 2003).

22. Bernard Jaworski e Ajay K. Kohli, "Market Orientation: Antecedents and Consequences", *Journal of Marketing* 57 (July 1993): 53-70; John C. Narver e Stanley F. Slater, "The Effect of Market Orientation on Business Profitability", *Journal of Marketing* 54 (October 1990): 20-34. Para uma síntese recente deste trabalho, ver Rohit Deshpandé e John U. Farley, "Measuring Market Orientation", *Journal of Market-Focused Management* 2 (1998): 213-232; John Narver e Stanley Slater, "Additional Thoughts on the Measurement of Market Orientation: A Comment on Deshpandé and Farley", *Journal of Market-Focused Management* 2 (1998): 233-236.

23. Esses resultados são extraídos de George S. Day e Prakash Nedungadi, "Managerial Representations of Competitive Advantage", *Journal of Marketing* 58 (April 1994): 40, mediante a aplicação dos resultados de julgamentos subjetivos do desempenho financeiro relativo às distribuições de lucros sobre investimentos no banco de dados do Pacific Institute for the Mathematical Sciences (PIMS). Alertamos que as diferenças em desempenho não levam em conta as diferenças no ambiente do mercado competitivo, nem das opções estratégicas. Esses resultados de lucratividade estão em linha com aqueles apontados em John C. Narver e Stanley F. Slater, "The

Effect of a Market Orientation on Business Profitability", *Journal of Marketing* 54 (October 1990): 20-35, que recorre a um procedimento diferente para avaliar a orientação do mercado.

24. Ver Liam Fahey, *Competitor: Outwitting, Outmaneuvering, and Outperforming* (New York: John Wiley, 1999); Leonard M. Fuld, *The New Competitor Intelligence: The Complete Resource for Finding, Analysing and Using Information About Your Competitors* (New York: John Wiley, 1994): John E. Prescott e Stephen H. Miller, eds., *Proven Strategies in Competitive Intelligence: Lessons from the Trenches* (New York: John Wiley, 2000). A função dos complementos conquistou ampla visibilidade com Adam M. Brandenberger e Barry H. Nalebuff, *Co-Opetition* (New York: Doubleday, 1996).

25. George S. Day e Paul J. H. Schoemaker, eds., *Wharton on Managing Emerging Technologies* (New York: John Wiley & Sons, 2000).

26. Don S. Doering e Roche Parayre, "Assessing Technologies", em *Wharton on Managing Emerging Technologies*, 75-98.

27. Constantinos C. Markides e Paul A. Geroski, *Fast Second: How Smart Companies Bypass Radical Innovation to Enter and Dominate New Markets* (San Francisco: Jossey-Bass, 2004).

28. Howard Raiffa, *Decision Analysis: Introductory Lectures on Choices Under Uncertainty* (Reading, MA: Addison-Wesley, 1968).

29. Testar e aprender são mais assemelhadas com a tipologia útil para ambientes, estratégias e ações indefinidas sob condições de incerteza desenvolvida por Courtney e colegas na McKinsey de "reservar o direito de participar", ao passo que sentir e seguir ou liderar podem ser ao mesmo tempo estratégias de formatação. H. Courtney, J. Kirkland e P. Viguerie, "Strategy Under Uncertainty", *Harvard Business Review*, November-December 1997, 67-69.

30. Para maior aprofundamento sobre opções reais, ver William F. Hamilton e Graham R. Mitchell, "Managing R&D as a Strategic Option", *Research Technology Management* 31 (May-June 1988): 15-22; Edward H. Bowman e Dileep Hurry, "Strategy Through the Options Lens: An Integrate View of Resource Investments and the Incremental-Choice Process", *Academy of Management Review* 18 (1993): 760-782; Rita M. McGrath, "A Real Options Logic for Initiation Technology Positioning Investments", *Academy of Management Review* 22 (1997): 974-996; Ian C. MacMillan e Rita Gunther McGrath, "Crafting R&D Project Portfolios", *Research Technology Management* 45 (September-October 2002): 48-59.

31. Numerosos excelentes livros sobre criatividade podem ser consultados em busca de técnicas mais específicas. Ver, em especial, clássicos como Paul Watzlawick, John H. Weakland e Richard Fisch, *Change: Principles of Problem Formulation and Problem Resolution* (New York: W.W. Norton, 1974); James L. Adams, *Conceptual Blockbusting* (Reading, MA: Addison Wesley Longman, 1986); Edward de Bono, *Lateral Thinking: Creativity Step By Step* (New York: Harper & Row, 1973); Roger van Oech, *A Whack on the Side of the Head: How You Can Be More Creative*, ed. rev. (New York: Warner Books, 1998), que vem inclusive com um Wak Pack de cartões. Quanto à criatividade num contexto organizacional, ver Robert Lawrence Kuhn, ed., *Handbook for Creative and Innovative Managers* (New York: McGraw-Hill, 1987); Jane Henry, ed., *Creative Management* (Londres: Sage Publications, *1991);* Alan G. Robinson e Sam Stern, *Corporate Creativity* (San Francisco: Berrett-Koehler Publishers, 1998), 9-11. Para uma comparação entre técnicas, ver Kenneth R. MacCrimmon e Christian Wagner, "Stimulating Ideas Through Creativity Software", *Management Science* 40, nº 11 (November 1994): 1514-1522.

32. O conceito de capacidades não é novo; na verdade, surge com Edith T. Penrose, em *The Theory of the Growth Firm* (Londres: Basil Blackwell, 1959). Sua recente popularidade pode ser traçada a C. K. Prahalad e Gary Hamel, "The Core Competence of the Corporation", *Harvard Business Review*, May-June 1990, 79-91. Quanto a fundamentos acadêmicos da visão da estratégia

baseada em recursos, ver J. Barney, "Firm Resources and Sustained Competitive Advantage", *Journal of Management* 17, nº 1 (1991): 99-120; R. Amit e Paul J. H. Schoemaker, "Strategic Assets and Organizational Rent", *Strategic Management Journal* 14, nº 1 (1993); D. J. Teece, G. Pisano e A. Shuen, "Dynamic Capabilities and Strategic Management", *Strategic Management Journal* 18, nº 7 (1997): 509-533. Para os nossos objetivos, os conceitos de competência e capacidade são intercambiáveis, embora nos inclinemos por reservar a noção de competências centrais para objetivos intercorporativos e a de capacidades para objetivos permeando unidades de negócios. Ver George S. Day, "The Capabilities of Market-Driven Organizations", *Journal of Marketing* 58 (October 1994): 37-52.

33. Kathleen Eisenhardt, da Universidade Stanford, estudou, com colegas, como funcionam as empresas operando nos ambientes de alta rotatividade, e como conseguem trabalhar no limite sem perder suas bases; ver *Competing on the Edge: Strategy as Structured Chaos* (Boston: Harvard Business School Press, 1998). Peter Senge (em *The Fifth Discipline*) foi igualmente um precursor da criação de organizações de aprendizagem que possam ampliar horizontes, e muitas das características por ele identificadas aplicam-se aqui.

34. David DeLong e Liam Fahey, "Building the Knowledge Based Organization: How Culture Drives Knowledge Behaviors", *Ernst & Young Center for Business Innovation*, May 1997.

35. Rohit Deshpandé, John U. Farley e Frederick E. Webster Jr., "Corporate Culture, Customer Orientation, and Innovativeness in Japanese Firms: A Quadrad Analysis", *Journal of Marketing* 53 (January 1993): 3-15, e "Factors Afffecting Organizational Performance: A Five Century Comparison", Marketing Science Institute report, 97-108, May 1997. Seu modelo é adaptado de Robert E. Quinn e J. Rohrbaugh, "A Spatial Model of Effectiveness Criteria: Toward a Competing Values Approach to Organizational Analysis", *Management Science* 29 (1983): 363-377, e é descrito em Richard W. Woodman e W. A. Passmore, eds., *Research in Organizational Chance and Development*, vol. 5 (Greenwich, CT: JAI Press, 1991). Também empregamos alguns dos conceitos presentes em Paul McDonald e Geoffrey Grantz, "Getting Value from Shared Values", *Organizational Dynamics* (1994): 64-77.

36. Clayton M. Christensen, *The Innovator's Dilemma* (Boston: Harvard Business School Press, 1997); Andrew S. Grove, *Only the Paranoid Survive* (New York: Currency, 2001).

37. Malcolm Gladwell, *The Tipping Point* (Boston: Little Brown, 2000).

38. Wayne Burkan, *Wide Angle Vision* (New York: John Wiley, 1996); Ben Gilad, *Early Winning* (New York: AMACOM, 2004); Jim Harris, *Blindsided: How To Spot the Next Breakthrough that Will Change Your Business* (Oxford: Capstone, 2002).

39. Chun Wei Choo, *Information Management for the Intelligent Organization: The Art of Scanning the Environment* (Medford, NJ: Information Today, 1995); Karl E. Weick, *Sensemaking in Organizations* (Thousand Oaks, CA: Sage Publications, 1995); Karl E. Weick e Kathleen M. Sutcliffe, *Managing the Unexpected* (San Francisco: Jossey-Bass, 201).

40. Haridimos Tsoukas e Jill Shepperd, eds., *Managing the Future: Foresight in the Knowledge Economy* (Malden, MA: Blackwell, 2004).

41. Timothy Naftali, *Blind Spot: The Secret History of American Counterterrorism* (New York, Basic Books, 2005).

42. Clayton M. Christensen, Scott D. Anthony e Erik A. Roth, *Seeing What's Next* (Boston: Harvard Business School Press, 2005).

43. Max H. Bazerman e Michael D. Watkins, *Predictable Surprises: The Disasters You Should Have Seen Coming and How to Prevent Them* (Boston: Harvard Business School Press, 2004); W. Chan Kim e Renée Mauborgne, *Blue Ocean Strategy* (Boston: Harvard Business School Press, 2005).

44. Jerry Wind e Colin Crook, *The Power of Impossible Thinking* (Upper Saddle River, NJ: Wharton School Publishing, 2004).

Apêndice C

1. Esta discussão é extraída do trabalho de Claus Bundesen e colegas, que descrevem o processo básico da atenção visual da seguinte forma:

Um ciclo normal de percepção consiste de duas ondas: uma de processamento não escolhido, seguida por uma onda de processamento selecionado. Durante a primeira onda, recursos corticais de processamento são distribuídos aleatoriamente (sem seletividade) ao longo do campo visual. Ao final da primeira onda, um peso de atenção é computado para cada objeto no campo visual e armazenado num mapa de saliências. Os pesos são usados para a realocação de atenção (capacidade de processamento visual') pelo remapeamento dinâmico dos neurônios corticais do campo de recepção, para que o número de neurônios alocados a um objeto aumente com o peso de atenção do objeto. Daí, durante a segunda onda, o processamento cortical é seletivo no sentido de que o montante dos recursos de processamento (número de neurônios) alocados a um objeto depende do peso de atenção desse objeto. Como a maioria dos recursos de processamento é devotada a objetos comportamentalmente importantes, em detrimento dos que não o são, os objetos importantes tendem a ficar codificados na memória visual de curto prazo (MVCP). O sistema de MVCP é concebido como um (tipo "o ganhador leva tudo") mecanismo de feedback que sustenta a atividade nos neurônios que ganharam a competição pela atenção. (Claus Bundesen, Thomas Abekost e Soren Kyllingsback, "A Neural Theory of Visual Attention: Bridging Cognition and Neurophysiology", *Psychological Review* 112, nº 2 (2005): 292.)

2. Douglas B. Light, *The Senses* (Philadelphia: Chelsea House, 2004).

Índice

Nota: O número da página em itálico indica figuras; o número da página seguido por "t" indica tabelas.